SOLDIERS OF REASON

兰德公司

与美国的崛起

[美] 亚历克斯·阿贝拉 著　　梁筱芸 张小燕 译

The Rand Corporation and The Rise of The American Empire

新华出版社

图书在版编目（CIP）数据

兰德公司与美国的崛起/（美）阿贝拉著；梁筱芸，张小燕译
北京：新华出版社，2016.1
书名原文：Soldiers of Reason：The Rand Corporation and The Rise of The American Empire
ISBN 978－7－5166－2316－9
Ⅰ.①兰… Ⅱ.①阿…②梁…③张… Ⅲ.①方针政策—研究—美国②兰德公司（美国）—介绍 Ⅳ.①D771.222②C932.8
中国版本图书馆 CIP 数据核字（2016）第 008010 号
著作权合同登记号：01－2008－4676

兰德公司与美国的崛起

作　　者：［美］亚力克斯·阿贝拉　　**译　　者**：梁筱芸、张小燕

出 版 人：要力石　　**选题策划**：黄绪国
责任编辑：张　敬　　**责任印制**：廖成华

出版发行：新华出版社
地　　址：北京石景山区京原路 8 号　　**邮　　编**：100040
网　　址：http：//www.xinhuapub.com　　http：//press.xinhuanet.com
经　　销：新华书店
购书热线：010－63077122　　**中国新闻书店购书热线**：010－63072012

照　　排：新华出版社照排中心
印　　刷：三河市君旺印务有限公司

成品尺寸：170mm×230mm
印　　张：14.75　　**字　　数**：230 千字
版　　次：2016 年 3 月第一版　　**印　　次**：2023 年11月第四次印刷

书　　号：ISBN 978-7-5166-2316-9
定　　价：45.00 元

图书如有印装问题，请与出版社联系调换：010－63077101

目　录

前　言

如果我们战败了，那么我们将会被起诉犯了战争罪。

——空军将军柯蒂斯·李梅（Curtis LeMay）出自《战争迷雾》

通过美国现代历史上最具争议的冲突之一的越南战争，我第一次知道兰德的存在，缘由是1970年哥伦比亚大学的一次集会。1968年在我们的晨边高地（Morningside Heights）校区，纽约警方残酷地镇压了一场有争议性的学生活动并导致数百人受伤和被捕。在四月份一个闷热的晚上，轮到我见识虐待的滋味的时候了。当时纽约警察再一次被召集起来去结束一场反战抗议示威活动。当时的场面就像那个时代的许多次抗议活动一样，破碎的窗户、燃烧的垃圾桶、催泪瓦斯烟雾，以及一大群警察用警棍敲打高喊“Up against the wall，mother fuckers!”* 的示威者的头部。

有些跟我一同参加示威的人弄到了燃烧弹——或者至少他们认为那是燃烧弹，于是他们就跑到为兰德公司工作的计算机房前，把燃烧弹扔进去。当我问兰德是什么，以及为什么兰德应该受到这样的攻击时，有人告诉我兰德是加利福尼亚的一个智囊团，有一群战犯在那里研究如何打败越共，如何让统治阶级——“权势集团”永世不朽。那一次，我那些热血伙伴们并没有实现他们的目标，突然到来的警察把我们都驱散了。逃跑的人被罚去打扫哥伦比亚大学的西端（West End）酒吧作为检讨。普通的革命者们在酒吧里把享受湿软的薯条、啤酒和威士忌作为自我安慰的手段，他们也告诉了我一些夸张的事情：兰德就像奇爱博士（Dr. Strangelove）和

---

* 或者简称为UAW/MF，是一个总部位于纽约的无政府主义团体。——编注

斯芬加利（Svengali）——这两个人都是疯狂的天才和傀儡大师。

时光飞逝，接着就是大概30年以后的事了。那时我在洛杉矶签售新书，写的是关于希特勒针对美国的秘密恐怖主义阴谋的研究。当我正在韦斯特伍德书店签售的时候，我热情地欢迎了一位在兰德工作的朋友，他也来支持我的新书。恐怖主义、兰德和书偶然间联系在一起，让我突然获得了灵感。我心想有谁写过关于兰德的书吗？鉴于现在仍然有很多机密研究还在智囊团里紧锣密鼓地进行，那么有可能写一本关于兰德的书吗？好像困难很多，但是毫无疑问是值得一试的。兰德如今在忙着做什么呢？

后来我找到兰德的领导者，希望他们能够对此提供合作，我从来都没有想过他们会同意这件事情。兰德把自己隐藏得神秘感十足。一位兰德职员告诉我说以前兰德确实会给公关公司的人一些钱，以使报纸上不出现关于兰德的消息。

尽管如此，我想要写一本关于兰德的书的计划还是在兰德内部经过了层层周转，首先是从我在兰德工作的朋友开始，接着转到公共关系办公室，然后又向兰德的中高层递进，最后我才在7点30分的早会上接触到兰德的高级管理人员，就像是在五角大楼一样。这件事情的决议也体现出了典型的兰德模式，管理层首先进行的投票，不仅仅只是是与否的选择，而是会按照次序列出一系列选择范围——1级是强烈反对，10级是强烈赞成。在5个人的投票中，我得到的平均决议是7级。他们告诉我，这是多年来他们投票赞同度第二高的项目决议。其中一个管理者透露说，他认为赞成写这本书要么是兰德史上最明智的决定，要么就是最愚蠢的决定。

兰德向我开放文件，帮助我联系兰德的研究员和分析家，对我所写的内容也没有设置任何限制，前提是我不可以使用机密资料。我带着些许担忧同意了这项前提，担心如果只使用解密文件，写出来的故事会不会毫无趣味、微不足道。我根本不需要担心。许多关于核武器发展的资料目前依然是最高机密文件，但是最重要的是，这只占兰德对整个世界广泛影响的一部分。当我开始研究兰德60多年的历史时，可以查看的兰德资料浩如烟海，这些资料涉及各种领域、活动、人物和事件，这让我大吃一惊。这时我才发现许多年前在西端酒吧的朋友们在日常闲谈中说的所谓的事实其实是错误的。在哥伦比亚大学从事反叛乱研究的不是兰德，而是另外一个智囊团——国防分析研究院（Institute for Defense Analyses）。此外在1968年被学生接管后，哥伦比亚大学取消了与国防分析研究院的合同。

但是我的同学们所描述的事情却是八九不离十。兰德开展了大量研究，探索如何打败越共以及如何扩大美国在越南的势力。兰德的创建理由就曾经是针对如何发动和赢得战争向空军提出建议。1970 年，兰德运用它在战争领域的经验教训来开展城市规划工作，把纽约市当成研究工作的实验室，在实践中检验它关于理想社会的构想。

兰德过去是、现在仍是一个重要的机构组织。纵观其历史，会发现兰德处在五角大楼贪欲和财政争夺交叉的中心，艾森豪威尔总统把这种现象称为军事—工业—立法复合体。兰德确实重塑了整个现代世界——很少有人知道这一点。兰德坐落在圣塔莫尼卡海滩（Santa Monica），位于市政厅和码头之间。数十年来这个地方都是加利福尼亚海岸线上比较破旧的地方，直到繁荣的房地产把这个破旧的退休人员居住的社区发展成沿海的比弗利山。

兰德旧办公楼的样子像是一辆两层的货车车厢，外面交叉搭着五层厚板，这个办公楼现在已经拆毁了。办公楼的设计与大学校园很相似，只不过兰德没有学生，只有一群时刻思考着各自专业兴衰的教员。* 长长的走廊甚至也要连接到公共区域，以促使人们走出房间，相互进行沟通交流。兰德把旧办公楼的土地出售了，购置新办公楼的资金大部分来自卖土地得来的钱。新的办公楼所有的弧线、玻璃和库哈斯（Koolhaas）式的灰冷色调都反映了我们这个时代的特色，这就如同旧办公楼的尖顶和中世纪的现代主义风格反映了当时的时代特色一样。但是有一样没有变：想要沿着直线从一个地方走到另外一个地方依然很难；所有的构造都是相互交错的，这主要是为了提高人员和信息的流动性。

兰德一直都保持纯理论性，一直都在研究各种假设和幻想。兰德曾经一度可以成为天合（TRW）这样的公司，天合公司是一个国防合同承包商，名下有许多工厂、数千名职工和数百万美元的预算。但是兰德领导人再三权衡，最终选择了精神生活和理论知识的力量，从而为此放弃了名利。

也正是这个原因，一名将军、一名来自旧金山的律师和一位飞机制造商共同谋

---

* 数学家约翰·威廉姆斯是兰德最早的五名职员之一，他对这种设计有一定的影响。

划创立了这个机构，他们把它看做是军队赞助的科学研究和发展中心、理论知识的工厂以及智囊团。甚至它的名字也是那么响亮而神秘：兰德*。兰德并不是象牙塔，而是一个顾问组织，他们向政府尤其是美国空军提供怎样更好地发动和赢得战争的建议。

兰德起草公司成立文件时为了掩饰其真实任务，宣称它的目标是“促进和推动科学、教育和慈善事业的发展，一切为了公众的福利和美国的国家安全”。其实兰德的真实目标再明显不过了，对此根本不需要任何讨论——即把分析家培养成继续推动美国势力扩张的倡导者、策划者和奉承者，就像造物者试图根据自己的想象重新塑造世界一样。谁能说不是呢？当时有一个未经验证的三段论（由两个前提得出结论的推理方法）认为美国是好的典范，而每个人都想要变好，所以每个人都应该像美国一样。华盛顿的政府官员说，“我们知道什么是最好，请相信我们。”

在20世纪50年代，兰德协助艾森豪威尔政府作好应对美苏热核战争恐惧的准备。在20世纪60年代，兰德学者填满了美国关于干涉东南亚及应战贫困等事务的高级政府职位。在20世纪80年代，里根推广小政府以及外交干涉主义政策，这些都可以直接追溯到兰德的思想家身上。波斯湾战争、伊拉克自由行动、在所谓的军事变革理论中的五角大楼重组等，这些都是兰德学者们策划已久的研究项目的巅峰。

兰德的作用并不只限于国家安全领域。在20世纪50年代末期，为了设计出可以在核袭击中保持通信的方案，一位兰德工程师发明了信息封包交换技术，为日后发展起来的互联网奠定了基础。在健康领域，一项为期10年的兰德研究导致政府和公民个人共同承担的医疗保险方案广泛传播开来。兰德还领先开创了恐怖主义研究科目，该部门长期以来一直都是阴谋理论家和政治极端分子的兴趣范围。今天，兰德的分析家还在延续其寻找问题解决之道的传统，出版了许多图书和手册，为饥饿、战争、毒品交易甚至交通阻塞等许多世界性难题找出最好的也就是说最理性的解决方案。

---

* 兰德（RAND）是指研究和发展（Research and Development），但自从兰德建立以来，也有人喜欢把兰德戏称为研究而没有发展（Research And No Development）。——编注

尽管兰德孕育了国际互联网并有效地把美国从潜在核毁灭中拯救出来，但兰德还有另外一项具有同等重要性的影响很少被人们人注意到：即兰德改变了每一个西方人对政府的看法——公众对政府的责任以及政府对公众的责任。

为了试图预知在当时无法预测的各种威胁，兰德分析家无意间创造出了一套出色的理论，为实现政府效率最大化和西方意识形态对抗共产主义阵营创立了哲学基础。兰德的理性选择理论使之变成现实。理性选择理论认为未经宗教或爱国主义等集体利益所影响的利己主义是现代世界的标志。

理性选择理论的提出本来是为了打败共产主义，但是在实践过程中，它却从整体上改变了人们的日常生活方式，例如纳税额、教育孩子的方式、可以享受的公共医疗卫生服务、战斗方式等。理性选择理论还引起了伊斯兰部落社会的强烈反抗，因为在这些地方集体利益是至高无上的，理性选择对个人利益的崇拜对他们来说简直就是文化灭绝。

从最为真实、最为具体的方面来说，在这个被称为西方文明的消费主义大漩涡中，我们所有人都是兰德的私生子。通俗地说，兰德的理性选择理论就是西方的矩阵法则。兰德的数据和理性概念构成了分析先于感知和理解这样一种现实。

那么请把这本书看做是一颗红色药丸（红色药丸会让你知道整个真相），让它帮助你看清控制着我们所有人的秘密世界。

1

系统分析是兰德对国家决策机构最引人注目和最具争议的贡献之一。得益于系统分析的先进性，兰德领先开创了核领域分析——换句话说就是拓宽了核武器的应用范围。

1948年兰德公司正式成立，它声称自己的宗旨是："旨在进一步促进科学、教育和慈善事业的发展，一切为了公众的福利和美国的国家安全。"

战争还是和平，数百万人是生存还是死亡，世界是继续存在下去还是毁于令人窒息的核爆炸后的寒冬——研究组的专家们以救世主自居，他们的研究成果左右着人类的命运。

第 1 章　伟大的开端

兰德公司恩泽世间，

他们整天思考着如何赚取酬金。

他们坐在那里翻手为云覆手为雨，

你和我都是他们手中的棋子。

——《兰德赞歌》玛尔维娜·雷诺兹

1945 年 10 月 1 日，向日本投下两颗原子弹之后不到两个月，美国陆军航空队指挥将军从华盛顿飞往旧金山，他此行的重要性一点都不亚于曼哈顿计划。

亨利·H·阿诺德将军是一个身材中等体型肥胖的人，双眼明亮透彻，时常笑容满面。他推崇空军力量至上。美国历史上被授予五星上将军衔仅有九个人，而他就是其中唯一来自空军的五星上将。1912 年他取得了军事飞行执照，此后他一直致力于把空军从陆军中独立出来。强力破坏性武器是最有效的战斗手段，他对此深信不疑。听闻有人质疑德国德累斯顿空袭的道德性，阿诺德写道，“我们不能心慈手软，战争从本质上来说就是具有毁灭性的，甚至是惨无人道的。”

阿诺德将军支持核弹技术的开发和应用，尤其是陆军航空队负责运送和掌控这种强力武器之后，他对此更是坚定不移。（1947 年杜鲁门总统把空军从陆军联盟中独立出来，开展各项活动争分五角大楼庞大预算的一杯羹。）科学精英荟萃使得曼哈顿计划成为现实，阿诺德担心，在和平时期想要效仿曼哈顿计划显然是困难重重的。

华盛顿广泛招募人才致力于讨伐轴心国。国家顶尖科学研究中心（麻省理工学院、普林斯顿大学、哥伦比亚大学）的科学精英们为世界创造了雷达、喷气战斗机和原子弹，极大地促成了国家工业（通用汽车、福特、美国钢铁、通用电气）产能和净产量的飞跃。经过四年的发展，美国从二等军事力量一跃成为历史上最强大的军事大国，从而开启了美国主导的世界新秩序时代。正如古希腊及其联盟一样，美国这个超级大国应运而生，美国的盟友希望美国能够统治世界，而它也必将统治这个世界。

现在这场战役已经打赢了，促成美国胜利的联盟本来就不甚稳定，战后联盟关系开始土崩瓦解。商人想要赚钱，科学家想要做研究，很少有人能够忍受军队的种种限制和低廉收入。阿诺德将军担心如果每个人都回到工业或学术上，美国的敌人会有机可乘占据主导地位。美国最大的潜在敌手正是其昔日的战时盟友——苏联。

早在 1946 年 3 月，英国前首相温斯顿·丘吉尔就曾警告过人们：“一副横贯欧洲大陆的铁幕已经降下。”苏联领导人约瑟夫·斯大林打破了战时与美国缔结下的联盟关系，他的军队牢牢控制了中欧和东欧，并不断向意大利和法国施加压力。苏联军队似乎随时准备着摧毁所有敌对政治势力，美苏冲突已成必然，何时爆发只是时间的问题而已。这也正是阿诺德飞往加利福尼亚的原因，他希望找出一种方法招募国内精英，把他们召集到可以让他们自由发挥潜能的地方，从而研发出前所未有的新武器。

其实早在一年前的战争期间，阿诺德曾经要求他的首席科学顾问，一个名叫西奥多·冯·卡门的匈牙利人（他同时还是古根海姆实验室的主负责人）构思一项计划，吸引科学家在和平时期继续为空军效力。卡门提出了一项名为《走向新地平线》的报告，提倡建立一个新型科学机构，“以战争期间协助指挥和提供参谋的科学家们为核心”，建立一所不招收学生、只为空军效力的学院。换句话说，这就是日后兰德公司的雏形。阿诺德很欣赏这个计划，但碍于战事紧迫，他只能暂时把它搁置一旁等待时机。1945 年 9 月的某一天，体形清瘦面容坚毅的前试飞员富兰克林·R·科尔博姆从加利福尼亚来到阿诺德的办公室时，将军所等待的时机终于降临。

科尔博姆以前是一名狂热的水兵，每天早上上班之前，他都要在自家游泳池里游泳，风雨无阻，从不间断。童年时期他生活在纽约北部的郊外，他抓住机会离开了这里，到西部寻找更广阔的天空和更好的机遇，最终成为美国最大飞机制造商道格拉斯飞行器公司总裁唐纳德·道格拉斯的得力助手，以及副总裁兼工程师头领亚瑟·E·雷蒙德的特别助理。

早在 1942 年阿诺德和科尔博姆就曾经见过面，当时科尔博姆一手促成了麻省理工学院为陆军航空队研发新生雷达技术的事情。他们两人对航空事业拥有同样的热情，对军队有着深厚的感情，可以说他们的行为相互呼应——阿诺德在军队中推崇科学家，科尔博姆则呼吁知识分子要支持空军。

同阿诺德一样，科尔博姆担忧军队中的科学精英战后即将分道扬镳，为此他向一些华盛顿政府官员提议，寻找一种方式在战后继续挽留科学精英为政府效力，但是效果甚微。当他最终来到阿诺德的办公室时，他还未来得及完整陈述自己希望建立一个独立的科学家顾问小组为军队服务的观点，阿诺德将军抢先拍击桌子，兴奋地说："我知道你要跟我说什么，这是我们力所能及的最重要的事情。"他建议科尔博姆立刻拜访道格拉斯，争取得到他的支持，两天后他们将在加利福尼亚的汉密尔顿空军基地再次碰面，届时科尔博姆将整理出实现这个项目所需的人员、机器和资金清单。

科尔博姆搭乘最早的一班飞机 B-25 轰炸机离开了华盛顿，到达道格拉斯的圣塔莫尼卡工厂。在这里他召集了需要参加会议的相关官员，随后调用一架飞机把他们运到旧金山湾地区。当时唯一可用的飞机是罗斯福总统的私人飞机，绰号为"圣牛"的道格拉斯 C-54 飞机，于是科尔博姆及其随从搭乘这架飞机飞往汉密尔顿，比阿诺德早一个小时到达基地，时间刚好足够为会议准备一顿午餐。

当阿诺德将军的飞机降落在汉密尔顿空军基地时，迎接阿诺德的是科尔博姆、雷蒙德及他的亲家道格拉斯（道格拉斯的女儿嫁给了阿诺德的儿子）。阿诺德带来了麻省理工学院的顾问爱德华·鲍尔斯，他与科尔博姆在 1944 年合作设立了首例军民战时合作计划 B-29 特种轰炸工程。

午餐期间，与会人员开始进入正题。会议的中心议题之一是如何建立一个新机构，从事远程导弹技术的研究和发展，阿诺德非常看好这项技术的前景。阿诺德及其小组坚持只有航空队才能享有这种新武器的控制权，军队的其他分支则无权过问。当阿诺德喝完咖啡后，他承诺从未用完的战时研究经费中抽出 1000 万美元，用于设立研究小组及其头几年的运营操作。亚瑟·雷蒙德提议项目取名为兰德工程，兰德即研究与发展（RAND：research and development）。科尔博姆自告奋勇担任小组组长，同时他也在寻觅可以胜任正式领导人的合适人选。（岂料他的临时任期最终延续到长达 20 多年之久），兰德公司的规划由此诞生。

起初，兰德工程并没有明确定义其目标，只有在汉密尔顿讨论时确定下来的概要草案——运用民间技术资源研发新式武器。但是怎样研发？除了远程导弹之外，还要研发哪些武器？研发多少？在随后几个月内，阿诺德、科尔博姆、鲍尔斯及道格拉斯就新组织的未来发展频频交换纪要、信件和意见书，探讨机构的前景，但一直都未能确定最终的细节，直到 12 月末柯蒂斯·李梅的加入才使其目标尘埃落定。

在别人眼中，李梅是一个鲁莽、好战而又极为苛刻的人，还有人认为他疯疯癫癫。他是最冷酷无情的好战分子，他犹如斗牛犬般傲慢，有着“永不言败”的拼劲，是电影《奇爱博士》里几个将军的原型。他时常叼着一根香烟，提倡对敌方发起猛烈攻击——不管美国面临的是何方敌手，通常主要是指苏联。

李梅被任命为航空队负责研发的副参谋长，其职责包括监督管理新建的研究小组。他有意无意间表现出善于与政府打交道的才能，使得他一跃成为管理这个新生机构的绝佳人选。

李梅秉承其一贯雷厉风行的作风，冲破阻碍兰德诞生的所有繁文缛节——那时他把所有批准军需预算的相关空军官员召集到一个房间里，不签署明确的兰德计划任命书就不准他们离开。1946 年 3 月 1 日兰德计划终于正式启动。兰德章程清楚地写道：“兰德工程是一个持久的科学研究和发展项目，对空战领域展开广泛的科学研究，旨在为空军提供参考战略、战术和设备。”

兰德不同于其他政府合同机构，它不必向领导部门提交报告，其研究结果将原封不动地直接提交给李梅。李梅有权决定兰德工程是否接受空军提出的研究建议，而兰德也可以单独决定其研究课题以维持总体平衡。空军可以从兰德[illegible]得相关智能技术、研究计划及项目信息，从而优化其研究价值，但是这并不意[illegible]权过问兰德的决策管理。换句话说，在研究什么以及怎样研究的决策问题上，[illegible]要服从空军的决定。

阿诺德、科尔博姆和李梅颇有远见地预测到，在和平时期政府仍然需要获得独立民间科学家的持续支持。不出几年政府机构中兴起一种全新的理念：面对着种种国家安全威胁，特别是在苏联军事威胁日益增长的情况下，科技才是有效的应对之道，而不是外交。

第二次世界大战结束后，美国大幅裁减军队数量，维持大规模海外驻军需要花费大量经费，相比之下新武器如原子弹等无疑是更为实惠和有效的方法。美国没有效仿英国和法国把重要军事工业国有化，而是把科学研究发展工作承包给私有机构。私有机构不受五角大楼的采购计划和个人要求所约束，可以更快速更实惠地研发出新武器。兰德起着连接军事计划与民间发展的桥梁作用。

杜鲁门总统的首席科学顾问万尼瓦尔·布什发表过一篇激情洋溢的报告《科学，永无止境》，在报告中他倡导政府维持并不断加大资金，投入他声称的“基础研究”中，也就是说，新知识的发展不应受到任何限制。基于这个原因，李梅坚持保证兰德的独立性，兰德不负责短期的应急计划，而是致力于长远的研究发展，而军队对此要给予最高程度的支持。在 1946 年 4 月 30 日，当时的陆军参谋长艾森豪威尔将军在他的备忘录中指出：

> 军队在军事计划及武器生产方面需要民间的协助……必须给予科学家和工业家最大的自由去开展研究……假如充分降低条款限制，那么科学家和工业家极有可能为军队的发展作出意想不到的新贡献……既然外界机构有着丰富的经验，在执行某些任务方面也比我们更为胜任，那么就没有什么必要在军队内设立同样的机构了。这样的合作模式，展示了明显的经济优势和军事效率。

如果说阿诺德及其小组是兰德的开创者，那么李梅毫无疑问就是兰德的教父。不同于其他身世显赫的同行，李梅出身低微，他的第一份军职不是从西点军校开始，而是从预备军官训练团起步。

从五岁时第一次看到飞机后，他就深深迷恋上了它，用他自己的话说就是“飞行是近乎神圣的事情”，为此他立志加入航空队，成为了一名富有传奇色彩的飞行员。1937 年军事演习时，在军队提供的战舰坐标有误的情形下，他在加利福尼亚海岸的浩瀚大海中找到目标犹他号战舰，并对它投下了深水炸弹。随后一年他带领B-17分队赶赴南美洲作战，充分显示了航空队的远航能力及其在国家防御方面的效力。

二战爆发时，李梅正担任第八航空队的分队指挥官。在短短18个月之内，他从中校升职为少将，随后凭借其优秀的组织能力以及不留俘虏的作战理念升职为空军师级指挥官。他运用的战术极具天赋，这引起了阿诺德的注意，当时阿诺德正准备启用一种新型强力轰炸机B-29，他指派李梅把这种轰炸机带到最急需的地方——中国。李梅来到这里协助中国共产党领导人毛泽东等共同对抗日本侵略者（毛泽东领导的共产党曾与蒋介石领导的国民党政权进行过内战）。阿诺德随后还把李梅派遣到马里亚纳群岛，担任第21轰炸司令部部长，负责指挥1945年美国对日本城市的空袭（这些空袭引起了一定的争议）。

在马里亚纳群岛，李梅第一次与科尔博姆、雷蒙德和鲍尔斯共事。这三位文员受道格拉斯任命正在开展一项研究，旨在改进B-29轰炸机袭击日本的效率。科尔博姆及其小组采用一种名为运筹学研究的新技术，发现拆除大部分装甲后，B-29从基地出发可以飞得更远更稳更安全。这个结论与大部分飞行员的直观理念大相径庭，他们反对在没有防护措施的情况下，冒着被日军袭击的危险执行飞行任务。但是一经采用过后，改良式轰炸机的战斗效果好得出乎意料。李梅写道，“科尔博姆小组实施改良后的B-29轰炸机直击目标，其定位精确性是之前任何武器都无法比拟的。”

英国在二战期间最早提出运筹学研究这个概念，旨在评估和改进新武器系统的功效——比如轰炸机、远程火箭、鱼雷及雷达等。运筹学研究主要是收集、分析和比较各种资料，从而回答军队指挥官们最迫切的问题：特定轰炸机有效载荷控制在何种水平，才能激发最大的冲击力从而摧毁指定目标？如何布置防空炮从而有效地抵御敌方攻击？海军护航队的规模需要多大？简单地说，运筹学就是在战争技术中引入标准的科学方法。确立目标、分析可用资料、提出改进、实战试验、验证成果，最后就可以得出解决方案了。

让人感到奇怪的是，如此实用的方法在这之前竟然很少被军队采纳过，而如今聚集多方智慧的做法也是前所未有的。诺贝尔物理奖获得者同时也是运筹学研究的始祖之一 P·N·S·布莱克特，深信“混合团队”的价值，网罗不同领域的科学专家，对问题抽丝剥茧，找出最有效的解决方案。* 当时他们成功地改进了飞机抗御潜艇深水炸弹的功能，德国敌方甚至相信盟军采用了新型武器。在美国，运筹学研究主要是运筹分析，正如佛瑞德·凯普兰写的那样，“战争末期，美国陆军航空队各分队都各自设立有运筹分析部。”科学家们不仅收集资料研发新式武器，同时也参与制定作战计划。兰德正是把运筹学应用到战事的最高实践。

但是 B-29 项目的成功却在世界范围内引起了恐慌，弹载火药的破坏力极强，对日本平民造成了极大的伤害。数十万人的生命被大火吞噬，夜复一夜，B-29 低空飞行倾泻熊熊大火，房屋、商店和根本没有军事价值的建筑在火海中被夷为平地。此前联军已经在欧洲采用过这种战略，臭名昭著的德累斯顿轰炸导致 2.5 万平民死亡——但是在这之前，美国不愿祸及无辜平民，从未采用过这种战略。而今战胜日本的迫切需要，消除了美国存在的所有顾虑，日本平民也被列入军事目标范围。

这些空袭的功过是非，正如投放原子弹一样，数十年来都是备受争议的。历史学家们对空袭日本持肯定态度，认为尽管这样的空袭造成了无数平民伤亡，但是却也挽救了美国士兵的生命。有一点是肯定的：对日本的地毯式轰炸给兰德的创始人们及同样参与了 B-29 项目的后来的国防部长罗伯特·麦克纳马拉留下了不顾道义只求一胜的恶名。他们这种数据至上的理念，有意无意地把道德问题和具体工作截然分开。最终兰德形成了一种教义，认为科学家和研究者仅是科技的促进者，而不是独立的审判员。正如李梅自己所说，“战争都是不道德的，如果你为此而困扰，那么你就不是一名好战士。”

1946 年 3 月 1 日，兰德正式签署经营执照，它的薪水册上列有许多顾问，却只有四个全职员工：科尔博姆、导弹部部长詹姆士·E·厉卜、科尔博姆的长期合作伙伴兼副主管 J·理查德·戈尔兹坦、道格拉斯飞机的主导工程师 L·E·鲁特。雷蒙德仍在道格拉斯公司工作，同时也担任兰德的总监。出于安全考虑，他们的工

---

* 布莱克特对美国军队领导人阐述自己的方法时说，他的团队里汇集了除了律师以外各个领域的专家。航空队领导人显然误解了布莱克特的黑色幽默，他们竟然真的聘请了一位律师担任运筹分析部的首任主管，他就是后来的最高法院法官约翰·马歇尔·哈伦。

作地点设在道格拉斯的圣塔莫尼卡主厂内，用厚玻璃门把工作地点封锁起来。刚开始进入工作的兰德科学家们，已经接到了李梅布置给他们的第一个任务：调查应用太空船发射轨道卫星的可行性。

空军有意研发洲际弹道导弹，从而促成了这个项目的诞生。李梅要求兰德的科学家们尽快进入研究，因为海军航空署正与沃纳·冯·布劳恩以及其他被俘虏的纳粹科学家们一起研发类似的火箭项目。李梅想要先发制人胜过其竞争对手，保持空军对太空领域独有的军事使用权。一个月之内，兰德的四个全职员工在众多顾问的协助下，写出了一篇颇有远见性的报告，这个报告流露出的智慧胆识让人惊叹不已，同时自信满满甚至于有些自大。这份《实验性环球太空船的初步设计》是世界上第一份关于人造卫星可行性的全面评估报告。

李梅要求远见性和细节性兼而有之，兰德报告极大地满足了这两点要求。报告具有预见性地提倡应用多级火箭，规划设计了具体的最大加速度，推荐研究乙醇液态氧、液态氢—液态氧作为推进剂。报告同时还指出人造卫星在将来的多种用途比如天气预测、通讯、侦察尤其是媒体传播。正如其报告所述：

> 想到可以挣脱地球的束缚遨游太空，登陆月球、金星和火星，有谁不为这个可能性而倍感兴奋呢？现在把这些想法写下来，尽管看起来像是天方夜谭，但是我们将迈出第一步，让人造卫星挣脱大气束缚环绕地球航行，不久之后我们将一步一步越走越远，越走越宽广。

空军的研究项目激情洋溢风头十足，海军只好搁置了自己的项目。空军总参谋长霍伊特·凡登堡将军时常说人造卫星自然是空军的分内事。为了防止空军与其他机构出现更多的争端，国防部出台一个协议，委托空军负责“战略”研究——即洲际弹道导弹研究，而陆军则被授权发展“战术”研究或者说是战场导弹研究。

为了研发新型武器或改进武器系统，军队内部各机构间龙争虎斗，这在当时并不足为奇。几十年间，各机构的参谋长们都是得陇望蜀，希望不断扩展自己的权力范围。国防部长的主要角色就是充当各竞争分机构之间的调停者，这些分机构时常明争暗斗，希望从五角大楼处争得更多的预算。军事分析家伯纳德·布罗迪写道，

“国防部部长以及海陆空三军的部长们通常对他们的行政职能持有狭窄的观念，如果他们可以干涉所谓的‘严格的军事决策’，他们就会尽量避免去履行繁琐的行政职能，尽管现实并不总是如他们所愿。”“由于他们多数是从专业领域中选拔出来的，鲜有来自军队的，所以他们很难长期维持高官职位，谦逊是他们明哲保身的最好选择。”军队内一直都存在同根相煎的情况，直到 1961 年肯尼迪总统任命罗伯特·麦克纳马拉为五角大楼的首领，负责整顿军队后情况才出现好转。

兰德作为空军的智慧军师，有着举足轻重的地位，为此科尔博姆不得不为兰德补充全职员工。兰德的第五位职员是约翰·戴维斯·威廉姆斯，他在接下来的几年里，通过甄选新职员，把研究扩展到各个领域，成功地为兰德营造出一种学术氛围，同时促进了智囊团机构的扩张，他甚至改造了兰德的办公楼。

威廉姆斯是一个身材肥胖、和蔼可亲同时性情又有些古怪的数学家，他担任新创立的数学部主管——同时实际上也是科尔博姆的得力助手。他的性格后来演变成了兰德人的特性之一——热爱物质享受、致力于抽象理论研究、绝对的自以为是、用超道德的方法看待政治和政策。他冷静地提议抢先对苏联发动将会导致数百万人死亡的核攻击，同时他还出版了一本关于博弈论的书叫《完全策略大师》，他将它宣扬为“所有消极情感的催眠剂”。威廉姆斯相信每个人的行为都可以借助数值逻辑来理解和分析。从一开始，他在兰德的得意项目之一是应用爱因斯坦的物理学大统一理论钻研出一个战争理论。正如这个项目一样，威廉姆斯发展战争统一论的梦想被证明只能是空想一场。

威廉姆斯聘请当时最负盛名的数学家之一约翰·冯·诺伊曼，协助他钻研战争统一论。威廉姆斯采用惯用的手法告诉冯·诺伊曼，他的奉献只是他自己每天产出的思想——不多也不少，有多少算多少。因此冯·诺伊曼的月薪是 200 美元——那个时候的平均月薪水平。

威廉姆斯是一名摔跤迷，同时是业余台球爱好者，他喜欢在黑暗中移动速度飞快的事物。他购买了一辆美洲虎牌双门跑车，并把原装发动机换成凯迪拉克巨型发动机，这样他就可以趁着午夜以超过 150 英里/小时的速度驱车飞驰在太平洋海岸公路上。为了谨慎起见，他同时还在车内安装了最先进的雷达设备，以避开加利福尼亚公路上的巡逻队。

威廉姆斯出身于一个富裕的家庭，由此纵容他养成了古怪的性格。他在太平洋帕利塞德的高级住宅区拥有一所豪宅，那个房子是大萧条之前专为一个大富豪而建的。这个富豪死后，由于这个房子实在太大了，无法原封不动地卖出去。精明的开发商把它改造成五个矩形区，拆去第二和第四个矩形区，并对结构进行了改造。威廉姆斯买下了中间那所房屋，女演员黛博拉·克尔买下了第一所房屋。威廉姆斯经常在住宅里举办大型聚会，有时喝到酩酊大醉，那些才气冲天的宾客们会在地上打滚，一副烂醉如泥的样子。（这是那些相信酒精具有“治疗效果”的数学家们常有的举动。在普林斯顿大学，著名的物理学家J·罗伯特·奥本海默极其热衷于酒宴，因此他的房子被戏称为威士忌庄园。）

不久空军向兰德指派或提议的任务越来越多，全职职员也日渐增长，使得兰德成为一个以大学各学科顾问为基础的跨领域机构。至1947年，兰德招揽了一系列知识渊博的学者顾问，比如来自加利福尼亚大学伯克利分校的诺贝尔物理奖获得者刘易·W·阿尔瓦雷斯、普林斯顿大学的数学统计专家塞缪尔·S·威尔克斯、哈佛大学的物理化学领军人物乔治·B·基斯塔科夫斯基。兰德聘请这些学者来协助设计世界上威力最强大的武器——“超级武器”最高机密氢弹，其能量是夷平广岛和长崎的2万吨爆炸当量的数千倍。

科尔博姆和威廉姆斯同时还雇用许多工业承包商参与研究项目，比如研究螺旋桨涡轮机的能力及高强度辐射的远距离传输能力。在创立的头两年，兰德把大部分预备应用于科学项目的空军研究经费花在承包商身上，比如贝尔电话、波音飞机和柯林斯广播公司。但是后来兰德开始逐渐把重心从应用性研究转移到科学理论和体系构造上来。

威廉姆斯带领兰德人优化了运筹学分析的理念，开始创立一套分析系统，这个系统可以鉴别政策决策，用科学的方法评估政策的科学性，使决策者以目标为标准作出理性的抉择。这被称为系统分析，是兰德对国家决策机构最引人注目和最具争议的贡献之一。得益于系统分析的先进性，兰德领先开创了核领域分析——换句话说就是拓宽了核武器的应用范围，以及由此带来了一系列的重大后果。尽管兰德人才济济，有一个学科领域却是他们永远都无法触及的，一个机构如果缺乏了这种知识就会变得岌岌可危：那就是人类心理学。

第 2 章　人力因素

1946 年编剧作家利奥·罗斯顿（Leo Rosten）接到一个神秘电话，打电话的人是斯坦福大学的经济学教授同时也是他的大学同学艾伦·沃利斯（Allen Wallis）。尽管几年后罗斯顿写了两部畅销喜剧小说《海曼·卡普兰的教育》和《纽曼军医》，他当时在好莱坞从事剧本改编，过着舒坦的生活。但这只是大材小用，他显然还具有某些不凡的天赋。

罗斯顿出生于波兰，他曾经就读于芝加哥大学和伦敦经济学院，是一位心理学家、专业经济学家和政治科学家。战争期间，他曾担任战时新闻处副主管，还一度担任罗斯福总统的副官之一罗威尔·梅里特（Lowell Mellett）的助手。罗斯顿还曾参与制作军队系列宣传影片《我们为何而战》，这些影片汇集了约翰·福特（John Ford）、弗兰克·卡普拉（Frank Capra）等天才导演。尽管罗斯顿已经不在政府机构任职了，但当他的朋友沃利斯让他与从事高级机密工作的约翰·威廉姆斯见面时，他一口答应了下来。

几个小时后，威廉姆斯打来电话询问罗斯顿，见面时是否可以带上弗兰克·科尔博姆。当这两个人登门拜访时，眼前这对奇怪的组合让罗斯顿惊讶不已。威廉姆斯看起来体重超过 300 磅，是一个嗓音洪亮、不修边幅的人。科尔博姆是一个身材消瘦、表情坚毅的人，说话言简意赅。罗斯顿立刻把他们带入客厅并随手关上了门，这样他的妻子和两个年幼的孩子就不会干扰到他们的谈话了。威廉姆斯说：“我们刚才对你进行了安全意识测试，并且认为你完全可以从事机密工作。今天的谈话过程会涉及几件事情，我们是得到了批准才向你透露这些事情的，但是你必须对此严格保密。”

科尔博姆简要地介绍了兰德工程的起源和宗旨，但是没有提及高级机密目标——研究洲际弹道导弹。过了一会，罗斯顿问："那么现在你们为什么把这些告诉我?"

威廉姆斯回答说近几个月来他们觉得兰德的职员结构还不够完善，因为他们正面临着一些无从下手去解决的问题。

"比如?"罗斯顿问。

科尔博姆插话说："我们自认为是飞机和其他设备方面的行家，但是有一个方面我们所知有限，那就是一种重量介于160磅和185磅之间、长度介于5.8英尺和6英尺之间的'机器'——飞行员。"

关于人类行为的问题难住了兰德的科学家们。在研究广义战争论的过程中，在接受空军委托研究敌军攻击时飞行员的反应时，以及在构建全副武装的兰德防御工程时，他们发现人类心理学对做好这些工作有着至关重要的作用，但是他们习惯了数据至上的哲学思维，根本无法应对涉及人类心理学的相关问题。

威廉姆斯和科尔博姆看中了罗斯顿的智慧，想要了解如何提高团队在从事有压力的活动自身的士气，如何揣测潜在敌人的意图，团队成员之间的互动如何影响成员的个人行为。这次会面他们一直谈到深夜才结束。随后他们还陆续会谈了几次，兰德小组的其他几个成员也参与其中。他们共同探讨采用什么方法把社会科学引入到兰德目前正在进行的艰难的研究中。多年后罗斯顿仍然记得，在一系列会谈的过程中科尔博姆一直显得高深莫测，罗斯顿也搞不清楚科尔博姆对心理学的怀疑程度。威廉姆斯则不一样，他乐于接受和赞成新事物，而且对新事物充满激情。同时也是一个以自我为中心、言辞辛辣和自命不凡的人，所有会谈都以他为中心。

几个月之后，兰德最终确定要设立社会科学部，威廉姆斯和科尔博姆邀请罗斯顿担任部门主管。罗斯顿以自己的写作计划为由谢绝了这个邀请，同时建议他们在纽约召开一个讨论会，这样就可以趁机招募一些社会科学专家。罗斯顿还提醒科尔博姆和威廉姆斯，兰德的办公地点设在道格拉斯内会影响他们招揽人才，因为有些社会科学家不愿意在一家航空公司内工作。兰德的名声还可能会让他们感到尴尬，因为罗斯顿发现"在加利福尼亚南部的一些社会圈子里，兰德（RAND）是某些残忍的好战分子团体的首字母缩写词"。

1947 年 9 月 14 日至 19 日，罗斯顿提议的讨论会在纽约经济协会召开。威廉姆斯对飞机有一种莫名的恐惧感，所以他搭乘火车到纽约，而罗斯顿忙于他的一部新电影的首映，因而他在讨论会临近结束时先行告别。沃伦·韦弗主持了这场讨论会，他在开场白里所陈述的观点可以看做是兰德的信条：

> 我相信在座的每一位都在追寻一种广泛意义上的理性生活，大家都从根本上相信——与懵懂无知、盲目迷信、随波逐流的生活态度相比，知性明理、不乏阅历、洞悉世事、善于分析问题的生活显得更为重要……我相信我们并不喜欢战争，我们也同样崇尚和平……我相信在座的每一位都在全力以赴致力于实现民主理想，我们各司其职做好本分工作，尽力改善自己与世上其他人之间的关系，我们所信仰的理想的价值也将会是显而易见的。

尽管这次讨论会表面上是甄别、衡量和控制发动和取得战争胜利的重要因素，它同时也起到了推介兰德机构的作用，30 位学者接受了这份薪水丰厚的就职邀请。罗斯顿公开征集研究项目，参与者提交了大约 100 多份研究报告。征集到的话题包括美国的外交政策、美苏经济战争的可能性、态度的测量方法、预测信息的可靠性等等。参与者包括哥伦比亚大学的人类学专家鲁思·本尼迪克特（Ruth Benedict）、耶鲁大学的历史学家伯纳德·布罗迪（Bernard Brodie）、加利福尼亚大学洛杉矶分校的哲学家亚伯拉罕·卡普兰（Abraham Kaplan）、芝加哥大学的社会学家赫伯特·高德汉姆（Herbert Goldhamer）以及社会研究新学院的汉斯·施派尔（Hans Speier）、牛津大学的经济学家查尔斯·希奇（Charles Hitch）、普林斯顿大学的经济学家雅各布·维纳（Jacob Viner）。

几年内，参加 1947 年讨论会的大部分学者后来都成了兰德的顾问。但是在纽约那个大雾弥漫的九月，威廉姆斯仅全职聘用了其中两位杰出的人物，他们就是施派尔和希奇，威廉姆斯邀请他们分别担任社会科学部和经济学部的首位主管。

施派尔是来自德国的流亡学者，1933 年他逃离了纳粹德国，加入位于纽约的社会研究新学院，成为流亡大学的成员之一，这里也有一些新近转移过来的来自德国和奥地利的流亡学者。施派尔生性腼腆而谦逊，主攻国际政治专业，是政治宣传和公众社会结构方面的专家，而这两个方面恰好是战争指挥中至关重要的因素。他欣然接受了威廉姆斯的邀请。

另外一位新职员希奇的来历与兰德未来的工作有着更为密切的关系——正是这一点使得科尔博姆批准报销从他的研究项目所在地里约热内卢至纽约的飞机票。希奇出生于亚利桑那州，曾获得罗兹奖学金，是哈佛大学的研究生及牛津大学的导师。1943 年在美国参军，最终被分配到现今中央情报局的前身战略情报局，他在战略情报局期间，曾为一个叫做“第八研究实验部”的部门做运筹分析工作，工作人员采用逆向分析法评估英国轰炸机袭击德国的效力（他们得出结论认为打中预定目标的炸弹不及半数，而击中了目标的炸弹也仅仅对纳粹的战争设备造成轻微的损伤）。

希奇第一手掌握了应用经济测定和统计计算的方法，从而可以协助政府作出政策决策。威廉姆斯邀请他加入位于加利福尼亚的兰德机构。尽管当时希奇与家人在牛津过着其乐融融的生活，但他仍然被威廉姆斯的邀请所深深吸引。希奇后来回忆时认为加入兰德是他人生中最为艰难的决定，但是他最终还是签名接受了邀请，并搬迁到圣塔莫尼卡。

1948 年在纽约讨论会召开之后过了几个月，施派尔正式开始管理兰德的社会科学部门。起初，施派尔很难说服国际政治学的专家们，脱离以东海岸为基地的学术中心。出于需要，该部门设立了两个社会科学办事处：一个位于华盛顿，以政治分析为中心；另一个设在兰德总部所在地圣塔莫尼卡，集中研究人类行为。办事处分布在不同的地理位置，这无意间破坏了威廉姆斯最初的设想，他本来计划把社会科学家所拥有的全部才能纳入到兰德中来，如此一来，社会科学家们对事物所持的历史学观点和人文主义看法，可以平衡“刻板”的科学家们（指在圣塔莫尼卡已经处于人才兴旺的数学家、物理学家、经济学家等）带来的数据至上的分析趋势。有一段时间内，位于圣塔莫尼卡的兰德总部一直缺乏政治科学家——直到 20 世纪 50 年代中期他们才从东海岸迁移到西部——这使得兰德的工作特别是核战略研究工作绝大部分集中在数量和数学研究的层面上。

罗斯顿仍然是兰德的顾问，但是他已经很少参与兰德日常事务，1954 年他搬迁到纽约之后就完全退出了兰德。但是在罗斯顿离开之前，他在兰德的另外两项主要进程的发展过程中起了重要作用。他说服施派尔把著名的历史学家伯纳德·布罗迪从耶鲁大学挖过来，因为他在耶鲁的工作不受重视，日子过得不甚顺心。罗斯顿同时还建议负责起草兰德公司组建条款的律师 H·诺曼·盖茨克尔（H. Rowan Gaither）联系福特基金会争取赞助。

1948 年兰德公司正式成立，这对兰德和道格拉斯飞行器公司来说都是一种解放。因为兰德招揽了很多特立独行的学者，他们在道格拉斯公司的生活并非是一帆风顺的。正如威廉姆斯叙述的那样：

> 工作时间始终是一个考验。学者们有不按规律作息的习惯，从不遵守朝八晚五的工作时间模式。有一个学者往往是在下午两点之后才出现在办公室里，而另一个学者却几乎不回家——请注意，兰德办公室所在的道格拉斯公司在下午大约五点钟关门，直到第二天早上大约八点钟才开门。道格拉斯公司为我们改变了锁门的时间，所以我们的学者在晚上和周末都可以来工作。
>
> 黑板问题给我们添了很多麻烦。每一个办公室都要求有一个黑板！我记得我们的采购主管塞西尔·威赫说，“这些人是怎么回事呀？他们就不能在纸上写字吗？”或许这听起来好像是我过于小题大做了——但是粉笔的问题比黑板的问题更麻烦。道格拉斯公司对于黑板没有规定，所以我们可以为每一个办公室配置一块黑板。但是他们对粉笔有规定，要求每块黑板只能配两根（或者三根?）粉笔。不出意料，我们的学者却要求提供四种颜色的粉笔。我们和道格拉斯公司也因粉笔问题闹得不甚愉快。

尽管兰德项目在名义上是一个独立的机构，但是它仍被认为是道格拉斯公司的附属机构。不久之后，兰德机构发现很难从空军的承包商那里获得详细的信息，从而不能顺利准备防御问题的分析工作，因为承包商们对于提供机密性的专利信息相当谨慎，他们生怕这些信息有可能会被泄露给竞争对手。此外，许多分析专家不愿意与兰德有牵连，他们认为只要兰德还在道格拉斯公司的赞助下运作一天，兰德就不可能进行真正意义上的客观分析。

对于道格拉斯飞行器公司来说，兰德的成长阻碍了母体的发展。由于空军想避免让人产生偏袒一方的印象，所以逐渐对此撒手不管。道格拉斯管理层认为公司与智囊团联系在一起，阻碍了公司发展有利可图的合作项目。空军对兰德项目投入了数百万美元，但是由于这些冲突的存在，使得项目的成果并不理想，空军对此甚是不满和深感沮丧。为了解决这些问题，早在1948年科尔博姆要求盖茨克尔找出一条可行之道，断绝兰德与道格拉斯公司之间的联系。二战期间科尔博姆就结识了出身名门的旧金山律师盖茨克尔，当时盖茨克尔是麻省理工学院辐射实验室的副主管，同时也是国防研究委员会的顾问。

盖茨克尔受科尔博姆所托起草了几份格式各异的建议书，为兰德从道格拉斯公司分立出来提供参考方案。这些方案包括建议兰德并入普林斯顿大学或芝加哥大学等著名学府，或者将兰德转型为一所赢利机构。最终，科尔博姆认为兰德实现独立的最好出路是单独成立一所非营利性公司。兰德公司的组建条款规定不设股份和股东，收入仅归公司所有，而不是分利给任何人。如果向客户收取的费用可以产生利润，除了本机构必需的运营费用之外，剩余的钱都会再投资到项目本身去。客观地说就是从国内各所大学、实验室、基金会、通信公司和金融机构中挑选出各界精英担任理事，他们是兰德公司的所有者。换而言之，真正执行兰德研究业务的管理者、分析家和科研学者是为公司的理事而工作。奇怪的是表面上兰德是一个独立的运营机构，但是它所有的合同项目都是来自空军——尽管从理论上说，兰德组建成公司之后，只要不妨碍执行与空军之间基本合同的义务，它可以自由服务其他客户。这反映了科尔博姆极度忠于其前任雇主。就像他说的那样，“私人业务断断续续，而空军则是长长久久的。”

空军参谋长卡尔·斯帕兹（Carl Spaatz）在与兰德的科尔博姆、雷蒙德、拉里·亨德森（Larry Henderson）讨论过后，签署公司重组文件，赞成兰德提出的独立方案，“只要大家都对成立一个新公司表示满意并且兰德也可以像道格拉斯公司一样有效地履行合同义务”。

盖茨克尔告诉科尔博姆兰德独立经营需要100万美元的启动经费（大约相当于2007年的1000万美元）。借助盖茨克尔的社会关系，兰德从旧金山的富国银行处获得 60 万美元的信贷限额，而且富国银行承诺将继续向兰德提供剩余的 40 万美元。亨利·福特二世（Henry Ford II）和本森·福特（Benson Ford）都承诺提供 40 万美元。科尔博姆和威廉姆斯重新阐述的宗旨，意味着兰德的设定已经不仅仅只是一个制造武器的机器："旨在促进和推动科学、教育和慈善事业的发展，一切为了公众的福利和美国的国家安全。"

兰德的新宗旨与福特基金会的目标不谋而合。作为当时规模最大的慈善机构，福特基金会正在进行机构重组，为世界和平和科学知识的进步提供资助。盖茨克尔不仅为兰德从福特基金会那里获得了急需的将近 50 万美元的资金，同时他本人还当上了基金会的主席。因此从一开始，冷战期间两大影响深远的私人机构就结下了不解之缘。

盖茨克尔担任基金会主席之后发表了一项声明，陈述了他的目标让技术官僚通过客观分析的方法来统治社会。在他看来，慈善家不仅要帮助需要帮助的人，还要向负责制定政策的官员提出建议，用客观事实代替唇枪舌剑。正是这种中立性和客观性为福特基金会注入了一股强大积极的力量，让它在为实现民主目标的任务中，有效地发挥着独一无二的作用，尽管这项任务是那么艰难并且时常充满争议。整个 20 世纪 50 年代，盖茨克尔倡导基金会维护美国的政治战和心理战，由此福特基金会一直保持着亲近美国政府政策的倾向。根据有些学者的描述，盖茨克尔之后的福特基金会主席们甚至不辞辛劳远道而来拜访国家安全委员会，询问国家安全委员会是否有什么项目需要资金赞助。（在盖茨克尔去世几年后，一些阴谋论者把他描述成为一个惹人讨厌的人物，说他表面上是福特基金会的主席，实际上是一个隐秘的社会主义者，他促进实现全球单一党派化和单一政府化，最终将美国和苏联合并在一起。纵观盖茨克尔在福特基金会期间为中央情报局所做的和提议要做的事情，可以看出这项指控是站不住脚的。）

兰德最辉煌的黄金时期毫无疑问就是智囊团设立公司后那几年。从实质上讲，那时候空军基本上就是直接给兰德一张空白的支票，意思是说：钱就在这里，你们用认为合适的方法去使用这些钱，以改进对抗苏联的国防体系。

兰德飞速发展，它赞助了一系列讨论会和夏令研究小组活动，与众多工业转包商建立了合作关系，由此吸引了一大批新顾问加入到兰德中来。在其中的一项转包合作中，发现了钛的新用途，这种轻型金属在开发超音速飞行器方面具有重大的军事意义——更不必说它在现代珠宝中的妙用了。

为了吸引更多学者，兰德有意变成一所不招收学生的名副其实的大学，于是着手更改其组织机构命名方法，原本叫分队（这个名称带有军队的意味）的小组改名为部门，这些部门呈指数式迅速扩张从而囊括了众多学科。不久之后，兰德不仅聘请数学家和工程师，同时还聘用了天文学家、心理学家、逻辑学家、历史学家、社会学家、空气动力学家、统计学家、化学家、经济学家，甚至还有计算机科学家。学者们在加入兰德之前没有进行关于思想取向正确性的测试，而对当时的学者来说，这样的测试也没有必要。加入兰德的皆是国内最优秀最杰出的精英，他们都知道签署加入兰德意味着什么，乐于接受理性世界（美国及其西方盟友）的理念——终生与苏联这个黑暗势力作斗争。

随着不断的扩展，兰德在内部成员中逐渐形成了一种休戚与共、同仇敌忾*的团队精神。除了对冷战持有相同的信念之外，还有许多其他因素把智囊团的成员紧密地团结在一起：空军对兰德特别青睐（空军作为终极武器原子弹的守护者，它本身就是军队的黄金宝贝）；华盛顿的政治压力的影响对兰德来说是鞭长莫及；此外兰德的研究员都相对年轻。参与机密项目的兰德学者只能与接受过审查的同事谈论工作细节。就像隐秘的地下机构一样，学者们甚至对自己的家人都隐瞒着具体的工作性质。他们之中绝大部分都持有国内顶级学术机构的研究生学历，其中许多人还曾在二战中当过低阶军官。他们知道自己很出色，不仅如此，他们还确信别人都看得到他们的不凡之处。自我感觉良好的学术优越感，令他们养成了对官僚作风不屑一顾的态度，也滋长了他们自命不凡的习气，时隔五十多年之后，这种高傲的态度在今日仍旧健在的学者身上依然有迹可寻。

威廉姆斯、科尔博姆以及兰德理事会深信，同事间相互竞争是激励原创性、创造性思想的绝佳方法。因此兰德的学者们总是想要在各个方面比别人更胜一筹。短论和工作底稿在同事当中流传，这些文件涉及的范围非常宽广，并且通常是具有争

* 直到20世纪60年代，兰德仅聘用女职员担任办公室助理或秘书。截至2004年，兰德对女性采取明显的不平等待遇，由此也带来了一些问题。女性职员对兰德公司提出大量关于性别歧视的诉讼。

议性的主题，学者们对此发表各自的评论。新项目要接受所谓的审核委员会的审查。在定期的部门会议上，兰德的学者们乐于无情地否决不切实际的提案。兰德每年都会举办年度网球比赛，此外学者们还用自制的小型双体船“梦想”号参加当地的划船比赛。他们有时还会乘坐“梦想”号在水上通宵航行。在工作休息时间，他们参加高尔夫球俱乐部，在庭院内的草坪上悠闲地打高尔夫球。在兰德举行的派对上，学者们争先在品赏美食、鉴赏葡萄酒、欣赏音乐上独出风头，特别是数学家兼核战略专家艾伯特·沃尔斯泰特（Albert Wohlstetter）加入兰德之后，由于此人还是一位世界级的美食家，所以他对这种风气的盛行更是起了推波助澜的作用。学者们的妻子同样本着竞争的精神参加烹饪协会，她们竞相构思各式异国风味儿的菜谱。

兰德的学者们甚至还掀起一股旧式普鲁士军棋游戏的复兴之潮。军棋是一种立体盲象棋，19 世纪时在欧洲负责制定军事计划者当中甚为流行。在午餐时间，一边下棋一边吃饭的学者们由于沉迷于军棋游戏，常常把就餐地点弄得杂乱不堪，有些学者因此而完全避免去餐厅用餐。兰德的生活就像是人在少年时期对成人生活的完美设想——尽享味道芬芳的烟斗香烟、速度飞快的私家车和独有的交际圈子。

兰德是一个提倡思想自由的地方，在这里异想天开也是稀松平常的事情，但是让人感到不解的是，在兰德内部基本上没有人对苏联的性质定位或者对关于这一问题的美国现行政策的合理性进行过讨论。兰德的学者们也像军队的高层那样，始终坚信美国本身的正义性。直到新一代具有怀疑精神的学者成为主力军，以及一场更为复杂的战争——越南战争爆发之后，兰德对美国政策的信仰才开始破灭。

从兰德分析专家于 20 世纪四五十年代期间撰写的内部文件可以看出，由于美国在面对来自苏联的威胁时不幸地处在过于被动的位置，他们坚信核武器不仅是抑制苏联进攻的必备武器，同时也是最有效的理想武器。威廉姆斯等兰德学者主张抢先对苏联发起核战争，以此作为拉开建立美国主导的世界政府的帷幕——一个不同于联合国的机构（那时联合国被认为是一个无足轻重、毫无话语权的无效机构）。

作为一个以空军为依靠的机构，兰德热心渲染一种军事信条，声称莫斯科正准备吞食整个世界。兰德分析家内森·莱特（Nathan Leites）写了一本名为《政治局运作法则》的书，书中的内容后来成为了兰德所推崇的信条。50 多年之后，兰德的分析家仍不时充满钦佩地引用其内容。莱特在1949年通读马克思和列宁的著作之后，写下了这本书，书内断定贪得无厌的苏联帝国在其教义原则的驱使下，野心勃勃地想要征服全世界的领土。只有采用强势武器才可以阻止共产主义扩张的趋势。莱特的著作与美国驻苏联前大使乔治·F·凯南（George F. Kennan）提出的现存的政治遏制政策战略形成鲜明的对比。

二战结束后，莫斯科的势力开始渗透东欧，凯南大使发回了一封“长电报”。在1946年凯南发给杜鲁门总统的长达一万字的电报内，他提倡通过提高警惕增强警戒的方式，对这个马克思主义超级大国采取遏制政策，认为没有必要真正动用军队——在他看来，仅仅是军事武器威胁就足以打消苏联对美国的侵犯意图。接下来的一年，凯南用笔名“X”在《外交事务》杂志上发表了题为《苏联行为根源》的长篇评论。在长达几年的时间里，凯南的相关主张都是美国处理对苏关系的准则。但是到了1950年，随着苏联首颗原子弹的成功爆炸，美国的行政政策开始从凯南提倡的被动的、意识形态上的遏制政策转变成莱特推崇的公开的军备竞争。兰德著名的非正式成员保罗·尼采（Paul Nitze）几乎是独力推进了这种政策的转变。

尼采是前华尔街银行家，是一个独立的有钱人，后来进入政府部门工作担任富兰克林·德拉诺·罗斯福总统的助手。二战期间，他曾担任战略轰炸调查组的副主席，由于工作关系，他结识了兰德的创始人阿诺德、李梅和科尔博姆。他代替凯南成为总统的政策规划司司长，尼采写了一份建议书提交给国家安全委员会，阐述了在核能时代如何规划外交政策。这个文件名为NSC-68，他以莱特的理念为基础，预见性地提醒政府警惕“克里姆林政府统治世界的野心”以及由此对美国造成的持久性威胁：

> 苏联不同于以往任何野心勃勃的霸权主义者，一种全新的狂热信仰为苏联注入了无限的生命力。这种信仰与我们的信仰南辕北辙，在它的驱动下苏联想要把它的绝对权威渗透到世界的所有角落。因此（苏联）要实现其宏图霸业，就需要彻底颠覆或武力摧毁非苏维埃国家的政府机制和社会结构，重新建立屈从于克里姆林政权控制的机制和结构。为了达到这一目的，苏联现在正在努力征服欧亚大陆。美国作为非苏维埃世界的主要势力

> 中心，以及作为对抗苏联扩张的堡垒，是苏联的头号大敌。如果克里姆林政权想要实现其基本宏图霸业，必定先要通过某种方式颠覆或摧毁美国的领土和生命力。

文中还提醒政府随着苏联核能力的增长，克里姆林政权极有可能正在筹备一次突击性进攻。而 1954 年是最危险的一年，除非美国立刻实质性地提高其武装力量和国防实力，否则突击性进攻的风险就不会解除。当苏联支持朝鲜与美国盟友韩国的战争对抗的时候，NSC-68 文件被递交给杜鲁门总统。尼采关于共产主义宏图霸业的预言如此应验，因此杜鲁门总统将 NSC-68 文件采纳为国家官方政策，并增加了接近 400 亿美元的国防预算。

截至 1950 年，美国拥有大约 298 颗核武器。尽管我们现在都知道苏联只拥有少数核武器，当时美国的政府决策者在缺乏确凿依据的情况下，作了最坏的打算：莫斯科已经建立了规模巨大的兵工厂，它的空军可以把炸弹运到美国。此外在美国多数民众看来，不仅仅是莫斯科对美国造成威胁，美国面临着来自各方的忧患，一时间国民感到草木皆兵。

在这之前一年，毛泽东领导共产党把美国支持的国民党打败，蒋介石遂横渡海峡逃往台湾。为此美国境内掀起了反思浪潮，报纸社论和美国国会都在高喊："谁失去了中国?"此外苏联的第一颗原子弹成功爆炸，并且美国人有足够的理由怀疑苏维埃间谍把制造原子弹的关键技术泄露给莫斯科政府，因此在国内普遍引起了对共产主义的恐慌。众议院非美活动调查委员会开始针对渗透美国的嫌疑共产党党员和电影业中共产主义的拥护者等问题举行听证会。与此同时，之前只是无名小卒的威斯康星州参议员约瑟夫·麦卡锡（Joseph McCarthy），开始高调声称联邦政府内隐藏着一个天大的共产主义阴谋。随后政府在国内针对共产主义者，发起了大规模的政治迫害活动。许多行业的从业者如果想要保住自己的饭碗，首先被迫签署忠于政府的宣誓书。如果谁被怀疑是共产主义的拥护者——"左倾分子"或"接近左倾分子者"——那么他就无法从事任何体面的职业，而只能做些低贱的工作。让人感到具有讽刺意味的是，政治迫害活动的受害者之中就有原子弹计划的负责人兼曼哈顿计划的主管——著名的物理学家J·罗伯特·奥本海默。他被怀疑具有共产主义倾向，甚至有可能是真正的共产主义间谍，因此他被剥夺接受安全审查（一种针对参加秘密工作人员等的审查）的权利，并且被拒绝参加政府的机密工作。

兰德对苏联不轨图谋所持的强硬态度，来源于莱特的著作和尼采的哀史，这正符合那时倾向多疑和妄想的时代特征，国民对一触即发的核冲突充满了恐惧，他们憎恨任何不拥护和支持美国的事物。但是兰德的分析家们认为通过努力工作、辛勤奉献和乐于牺牲的精神，以及有了来自圣塔莫尼卡的指令，前方还是会有值得大家坚持下去的未来。在兰德的这些指令当中，有些可能会把世界从潜在的核灭绝边缘拯救出来，有些则会改写美国和西方社会关于社会安全、政治和政府方面的基本理念。

第 3 章　原　罪

1945 年 7 月 16 日巨大的蘑菇云在新墨西哥州的阿拉莫戈多沙漠上冲天而起，熊熊火焰带着无限强大的能量，曼哈顿计划的副指控兼准将托马斯·法雷尔（Thomas Farrell）称之为“前所未有、气势恢弘、美不胜收、撼天动地、惊神破胆”的力量。少数科学家和军事家见证了核能时代的到来，他们对原子弹的诞生呈现出几种不同的反应。物理学家爱德华·特勒（Edward Teller）、欧内斯特·劳伦斯（Ernest Lawrence）等只是感到自己毕生的心血凝聚成无上荣耀在眼前闪烁，此外别无他想；而恩里科·费密等科学家则开玩笑并打赌原子弹的链式反应是否会破坏整个世界、整个美国或只是新墨西哥州的大气层。

与此相反，曼哈顿计划的总指挥 J·罗伯特·奥本海默表面上对自己的杰作引以为豪，内心却充满了不祥的预感和无尽的懊悔。原子弹爆炸的刹那，奥本海默脑中想起了印度教经典《薄伽梵歌》的毗湿奴主神*以千手形象现身，幽幽对他吟咏：“现在我死了，毁灭世界的人。”此后奥本海默终其余生都在悔恨中度过，为自己创造了世界上最危险的武器深感自责。奥本海默感到物理学家们以前只生活在知识的伊甸园里，现在他们“已经尝到罪孽的滋味”了。

奥本海默尽最大的努力试图挽救他对战争武器作出的杰出贡献，力劝美国单方面裁减军备并停止核扩散。他的许多其他科学家同仁也参与其中，想要把核妖魔收回瓶子里。但是对于计划战争策略的人来说，不会感到阿拉莫戈多、广岛和长崎的

---

* 毗湿奴：印度主要神灵之一，作为世界的保护和维持者受到崇拜。毗湿奴常被认为是包括大梵天和湿婆神的三位主神中的一员。——编注

原子弹爆炸是他们的过错，也不会为造成了大量人员伤亡的后果而道歉；核能时代以放射性爆炸为开端，预示着将开启一种新的世界秩序。其中最引人注目的是深信核武器威慑论的兰德军事历史学家伯纳德·布罗迪，在看到报纸上大字标题报道广岛原子弹爆炸事件后，他惊呼“我所写的一切都是废话”。经过数月深刻反思过后，他写道：“至今为止我们的军事机构的主要目标一直是赢得战争。从现在开始军事机构的目标应该是避免战争，此外别无其他有益的目标。”

布罗迪在 1951 年加入兰德之前，曾游走在各学院的科系之间，不知是有意还是无意，他却始终无法融入任何一个机构。为此他效仿艾伯特·沃尔斯泰特以及许多科学家加入兰德，他们都在寻找一处象牙塔，躲开正统观念的狂风烈吼。

布罗迪出生在芝加哥南边一户贫穷的犹太家庭，他是一个身材矮小、双眼近视并且痴恋权势的人。他迷恋军队和骑马，16 岁时谎报年龄加入了国民警卫队，当时警卫队仍然对其学员进行骑马训练。1939 年他从芝加哥大学毕业后在普林斯顿大学任教，在这里他结识了后来的兰德苏联政策研究专家内森·莱特。后来布罗迪从普林斯顿转到另一个常春藤联盟大学达特茅斯学院，这里的院长对他说“你在所学的专业领域中太出色了，我们部门将来的任何计划对你来说都是大材小用了”，基于这样的理由他被院长婉辞了。战争期间，布罗迪在海军情报局工作，编写宣传手册广播给德国 U 型潜艇队听，试图说服德国队员投降。在广岛原子弹爆炸前的五天，他刚被任命到耶鲁大学的政治学系。

直到广岛原子弹爆炸事件改变现代世界之前，布罗迪的两本著作已让他名利双收，欧洲的战火出乎意料地让这两部书的身价倍涨。在珍珠港事件发生后不久，普林斯顿大学出版社出版了布罗迪的毕业论文《机器时代的海军力量》。海军立刻订购了 1600 套，使它成为当时学术类出版社的畅销书。由于这本书如此广受欢迎，出版商再次向布罗迪约稿。布罗迪又编写了一本《海军战略入门指南》，美国海军预备役军官训练团迅速抢购了 15000 套。这对一个从未接触过海洋的作者来说已经是很不错的成绩了。

原子弹改变了众多国家之间的所有游戏的规则——包括战争和政治规则，当然对此有所觉察的不仅仅是布罗迪一个人，其他科学家也开始意识到了这一点。西方世界普遍呼吁建立一种全新的世界秩序。第一次世界大战导致生灵涂炭，使得各个国家渴望建立一个世界性的集体政府，引导人类开启一个全新的和平时代。同样的道理，后二战时代的许多观察家提倡建立一个世界整体机构，把极端危险的全新的核武器的使用权托付给它。英国著名的哲学家伯特兰·罗素（Bertrand Russell）为建立这样一个世界机构而到处游说议员，当时美国最具影响力的文学杂志《星期六评论》的出版商诺曼·库辛（Norman Cousins）也持有同样的观点，他写道："我们不需要讨论建立一个世界政府有多难，我们只需要扪心自问缺少了它我们是否承担得起其后果。"甚至连奥本海默也赞成让一个类似联合国这样的跨国机构负责约束核武器的使用。

当时也有人倡议发动先发制人的战争，通过出其不意地发起先发制人的攻击，遏制苏联或任何其他敌人的侵略力量。少数国会议员提议在战争结束后，即刻摧毁苏联。国务卿迪安·艾奇逊（Dean Acheson）甚至私下粗略考虑过这样的打算：趁难度尚小的时候，永久地铲除来自苏联的威胁。军事机构内对先发制人的战争表示拥护者中最突出的人物可能就是海军秘书长弗朗西斯·马修斯，他公开宣称，"为了实现和平，我们宣誓愿意为此付出任何代价，甚至不惜发起战争迫使其他各方协助实现和平……我们将成为第一个'为和平而战的侵略者'。"因为这种言论，杜鲁门总统立刻将马修斯革职。杜鲁门公开指责出其不意地先发制人攻击是一种非美国行为——尽管多年后他在回忆录中承认，预防性核攻击的筹备计划确实曾经存在过，以防苏联举兵侵占西欧。

对布罗迪来说，先发制人的战争在理论上是可行的，但是其惨重的代价无异于一场灾难。那时他认为出其不意地先发制人攻击，严重违背了美国传统的公平原则以及不侵略的历史传统，在战场上获胜的军事家在政治舞台上注定要落败。这是他在1949年苏联引爆自己的核武器之前得出的结论。从那以后，布罗迪认为美国没有十足的把握依靠自己的力量摧毁苏联所有的轰炸机以及核武器。仅是一架苏联轰炸机可能造成的伤亡后果，对美国来说也已经是不堪设想的了。为了实现永久的和平（尽管这样的和平不甚稳定），在进入裁减军备之前首先要放弃使用核武器。

耶鲁大学国际研究学院向布罗迪约稿，合作出版《终极武器》一书，主要是探索核武器的控制之道。其中有两篇最具有影响力的文章是出自布罗迪之手——《原子能时代的战争》以及《军事政策的影响》。为了更好地了解原子弹的物理结构，确认制造原子弹的关键性铀矿原料是否充足，布罗迪事先研读了原子弹的相关科学文献。他的结论是原子弹改变了战争的性质，他本身的专业领域——海军研究在任何未来的战争中将处于次要地位。

布罗迪在文中指出，原子弹的数量优势或者先进的投送原子弹的轰炸机并不能确保核战争就能够取得胜利。由于原子弹的制造原料比较稀缺，所以原子弹的最佳和最高用途是用于攻击人口密集地。而且仅是一颗原子弹就足以引发不堪设想的灾难性后果，所以首先要考虑的是如何阻止战争爆发。只有拥有在遭受核攻击之后进行反击的能力才能达到阻止战争的目的。每一方“都惧怕对方反击，因为一方摧毁了对方的城市之后不到几个小时或至多几天，另一方就会反过来实施同等的报复，这其实是两败俱伤的事情”。

西欧政局的混乱形势逐渐加剧，外界认为这是苏联继续侵犯自由世界的表现，布罗迪的理论因此也有了进一步的发展。中央情报局全力以赴平复希腊的共产主义叛乱，而意大利的共产党仅以些微之差在选举中落败。1948 年，捷克斯洛伐克的民主政府被共产主义政变所颠覆。同年年末，德国仍处于被分离的状态，驻在那里的苏联军队封锁了柏林。与此同时，随着战时经济的终结，美国政府开始迅速大量裁军。布罗迪认为除了对苏联实行政治遏制之外，美国别无选择，只能依赖核武器作为抑制苏联扩张的主要军事手段。

有新的公开消息表示用于制造原子弹的原材料仍旧处于稀缺状态，这促使布罗迪重新审视他的理论——原子弹的数量优势并不是先决优势。如果美国拥有的原子弹的数量是苏联的 3 倍或 5 倍，那将是一种绝对的优势，尤其是在有针对性地投放原子弹，而不是随意对城市狂轰滥炸的情况下，这种优势就更为明显。但是轰炸目标是什么？什么时候实行？怎么实行？

布罗迪认为军队中没有人关注到这些问题，于是他在 1949 年决定以此为主题写一本书。原定题目为《空军战略》，布罗迪用了十年的时间才完成了这本书的写作，最终定名为《导弹时代的战略》。布罗迪认真研读了政府关于二战期间盟军轰炸效力的调查和统计资料。他将实际的轰炸效果与 20 世纪二三十年代意大利准将朱利奥·杜黑（Giulio Douhet）和美国将军比利·米切尔* 等分析家所预测的结果作了比较。比利·米切尔（Billy Mitchell）设想在未来飞机将成为终极武器，使得大量的陆军和海军变成无关紧要的存在。

布罗迪发现盟军的轰炸活动没有达到预期的效果，纳粹的工业机械在盟军的猛攻之下仍然完好。但是到了战争末期，盟军的轰炸使德国的两大重要工业——液体燃料和化学制品陷入了瘫痪的境地。苏联经济的恢复能力不如昔日的德国，而且核武器的效力比当时盟军的轰炸效力要强大得多，布罗迪认为美国应该系统且有效地研究攻击目标，不要浪费自身的优势。

布罗迪在杂志上多次表达过此类观点，这引起了空军副参谋长劳里斯·诺斯塔德将军的注意，并且说服了他的上司空军总参谋长霍伊特·范登堡（Hoyt Vandenberg）聘请布罗迪担任顾问。布罗迪的职责就是审查和提议如何改进战略空军司令部的目标清单——1945—1946 年战略轰炸调查。

二战后陆军航空队成立了战略空军司令部，负责策划和指导如何使用最先进的新式武器。航空队从陆军独立出来后，参谋长联席会议将在战场上投放原子弹的任务指派给战略空军司令部。尽管在 1948 年底美国只拥有 50 颗核弹，但当时负责研发和生产原子弹的原子能委员会承诺到 1951 年原子弹的储存量将会达到 400 颗。

1948 年在苏联封锁柏林期间，兰德的教父柯蒂斯·李梅将军出色地完成了美军物资空运任务，之后他被任命为战略空军司令部的部长。他上任之后发现该司令部几乎是战斗力全无——例如所有在欧洲的 B-29 轰炸机都处于非战斗状态，全然缺乏目的性。他成功地说服了参谋长联席会议，让他们对他提出的需求授予绝对优先权。两个月之内，他已经安排了 60 多架飞机为执行原子能军事任务整装待发。同时他还确保原子能委员会可以遵守承诺，生产并提供更多的核武器。

布罗迪为此感到欣喜不已。探知核政策的秘密一直是他梦寐以求的事情，最后他终于如愿以偿了：透过外在的光环，他将得以窥见其阴暗的内在。他向耶鲁大学申请了休假，开始质疑五角大楼策划者用于确定轰炸目标清单的基本依据。布罗迪

---

* 比利·米切尔是一位颇有争议性的战争支持者，他是兰德创始人弗兰克·科尔博姆崇拜的英雄，同时也是科尔博姆的启迪者。

为人傲慢而且相当自信，从不为自己带来的负面影响感到过困扰，因为他自认为是国内最著名的民间军事战略家。在五角大楼的高官们看来，布罗迪是一个活生生的矛盾体，但是他本人却没有意识到这一点。五角大楼的高官们认为，只有训练有素的军官才具备相应的经验和道德意志去引导一个国家的战争行为。此外在选择轰炸目标的问题上，布罗迪不知不觉捅到了马蜂窝。

以李梅为首的战略空军司令部提议大举进攻苏联，动用所有原子弹分别投放到苏联的 70 个城市中。这个策略号称是美国的“撒手锏”。但是空军参谋部的分析家们经过参谋长联席会议的批准，提出一个截然不同的方案，其特点在于划分了三类不同的攻击目标：D 代表“切断苏联进行战争的关键军需的供应”；B 代表“削弱苏联投送原子弹的能力”；R 代表“拖延苏联进攻西欧的脚步”。

在李梅看来这种分类是不可理喻的，根据以往的战斗经验，他信奉从一开始就倾注所有来攻击敌方的战争原则——“集中攻击”。除此以外的其他一切战争原则都显得没什么道理而且又那么愚蠢。

于是布罗迪受命对李梅的论点提出科学性的反驳。审核了两种不同方案之后，布罗迪感到惊骇不已。尽管空军参谋部的分析家们划分了三类攻击目标以及它们在阻止苏联侵略方面各自的效果，但是他们并不清楚所要攻击的目标的具体位置。另外，他们无法清楚地阐释每一种轰炸带来的相关后果。布罗迪不明白为什么策划者们认为破坏了苏联的发电厂，就可以使得苏联经济立刻陷入崩溃的境地或者“扼杀了整个国家”。对于李梅的方案来说，布罗迪已经公开表示对苏联的城市实行无差别轰炸的方法是不可行的。他曾私下告诉李梅说不理解他所提出的“撒手锏”理念，特别是在苏联拥有的原子弹数量极少的情况，根本无法实施这样的作战方案。布罗迪提倡利用核导弹的“后备力量”对苏联造成威慑。他认为如果莫斯科知道美国拥有充足的后备军力，可以对意外袭击实施反击，从而严重挫伤苏联的军队，那么苏联肯定不敢轻易首先使用核武器。

李梅的观点最终看来是行不通的。布罗迪向范登堡提交了一份报告，力劝采用选择性轰炸，并提醒他对苏联发动核战争很有可能演变成一把双刃剑。如果美国保留一部分力量，只轰炸某些指定目标，让苏联意识到进一步的进攻是百弊而无一利的，这样可以以较小的代价达到避免全面战争的目的。

历史学家们仍然无法确定范登堡对布罗迪的建议作出了什么样的反应，尽管他确实让布罗迪组建了一个特别顾问团，以研究战略轰炸的效力。但是当布罗迪的举荐人空军官员诺斯塔德转职到欧洲之后，在范登堡身边对布罗迪持反对意见的其他助手成功取代了布罗迪的位置，用布罗迪自己的话说就是工作合同“相当突然地终止了”。

之后布罗迪开始寻找工作，但又不愿意再回到耶鲁大学，1951年他与汉斯·施派尔签订合同加入兰德。早些年的时候，布罗迪曾经为施派尔做过一些咨询工作。在这里布罗迪终于找到了渴望已久的智慧之家，尽管他与兰德的关系并非一帆风顺，有过深深的失望，感受过成功的喜悦，得到过众人的称誉*，但是他还是在兰德待了十五年之久。

二战后，美国与苏联集团之间的斗争不仅仅是在军事方面，同时在意识形态以及西方文明社会的未来走向上也存在着斗争。

直至二战末期，美国和欧洲的知识分子普遍认为资本主义正处于历史没落期。正如奥地利著名的经济学家约瑟夫·熊彼特所说，“资本主义还能继续生存吗？不，我认为它生存不下去了。”苏维埃式的共产主义信奉黑格尔的历史趋势理论，而马克思主义工人阶级的天堂是这一理论的极致。共产主义被认为是未来势不可挡的趋势。尽管历史或时代精神是通过个体得以体现，但是遵守集体意志才是社会的主要发展规律。个体的价值取决于其服从集体意志的程度，全知全能的共产党领导阶层这样认为。这与美国的自由意志、个体权利、有限政府等理念相去甚远。

为了对抗共产主义教条，美国的战后知识分子们试图构造一种历史模式，彻底排斥马克思主义信条：“各尽所能，各取所需。”新的学说将取代压迫性十足且号称无所不知的马克思主义，新体系推崇个体拥有自由选择和自由犯错的权利。1950年兰德经过精心构想提出了理性选择这一学说。年仅21岁的经济学家肯尼思·阿罗（Kenneth Arrow）是这一学说的主要拥护者。

---

* 布罗迪在兰德这些方面的经历并不是什么非同寻常的事情。深入解读兰德最著名的分析家们与兰德机构本身的关系之后，会发现同样的模式——沉醉、称誉（有时是同时存在）、批评，然后是来自机构的攻击和彼此关系的决裂。布罗迪在才智上的主要竞争对手亦不例外，数学家艾伯特·沃尔斯泰特、物理学家和未来学家赫尔曼·卡恩莫不如此。

阿罗在兰德所从事的多数工作至今仍被列为最高机密。我们能了解到的只有这些：1948年阿罗以暑期实习生的身份来到兰德，他在哥伦比亚大学研读统计学，并曾经为以改革为导向的考列斯委员会*工作。后来阿罗接受了机密级忠诚调查，参与针对苏联建立集体“效用函数”的任务。该函数意味着建立一套固定的选择参数，研究俄罗斯领导者在国际事务中的行为，也就是说，什么样的选择会给他们的集团带来最大的利益——例如，他们是否打算侵占波兰或满洲，以及他们会在什么条件下开展进攻？兰德的分析家们需要这样的一个函数，以便他们模拟核冲突期间苏联寡头政治执政者的行为——特别是难以捉摸的斯大林的行为。由于在当时斯大林主义体系几乎是密不透风的，西方的决策者们缺乏这个体系的相关信息，所以他们一直只能用猜测来代替确凿的证据（这是苏联政策研究专家的时代，他们扮演着政治巫师的角色，根据红场集体照中政治局成员与斯大林相距的距离，猜测他们的政治影响力）。

阿罗的初始任务是建立关于苏联的效用函数，这促使他去检验集体效用概念背后的假设条件——换而言之，就是去研究一个集体如何安排其选择参数，才能让每一个人都从一套选择中得到同等的满足。其核心就是这个函数假设集体选择可以进行公理化排序——即特定的预期目标可以分为A、B、C级等——最终可以发现这个集体得出的一致意见。阿罗由此推出的结论有些出人意料，他认为对任何决策体而言，如果参与人员为两人以上，并面临着至少三种不同的结果，那么除非集体内有一个“独裁者”或者某个将自己的意愿强加于别人的人，否则这个集体就无法达成一致意见。

因此阿罗和其他兰德分析家作出了一个重大的、也有人说是误导性的选择：他们假定生活具有确定性。这些研究的基本假设是调查特定行为方式的数学概率，根据预测的选择顺序把它们制成表格，这样就可以预知一个人的选择倾向。生活变成了数字游戏，其推论通常是可笑的谬论及科学怪论：凡是无法用数学方法计算的都

---

* 考列斯委员会是一所位于芝加哥的经济学研究机构，20世纪四、五十年代它的研究工作改写了经济计量学专业领域。除了阿罗之外，兰德还有几个经济学家与考列斯委员会有着某些关联，他们包括特加林·查尔斯·库普曼斯（Tjalling Charles Koopmans）、杰勒德·德布勒（Gerard Debreu）以及赫伯特·西蒙（Herbert Simon）。

可以置之不理。排列和概率可以采用保险精算表格和保险支出进行分析，但是个体行为和集体心理多变而复杂，阿罗提出的公式对此根本不适用。多年后兰德的学者们无奈地承认，试图把人类行为简化成数字的做法是徒劳无益的。1950年是兰德数学研究的春天，分析家们都沉醉于应用数学计算方法去解读人类行为。但是他们的假说却得出了一个新发现，从而促使西方文化产生了深刻的变化。为了探究数字化生活，把生活简化成一系列等式、公式和定理，阿罗推导出一种关于人类行为的理论，让人难以置信的是，该理论如同马克思主义辩证法那样非同凡响。

从根本上说，阿罗用正式的术语即数学表达式来论证得出的理论就是：集体理性决议从逻辑上来说是不可能的。阿罗的这个逆论后来被称为不可能定理，他提出了难以推翻的数学论据，动摇了多种社会合同的理论正确性。* 阿罗应用推导出来的逆论虚构了一套基于经济学的价值体系，撼动了马克思主义的集体意志观。为此阿罗大量借用了实证主义哲学的原理，比如实证主义所关注的公理化方法、放之四海而皆准的科学真理以及认为社会过程可以简化为个体互动的理论。

阿罗假定个体都是理智的，他们拥有始终如一的选择倾向，那就是去寻求自身利益的最大化。阿罗还假定选择动机与文化无关，他认为这是全人类的共性，他们的行为遵循同样的逻辑规则。

此外，阿罗假定科学具有客观性，科学规律普遍适用，正如二战之前某些经济学家从理论上说明的那样，对选择体系来说不存在资本主义和共产主义之分。（马克思认为科学知识相对地依赖于文化条件。）阿罗同样假定个体是决议的最终裁定者，用“消费者自主权”这个说法来表明个体选择是构建任何经济体系的基石。

阿罗的不可能定理为普遍科学客观性、个人主义、“理性选择”奠定了理论基础，与此同时削弱了马克思主义、极权主义、理想民主理论。简单地说，他断定永恒的、无可置疑的科学真理告诉我们：集体不算什么，个人主义至上。

---

* 当然社会同样有其规律，而人们也愿意共同协作，所以有时业余读者在阅读阿罗的作品时，会感到就像走入了“爱丽丝的兔子洞”，“红色皇后”（指阿罗）的话仅表达她自己想让听众愿意知道的意思。这会使人联想到古希腊哲学家芝诺提出的悖论，他假定在龟兔赛跑中，兔子永远不可能超过乌龟，因为兔子每迈出一步乌龟就会迈出另外一小步，所以不管兔子跳跃了多少次，到达终点时即使只相差微小的距离，乌龟依然领先于兔子。

在接下来的几十年间，阿罗的理性选择论俨然是经济学和政治学的支柱理论。到了20世纪60年代，大量兰德学者迁职到联邦政府部门。理性选择论假定自我利益决定了人类的各种行为，从而改写了政府政策的基础。利他主义、爱国主义和宗教在经过详尽的推敲之后，也不过只是自私自利的变体。如果将这个理论应用于公司，则豁免了公司的任何社会责任，公司只需向其股东负责——公司就像是存在于社会真空中一样。如果将这个理论应用于政府机构和官员，它将否定大公无私等品质，把政府官员看做是自私自利的代表，他们追求一己之权力和预算最大化，将追求自我扩张的勤奋与带有隐性暴政的“好政府”等同起来。就这一点而言，理性选择论在说法上与罗纳德·里根总统“政府并不是解决的方法，政府本身才是问题所在”的名言只有半步之遥。阿罗的革新性理论与崭新的兰德博弈论研究相类似。博弈论学科是指研究扑克牌之类的室内游戏——约翰·威廉姆斯最喜爱的娱乐消遣之一——的数学结构，并将它应用到经济学、政治学、外交政策和其他各种活动中。

1950年，威廉姆斯迷恋上了博弈论，这使他最终决定聘请了博弈论学科的创始人约翰·冯·诺伊曼作为兰德全职职员，而不再只是需要他的些许思想了。冯·诺伊曼是一位表面上态度温和的匈牙利数学家，穿着保守的三件式套装，会说七种语言。强大的记忆力让他引以为豪，他拥有过目不忘的本领，读过一次就可以背出整本书，还可以一字不落地背诵50多行计算机编程语言。另外，他和威廉姆斯同样提倡竭尽全力对苏联发动先发制人的核战争。

冯·诺伊曼喜爱儿童游戏和玩具，是一个嗜酒的聚会狂人，还非常喜欢开玩笑，热爱收集五行打油诗，这些嗜好或多或少缓和了他的科学威严。在写给妻子克拉拉的信中，他曾引用过一首他最喜欢的诗：

有一位年轻的女孩来自林恩，
她认为爱情是一种罪。
但是一旦她喝醉了，
她便不这么认为了，
所以每个人灌她喝杜松子酒！

尽管许多数学家都认为冯·诺伊曼在代数学、准遍历性假设和点阵理论上的研究是他最大的成就，但是冷战时期为他带来极大声望的却是博弈论。他和普林斯顿大学的经济学家奥斯卡·莫根施特恩（Oskar Morgenstern）合著了一本书《博弈论与经济行为》，此书为博弈论奠定了基础。

莫根施特恩和冯·诺伊曼假定每个游戏的参与者都是理性的，任何特定情形都有一个解决方案、一个理性的成果。诺伊曼创造了一个术语“零和博弈”，意指在某些情境下得与失在游戏参与者之间此消彼长，一方的收益必然意味着另一方的损失。他还首创了“极小极大定理”，假定只要参与双方的利益是截然相反的，那么每个特定的双人参与的零和博弈都可以得出一个解决方案。

到了20世纪50年代中期，兰德成为世界博弈论的中心，并且还聘请了后来的诺贝尔奖获得者约翰·纳什（John Nash）、著名的经济学家梅尔文·德雷希尔（Melvin Dresher）、梅里尔·弗勒德（Merrill Flood）、安纳托尔·拉帕波特（Anatol Rapoport）、劳埃德·夏普利（Lloyd Shapley）、马丁·舒贝克（Martin Shubik）。事实上在那个时期，几乎所有博弈论的主要代表人都在某些方面与兰德有合作关系。当时兰德的研究及成果随后就被应用到各个领域，例如孕育了博弈论的经济学领域、生物学、计算机科学和商业等。

20世纪50年代，在兰德分析家提出的博弈游戏中，最著名的例子就是囚徒困境，它以不同的形式存在了数千年。囚徒困境的具体内容如下：

假设警方逮捕了两名嫌疑犯，控告他们犯了某种罪，比如偷了一颗价值连城的钻石，而警察仍未能寻找回钻石。警察分开囚禁嫌疑犯，不让他们相互串通。警察分别告诉他们，如果一方说出钻石的藏匿地，则可以认罪求情减轻罪行，只需在监狱服刑六个月。不坦诚交代的一方将承担所有罪行判刑十年。如果双方都认罪，两人皆判刑两年。但是两个囚犯都清楚，如果他们双方都保持沉默，也就是说谁也都不认罪，而警察也没找到钻石，那么他们将双双获释。任何一方在自己作出选择之前（一旦作出了选择就是不可撤销的），都无从得知另一方的选择。

兰德研究者向参与试验的人们提出问题——你会怎么做？你会选择与另一个囚犯合作，也就是说保持沉默，并且希望自己的犯罪同伙也同样保持沉默，从而双双逍遥法外？还是你会选择认罪——按照兰德数学家的说法是背叛——心想人不为己天诛地灭，所以我最好作出最有利于自己的选择？

背叛和合作都有其理由。支持背叛的人认为选择是同时进行的，而且你的选择无法影响另一方的选择，所以你最好明哲保身，尽量为自己争取所能得到的任何利益，有时候还有可能免刑。这是霍布斯世界的霍布斯选择。

但是设想一下，如果囚犯双方选择合作，那会是什么样的情形呢？这样一来，他不仅获得自由，还可以拥有钻石。当然，问题就在于你怎么知道另外一方会不会先为自己打算，作出有利于自己的选择，然后让你在铁栏后面服刑十年呢？这需要极大的信任，而信任的回报对双方来说都是极其有利的。

囚徒困境表面上看起来可能有些难懂和烦琐，其实不然，它阐述的是个体理性和集体理性之间的冲突。博弈者的最大利益包含了什么，以及你怎么知道自己的选择是正确的呢？囚徒困境应用到社会中，将深刻影响一个国家是选择走武力、冲突、战争之路，还是走裁军、合作、和平之路。核弹的发明者兼原子能委员会总顾问奥本海默观察到了这种情况。他向国务卿艾奇逊提议不要发展氢弹，从而“限制全面战争，为人类消除恐惧、点燃希望”。换句话说，美国将告诉斯大林我们不会建造氢弹，所以你们没有必要去发展氢弹了。艾奇逊曾经是一名谨慎的外交官，对于这种理想主义观点，他回答说：“你怎么可能‘以身作则’去说服一个偏执的对手放下武器？”杜鲁门政府赞同艾奇逊的怀疑论，最终在1950年批准发展氢弹。

兰德分析家发现不同的测试者对囚徒困境的反应，可以即刻表露参与者的政治和哲学倾向。选择合作的人相信其犯罪同伙——比如奥本海默——通常都是自由主义者。为了让生活变得更好，他们愿意以身试险。他们希望通过提高税收——每个人都尽己所能维护公共利益，从而创造出一个更美好、更安全的社会。与此同时，他们还期望通过谈判和结盟的方式，寻求其他各国相互合作从而实现海外和平。

背叛者则是另一种情况，他们大多都是保守派，认为别人是不可信的，别人不可能违背自己的利益。他们喜欢自保其身，寻求最利己的结果。在政治舞台上，他们支持降低税收，倾向避免谈判，只顾寻求个人利益，因为他们认为公共利益是个人利己选择的集合体。亚当·史密斯等支持选择背叛的人相信有一双看不见的手引导着当事人，不惜任何代价避免较长的刑期。

囚徒困境直接关系到国家安全问题：裁军。美国及其盟友以及苏联都面临着同一个矛盾的局面：假如其中一方果真抢先发起攻击，那么另一方的核武器根本不足以保护自己。双方都声称想要解除核武器，但是任何一方都小心翼翼提防对方隐藏核武器——用博弈论来阐述就是，美国和苏联对合作充满担忧，因为他们生怕对方会背叛自己。这种相互的谨慎和猜疑过了很多年才渐渐消减，直到20世纪末苏联解体后才彻底根除。

20世纪50年代中期，兰德研究者得出结论，囚徒困境没有一个唯一的正确答案。通过情绪倾向断定，背叛者和合作者的行为都是理性的。换句话说，在选择中肯定合作和接受背叛一样困难。兰德的学者们大失所望，放弃把游戏理论和博弈论作为国防手段的打算。此外博弈论的原本意图——试图预测苏联不可预知的行为——随着国际关系的改变开始变得无关紧要。1953年斯大林过世后，苏联断然放弃其过去特有的封闭主义；新的领导人赫鲁晓夫寻找方式与西方进行接触，希望彼此可以“和平共处”。由于这一历史性的转变，威慑政策变成了兰德的新焦点，学者们主要的研究手段是一种被称为典型兰德的工作程序——系统分析。最奇怪的是，系统分析源于一个抢先袭击苏联的计划。

兰德工程师爱德·帕克森（Ed Paxson）于1947年提出“系统分析”这个概念，当时兰德仍旧附属于道格拉斯飞行器公司，威廉姆斯任命他负责军事价值评价部门。帕克森就像威廉姆斯一样喜爱博弈论，并认为博弈概念可以在战场上发挥有益的作用。他们都相信世界上存在着战争大统一论，通过这样一套规律和定理可以控制和驾驭武装冲突。

帕克森曾担任过美国陆军航空队的科学顾问，以及美国1945—1946年战略轰炸调查项目的顾问。他是一位满脸麻点、性格粗鲁、吸烟成瘾的监管官，他最乐于推翻和否决其他科学同仁的理论和研究。在一次“谋杀委员会”的情况通报会上，他的严厉评论致使与他共事的分析家不堪重压以致昏厥。

帕克森的系统分析概念源自二战的运筹学研究（OR）。战争期间，运筹研究的唯一致命的弱点是它始终依赖于统计学。* 没有实实在在的数据，运筹研究就没法

---

* 说来也奇怪，在战争期间，兰德数学部门和经济学部门的许多研究者例如艾伯特·沃尔斯泰特、J·C·C·麦肯锡（J. C. C. McKinsey）、奥拉夫·海尔默（Olaf Helmer）等都曾经在美国统计处工作过一段时间。

起作用，从而局限于系统本身已经存在的信息。例如，探究轰炸机队形时，可能提的问题是：我们所拥有的轰炸机可以摧毁多少敌方工厂？在飞行中用什么方式可以最有效地集结轰炸兵力，以避免过多的损失？在什么样的飞行速度和飞行高度的情况下？

系统分析改变了问题和要求：我们想要摧毁多少敌方工厂？我们的目标工厂是什么类型的？这些工厂设有什么样的防护措施？为了实现我们的目标，最佳的飞行路线是什么？使用哪种飞机？采用哪种载弹负荷？换句话说，运筹研究是对现有系统进行研究，寻求更为有效的方式去完成具体的任务。系统分析则涉及更为复杂的问题，从多种尚未经过具体设计的、可供选择的系统之间进行选择，其自由度和不确定性非常大，难点在于决定要做什么以及怎么做。

虽然这听起来多少有些像是皇帝的新衣，每个人都假设存在某些事实，并且愿意去发觉这些事实，帕克森和兰德的其他研究者们提出了极其重要而又非常简明的观点：解决问题的关键在于确定目标。运筹研究假定存在某些系统，并努力从已有的基础上寻求最佳结果。从根本上来说，它是一种典型的欧洲方式，即适应已经存在的环境。我们几乎可以听到英国伙伴用低沉的音调说，让我们在现有的基础上尽力而为。

从另一方面来说，兰德的系统分析是典型的美国精神——它拒绝受现实条件的束缚。系统分析首先要问：我们想要从中得到什么？我们的目标是什么？如果目前不存在可以实现这个目标的方法——体制、武器、飞机以及任何其他因素——要创造出这些因素难度有多大？成本是多少？需要多长时间？

系统分析意味着梦想无极限，丢开现实是有限选择的想法，争取根据自己的意愿去改造世界。它体现了一种“是的，我们能做到”的精神，对人类本身无止境的创造力充满了自信。它是一种心理过程，通过它人们领悟到没有什么巨大的障碍是难以克服的、没有什么复杂的问题是不能解决的。

但是系统分析法的症结在于详尽分析各种假定条件，为提出所谓的正确的问题作准备。当时系统分析项目的最大隐患，在于未经验证的标准可能误导我们想要得到的答案。遗憾的是，多数兰德分析家没有意识到，他们那非同寻常的理论存在着这种内在缺陷。不仅如此，系统分析方法论需要将一个具体问题的所有因素进行拆分量化，比如飞机的成本、速度、射程、燃油消耗等。那些无法轻易套入数学公式的事项——例如友情、自尊、道德等——皆不在分析范围内，尽管这些因素可能会在权衡两个等同的解决方案时起到加分的作用。广义地说就是，如果一个主体无法进行测量、排列和归类，那么它在系统分析中就是无关紧要的，因为该主体是非理性的。数据就是一切——人力因素只是经验主义的附属因素。

1949年空军空前关注着对苏联发动先发制人的战争的可能性。九月份莫斯科政府的第一颗原子弹成功爆炸，李梅等高级官员感到，如果战争无可避免，那么晚来不如早来。在空军的指示下，弗兰克·科尔博姆分派任务给帕克森，负责设计适用于战略性作战的“最强”轰炸机，对抗苏联。帕克森拟出一个计划方案，阐明了系统分析法的优点与缺点。

从本质上说，帕克森认为在应对大量敌方军力时，双方的冲突可以定义为战场决策在起作用，这些决策包括武器、系统、轰炸机、战士等因素。飞行器的操纵方式、速度、射程、数量、机载武器等会进一步细分各个系统。每一种选择都会引发整个战争中某个特定的战役，因此帕克森相信只要量化所有作战因素，他就可以得出真正的战争科学论。

帕克森从集中精力分析空投炸弹开始，并选择了涡轮螺旋桨驱动、以亚音速飞行的载人轰炸机作为研究对象，而放弃了成本昂贵的音速半涡轮喷气式飞行器。接着集中分析飞行器的性能和成本：预期伤亡、目标覆盖率、后勤以及保护性歼击机等辅助设备、研究资金投资、采购和运作。帕克森的武器系统分析同样也包括“人力、军事因素、平民因素、器材维修、土地和建筑等房地产、医药护理、食物供应、娱乐消遣以及系统运作所需的任何基本要素”。研究这些变量之间的相互关系需要进行大量的计算，因此兰德自己生产出尚未成熟的计算机。

此外，帕克森在兰德总部的地下室设立了研究空中战斗的机密研究室，海军和空军飞行员在这里参加模拟战斗。飞行员在室内操纵飞行控制器，迎战投影出来的真实战争场景中的敌军飞机。经过两年的研究，帕克森将自己的模拟空中战斗模型与二战期间真实的战斗数据进行比较，发现他的理论与现实存在着巨大的差距。因为根据他的空战模型，飞行员袭击目标时可以实现60％的杀伤率，但是在真实的战斗中飞行员的目标命中率只能达到2％。

基本上没有考虑到不可预测的人类反应（比如在现实中参与战斗的飞行员会尽可能避免以身试险），帕克森固执己见艰难地推进轰炸机项目。帕克森及其成员计算了40多万种轰炸机构造，考虑到了多种变量，例如优先轰炸路径、预期的敌军反抗、轰炸范围以及众多其他因素。1950年他们完成了一篇研究报告，名为《战略性轰炸的飞机系统比较》，里面布满了各种曲线图、图表、等式和表格。该报告自称详述了兰德系统分析法如何将依靠直觉的军事策划过程改造成更为严密的科学策划过程。兰德抱着极大的期望提交了这份报告，不料这个项目却遭受了沉重的一击。连续几周，空军方面直截了当地批评帕克森及其团队在研究轰炸机时犯了一叶障目的错误。

尽管帕克森及其团队对现有科技进行了精湛的分析，但是他们却没能抛弃成本顾虑，去探索创造新技术的可能性。帕克森在摧毁苏联的方案中，计划启用推进器过时的飞机，从美军基地起飞，将战争集结待命区设立在纽芬兰协助攻击。空军高级官员对他们无视新式武器的做法感到异常气愤。从1944年开始，空军投入了数百万美元，期望开发出一种喷气推进式轰炸机——B-52平流层堡垒式轰炸机，现在却听到其专用分析家建议忽略之前的所有努力，推荐空军采用效果甚微的空载轰炸机去攻击苏联，空军断然不能接受这样的结果。

帕克森的研究还犯了其他一些基础性的错误，这破坏了他精心建构的大统一理论。他计划将攻击苏联的集结地设立在纽芬兰，这不符合空军把轰炸机运输到海外基地，并从前锋位置发起攻击的计划。帕克森同时也没有考虑到，在接下来几年内，可用的裂变性材料数量有限，不足以生产那么多轰炸机。

最后，报告对可能造成的过度伤亡率置之不理，将飞行员的阵亡等同于损失破旧的机器，这让空军感到惊骇不已。（在追求国家政策目标的过程中，系统分析已经摒弃了主观情感，仅作为一种数学结构而存在——飞机飞行、炸弹投掷、人员伤亡，一切再自然不过了。）

未经验证的标准从一开始就注定了项目会无疾而终。帕克森制作了一份成本分析透视图，这也是战役的焦点所在，完全无视生命固有的价值。为了挽救这份报告，项目被转交到另一个工程师E·J·巴洛（E. J. Barlow）手中，他把原本长达百页的建议书精简到十六页，清除了建议书中明显的自命不凡倾向。内疚的巴洛承认道：

> 系统分析法的最大内在隐患是，有些因素我们从未想过要去研究其量化趋势，它们因而被排除在认真考虑的范围之外。尽管有些因素是可以量化的，但是由于其结构过于复杂，我们心有余而力不足，所以这些因素也没被列入考虑范围。此外，系统分析有着相当严格的要求，所以我们要提前六个月确定，美国空军提出了需要我们来回答的问题——通常在完成分析的时候，原定的问题已经发生改变或者已经消失了。

1951 年兰德发表了修订后的防空系统分析报告，但依然没能改变空军领导者对它的评价。如果战争统一论推导出来的成果真如报告所示，那么空军对此简直不屑一顾。但是作为一种研究工具，系统分析法并没有从此消亡。研究中应用到的量化技术逻辑清晰，给空军军官和飞机制造工业的官员留下了深刻的印象，即使这些技术与实际结果并不相符。

帕克森忽视了研究工作所蕴涵的政治意图，该项目没能满足空军未明示的潜在愿望，即利用兰德的研究作为一种政治手段，说服顽固的国会采购更新、更好、更有吸引力的军备。但是空军意识到理性的系统分析法是一种非常有效的手段，可以帮助他们在政策辩论中争得更多的预算。兰德的领导阶层眼看出师不利，放弃了构建战争科学统一论的打算，开始将其研究方向转移到范围较小、更为具体的问题上，相应的技术也简易得多。

20 世纪 50 年代，这些研究当中有一项巩固了兰德作为美国政府最重要的民间政策咨询集团的地位。该项目同时还让一位机敏的逻辑数学家名利双收，此人同时还是新保守主义运动的创始人。运用帕克森发明的方法，但将精力集中到简单但关键的问题上，如此一来艾伯特·沃尔斯泰特将成为兰德科学界的领军人物。沃尔斯泰特将科学技术与灵敏的政治洞察力融会贯通，构建出让兰德独领风骚数十年的国防学科：核战略。

战争还是和平，数百万人是生存还是死亡，世界是继续存在下去还是毁于令人窒息的核爆炸后的寒冬——研究组的专家们以救世主自居，他们的研究成果左右着人类的命运。艾伯特·沃尔斯泰特则是该专家组公认的领袖。

2

兰德的国家安全分析家——艾伯特·沃尔斯泰特，一个顶级的核能分析专家，一个深谙国家核能秘密的人，竟然拒绝协助联邦调查局的调查？

兰德科学家支配着战略空军司令部和空军的主导力量，引导美国领导人走向无可媲美的第一军事大国的新阶段。

赫尔曼·卡恩就像许多兰德分析家一样，拥有强烈的智慧优越感，他们从不轻易低头认输。他的独特风格就是死亡，上百万甚至于数亿人的死亡。

空军或任何政府机构都没有留意兰德的预言，也不曾理会兰德提出的使用火箭发射人造卫星、在轨道上建立太空站的建议，现在兰德的预测应验了。

第 4 章　餐前的一次谈话

艾伯特·沃尔斯泰特在成为核战略专家或者逻辑数学家之前还是一位美学家。在年少时期，他就被艺术所吸引。他最终选择了科学领域，仿佛把它当成了表达个人艺术审美观的一种方式。沃尔斯泰特同时还坚定支持新生事物，由于缺乏恰当的词汇，我们只能称之为现代性。不管是艺术、音乐、文学或国防，最新的最前沿的概念肯定会引起他的注意。他会对这些新概念进行检验和测试，并把它们融入到他的生活中。他身材高大、皮肤白皙，为人自信甚至于自负，是高官尊贵气派的典型化身。正是这类达官贵人促使美国成为战后西方世界的权力和文化中心。

沃尔斯泰特出生在纽约一个富裕的中欧裔犹太家庭，他的父亲拥有一所经营歌剧唱片的公司。但是在他四岁的时候，他的父亲去世了。大萧条期间，整个家庭经历了一段艰苦的日子。年轻的艾伯特喜欢去大都会歌剧院听歌剧，就像其他孩子喜欢去看电影一样，他频繁光顾剧院，使用过的剧院免费入场券简直可以充当他的日历。他是一位画家、音乐家，甚至还加入了现代舞蹈剧团。他年轻的时候曾经担任过著名艺术史专家梅耶·夏匹罗（Meyer Schapiro）的助理。梅耶·夏匹罗发掘了美国战后艺术界最杰出的各式画作。沃尔斯泰特的妻子罗伯塔·摩根（Roberta Morgan）是一位著名的法律学者的女儿，他们选择在墨西哥度蜜月，观赏古阿兹特克金字塔以及墨西哥著名壁画家的各种作品。二战期间，沃尔斯泰特在战时生产局和国家住房局任职，他仍旧时刻关注着现代艺术家的作品，并且为一些艺术家做担保人，帮助他们获得美国的居住签证。他结交的朋友包括格罗佩斯（Gropius）和密斯·凡德罗（Mies van der Rohe）。在著名建筑师勒·柯布西耶（Le Corbusier）游览东海岸时，他充当这位大师的导游和司机。

20 世纪 50 年代早期，沃尔斯泰特担任兰德的国家安全分析家，他在好莱坞山区购买了一所大房子，那时富于开创性的开发商从泥泞的道路上挖凿出好莱坞街道。这所房子出自建筑师约瑟夫·凡德卡（Josef van der Car）之手，它坐落在伍德斯托克路的一大片林地当中。沃尔斯泰特的房子有两层，占地面积为 2400 平方英尺，散发着现代主义风格，看起来光线明亮、舒适宜人，铺设软木地板，拥有顶级高保真音响系统，装有可滑动玻璃门直通悬挑阳台。这栋房子如此美轮美奂，以至于吸引了沃尔斯泰特的邻居兼好友现代肖像大师朱利叶斯·舒尔曼（Julius Shulman）把它作为拍摄对象。沃尔斯泰特夫妇聘请了当时最出色的园艺设计师加勒特·埃克博（Garrett Eckbo）重新修整后院，他设计了一个花园，在花园的肾形池内栽种了颇具异域风情的竹子。

沃尔斯泰特住所附近的月桂谷是位于洛杉矶中部的森林天堂，驱车沿着落日大道方向前进，到达兰德总部只需半个小时。每天清晨，艾伯特或罗伯塔把女儿琼送到韦斯特兰学校。韦斯特兰学校位于圣塔莫尼卡，是由他们和朋友合建的一所先进的学校。结束学校课程之后，接着带女儿去位于山区北面的格里菲思公园练习骑马。他们每日都过着惬意的田园式生活，但是 20 世纪 50 年代的政治迫害运动破坏了这种诗意生活。那时约瑟夫·麦卡锡参议员鼓动政治迫害运动，他处心积虑地想要清除美国境内的所有共产主义者、共产主义支持者以及共产主义“关联者”。

当时美国联邦调查局已经在追查查理·卓别林。那时沃尔斯泰特劝诱他放弃退休，参加在韦斯特兰学校举行的《城市之光》商业放映会。尽管卓别林有一个孩子在韦斯特兰学校上学，他却不太愿意参加学校活动，因为联邦调查局到处散布谣言称他具有共产主义倾向，他生怕因此而被众人排斥。于是轮到兰德国家安全分析家沃尔斯泰特出马，逐渐诱导着这位杰出的大师重新回到聚光灯下。沃尔斯泰特作为学校的导演之一，他把放映会安排在位于比佛利山威尔夏大道的一个剧院里。卓别林不愿引起众人的注意，他与其他赞助人坐在同一排位置。沃尔斯泰特刻意挽着卓别林夫妇的双手，领着他们来到队列的前排，此举意在告诉人们在艺术和文化领域，政治观点的差异根本不值一提。

沃尔斯泰特的邻居施沃伦一家住在路的下坡，他们也遭受了政治迫害。自从众议院非美活动调查委员会举行听证会，以及好莱坞出现红色恐慌以来，施沃伦一家就一直惨遭联邦调查局迫害。编剧家朱尔斯（Jules）和桃瑞丝·施沃伦（Doris Schwerin）时常与左翼派保持来往，他们宁愿被国会公开指名道姓，也不愿向国会屈服和请求宽恕。他们保持捍卫自己的宪法权利的立场，而他们的写作收入逐渐枯竭，因为所有工作室都拒绝雇用他们，即使是以假名发表也不行。桃瑞丝尝试过做一名教师，但是她拒绝签署令人生厌的忠诚宣誓书，而这个宣誓书几乎成了美国各阶层生活的标准，所以如果拒绝签署它，根本无法找到工作。此刻电话响起来了。

打电话是联邦调查局折磨人的典型手段，他们采取这种方式对付那些被怀疑具有共产主义倾向的人。联邦官员会通知雇主和邻居们，称应聘人和其邻居目前正在接受关于可能参加破坏性活动的调查。雇主生怕受到牵连，会立刻解雇嫌疑人；朋友们会离他们而去；亲戚会公开指责他们。以上仅是冰山一角，骚扰电话昼夜不分地响个不停。粗哑的男声喋喋不休想要了解嫌疑人正在做什么，他们跟什么人来往，明天他们打算做什么——琐碎的骚扰好像无休无止。施沃伦一家的遭遇如出一辙，房东通知他们搬离住所，因此他们不得不暂时在沃尔斯泰特家借宿，后来他们迁往美国东部，之后又举家搬迁到欧洲，希望借此躲避联邦调查局无所不在的监视。

沃尔斯泰特刚从华盛顿回来，他没有心情去忍受更多的官腔废话。那时他和罗伯塔正准备出门，他正从卧室走向主楼层的起居生活区。桃瑞丝和朱尔斯待在底层的私室里，他们和十岁的琼以及保姆一起用餐。此时电话响了。

沃尔斯泰特拿起电话。

“你好？”

电话里的男人要求跟施沃伦夫妇讲话。

“他们没法接电话。”沃尔斯泰特说。对方坚持要施沃伦夫妇来接电话。沃尔斯泰特让对方先表明身份，来电话的人说他是联邦调查局的人，想要问施沃伦夫妇一些问题。

“很抱歉，他们现在没空。他们是我的朋友，而且只要他们还是我家的客人，他们就不必回答你任何问题。他们回答的问题已经够多了，请不要再打来了。”

沃尔斯泰特挂断电话，回到朋友和家人当中。他们目瞪口呆地盯着他——一个顶级的核能分析专家，一个深谙国家核能秘密的人，竟然拒绝协助联邦调查局的调查？

“就应该这么做，我想这下他们不会再来烦你们了。快点儿，罗伯塔，我们要迟到了。”

怀着轻松自信的背后显示出的正义与权威，沃尔斯泰特挽着时髦美丽的妻子一同去参加宴会。此后在施沃伦夫妇借宿沃尔斯泰特家里期间，联邦调查局再也没有打电话来骚扰施沃伦夫妇。

沃尔斯泰特的成就非常引人注目，他同时也极其肆无忌惮——特别是对于曾经是地下共产党基层组织成员的他来说更是如此。

第 5 章　保密专家

在过去的几年中，美国历史学的虚拟历史或反历史分科变得日益重要，因此衍生出一种假设分析法。假如在南北战争中南方联盟打败了联邦政府，假如斐迪南大公没有被暗杀而第一次世界大战也没有发生，假如希特勒侵略英国，假如 2000 年总统大选时阿尔·戈尔在佛罗里达州获胜了……那么世界会变成什么样？这样的思索奇妙无穷，可以去探索命运本身反复无常的特性，检验人类行为背后的基本原理，研究某些被历史学家认为不可更改的力量是如何起作用的。（例如，大多数人认为即使南方联盟打赢了内战，奴隶制度最终还是会逐渐消失。同样，许多人都认为如果希特勒侵占了英国，美国还是会对此袖手旁观，在法西斯联盟主导的世界中筑建“美国碉堡”。如果阿尔·戈尔在选票风波中胜出……呃，有些命数过于离奇根本无从预测。）

同理，我们很难不去设想，艾伯特·沃尔斯泰特作为核威慑政策的首要创立者，负责决定热核武器的使用时间、地点和方式，如果他曾是共产主义者的过去被披露，那么美国会发生什么事情呢？

假如沃尔斯泰特那段激进的过去被披露，他极有可能被解雇，而他所负责的至关重要的核轰炸机布局研究或基地研究多半也无从谈起。尽管从今天看来难以置信，如果没有基地研究所起的挽救作用，那么苏联发动毁灭性核攻击就不仅仅是一个设想，而是极有可能被付诸实践。如果换成另一个兰德分析家来撰写这份报告，那么报告就很难产生如此重大的影响，因为世界上极少有科学家的作品，可以媲美沃尔斯泰特那夸张性十足和功效极佳的报告书。这份基地研究报告不仅成功地遏制了苏联实施首次核打击的可能性，同时也促成了其作者职位的升迁，也给兰德带来了好运，沃尔斯泰特成为空军和战略空军司令部的首席顾问。

战略空军司令部创建于1945年，之后一直处于迅猛发展壮大的时期，但是它的弱点是难以应对苏联的突袭，而司令部本身却迟迟没有意识到由此可能带来危险。1951年，也就是莫斯科成功引爆自造核弹两年之后，空军终于授权在内部对基地的弱点问题进行研究。接着战略空军司令部几乎是画蛇添足，让兰德针对基地选址问题提交一份报告，要求基地尽量扬长避短，同时顾及战时接近敌方前线的需要。这就是沃尔斯泰特负责的基地研究，其研究结果改变了历史。

而问题就在于，沃尔斯泰特采用什么方式，成功地隐藏了年轻时的激进主义经历，以使自己的职业生涯和基地研究得以顺利进行。毕竟针对共产主义的政治迫害也不是没有波及兰德。联邦调查局要求从事国家机密工作的所有研究者接受最高级别的忠诚调查，参与核设备研发工作的科学家更是如此。如果谁被怀疑亲戚中有人曾经参加过“左派组织”，那么即使不至于撤销忠诚调查，但单凭这一点足以成为把这个人列为怀疑对象的理由。理查德·贝尔曼（Richard Bellman）等物理学家对此心有余悸，因为联邦调查局认为他们温和的自由主义政治观过于“左倾”，所以把他们统统列入黑名单。更不用说沃尔斯泰特的朋友兼同事杰出的数学家J·C·C·麦肯锡所感受到的恐慌了。麦肯锡是一位公开的同性恋者，当联邦调查局将他确认为危险分子时，他与兰德已有多年的牢固的合作关系。当麦肯锡获知有人认为他的性取向问题会使他遭受要挟时，他向罗伯塔·沃尔斯泰特抱怨，“这已经是众所周知的事情，怎么会有人能够用泄露这件事来威胁我呢?”麦肯锡的忠诚调查被撤销了几年之后，弗兰克·科尔博姆亲自解雇了他，于是他自杀了。

沃尔斯泰特以前的朋友和同事丹尼尔·艾斯伯格提出一个可能的答案，解释为什么沃尔斯泰特那段激进的过去从未曝光。自从发生大萧条以来，美国出现了激烈的意识形态斗争，呈现四分五裂的状态。这个理由听起来既可笑又出人意料。

20世纪30年代，经济危机和普遍的反犹太主义潮流相互融合，促成了纽约派的诞生。纽约派由一群激进而贫困的年轻犹太知识分子组成，他们想要寻求一种新方式去改造社会。他们集居在纽约市立学院周围（该学院是不限制犹太学生数量的为数不多的高等学校之一），纽约派成员包括许多日后著名的知识分子，例如欧文·豪（Irving Howe）、欧文·克里斯托（Irving Kristol）、内森·格拉泽（Nathan

Glazer)、丹尼尔·贝尔（Daniel Bell）以及艾伯特·沃尔斯泰特。

不是在国外出生的新移民后代就像大多数年轻人一样，崇拜着新颖的、激进的事物。在俄国革命尤其是 1929 年股市大崩盘之后，这种崇拜意味着左派政治观。自从 19 世纪以来，社会主义风潮成为美国知识分子生活的一部分。这些年轻不仅被社会主义所吸引，此外还对当时共产主义的主要变体产生兴趣，这些变体包括托洛茨基主义、苏联布尔什维克主义或斯大林主义。

早在 20 世纪 20 年代前期，当沃尔斯泰特的哥哥查尔斯进入免学费的市立学院时，政治激进分子已经在学校的自助餐厅中占据了几个小饭厅。布尔什维克主义者和托洛茨基主义者各占据一个饭厅，只是想去吃午饭的人则坐在第三个饭厅。各个班级的年轻知识分子时常聚在一起，彼此侃侃而谈不甚明晰的政治观点，他们还把相互对立的争论记录在小册子、报纸和杂志上。有些知识分子把这些活动当做是一种训练，为将来进军学术界、新闻界、政治界和法律界作准备。托洛茨基主义者克里斯托就是一个例子，他与贝尔、格雷泽合伙创建了《公共利益》杂志。该杂志最初是一本左翼期刊，发行多年以来真实地反映了其创刊者的政治转变，最终演变成新保守主义运动的代言期刊，改变了 20 世纪 80 年代的美国政治局面。

20 世纪 30 年代早期沃尔斯泰特也像他哥哥一样进入了市立学院。尽管这个学校被誉为培育激进左翼分子和共产主义者的温床，但是沃尔斯泰特在其求学期间并不太热衷于政治活动。他是一名数学家，同时堪称是逻辑奇才。十七岁那年，他写了一篇文章《命题与论据的结构》，发表在《科学哲学》杂志上，爱因斯坦对这篇文章的反应相当热烈。这位著名的物理学家在信中称赞这篇文章是“他所读过的最清晰的数学逻辑推断”，并邀请这位年轻的学者到家里，一起喝茶和讨论这篇文章。

后来在哥伦比亚大学求学期间，沃尔斯泰特开始涉入激进主义政治活动。在大萧条期间，他意识到逻辑学家这个职业很难维持生计，于是他申请并获得了奖学金，在晨边高地研究所攻读法律。1934 年，当时的现实情况促使沃尔斯泰特对政治领域产生了兴趣。经历过家庭经济状况的逆转，他倾向于相信这个国家的经济体系存在着严重的缺陷。为此，他系统地研读了当时盛行的经济学家著作：卡尔·马克思（Karl Marx)、约翰·梅纳德·凯恩斯（John Maynard Keynes)、阿尔佛雷德·马歇尔（Alfred Marshall）等人的著作。此外他还把他们的理论转化成规范的数学公式，以便比较这些观点各自的正确性，为兰德分析家把历史争论和信条简化为数字和等式预先做好准备。与此同时，根据历史学家艾伦·沃德（Alan Wald）的说法，沃尔斯泰特曾经加入一个分裂出来的共产主义小组——革命工人联盟党（LRWP）。

革命工人联盟党由新托洛茨基主义者构成，尽管托洛茨基主义与马克思主义、社会主义同样都是官方共产党斯大林主义的仇敌，但是前者受到的敌视尤甚，被指责背叛了列宁革命的理念。革命工人联盟党的创始人是前华尔街分析家B·J·菲尔德（B. J. Field），1932年他被驱逐出共产党。在菲尔德的领导下，革命工人联盟党参与了1934年的纽约饭店罢工（还被称为法国服务生罢工），一万多名负责接待客人的服务员离开工作岗位。这个组织得到了哥伦比亚大学学生的支持，不仅包括沃尔斯泰特以及相识于哥伦比亚大学即将成为他妻子的罗伯塔，还有后来的哲学家莫顿·G·怀特（Morton G. White）。

不久革命工人联盟党觉察到自己被联邦调查局列为调查对象，调查其所从事的破坏性活动。社会学家保罗·雅各布（Paul Jacobs）声称是革命工人联盟党的正式成员，正如沃尔斯泰特一样。他告诉艾斯伯格说，该组织的档案已经丢失，当时菲尔德正秘密地把档案从办公室转移到另一个地方，运输工具是马拉卡车——毕竟那是在1934年——他的马匹死后，在繁忙的十字路口，他卷入了一起交通事件中。菲尔德害怕因交通事故被起诉，而他参与的激进政治活动将会把他推入更糟的境地，于是他逃离了现场，留下了所有文件、出版物以及成员名单册，所有这些都被纽约城市环境卫生部门处理掉了。革命工人联盟党仅仅维持过20世纪30年代，直到菲尔德最终退出政治领域，加入一家由其前助手创建的加利福尼亚房地产公司。

尽管沃尔斯泰特有时也会间接地提及那段激进的过往，但他从不公开透露自己曾经是革命工人联盟党的成员（而且，鉴于可能会泄露其成员身份的档案已经深埋在垃圾堆里，他自然就没有必要去公开这段过去了）。他的女儿琼既不能否认也没有确认父亲的成员身份，但是她折中地说她父亲没怎么参与其中。她承认父亲的交际圈里每个人都是某种激进派的成员，同时还说沃尔斯泰特自称由于自己反对正统斯大林主义，所以在20世纪30年代他被共产党视为“头号大敌”。

当时格雷泽（Glazer）与沃尔斯泰特和雅各布都是相识之交，他在一次采访中曾说，“每个人都知道艾伯特是某个激进组织的成员，但是我们都不知道具体是哪个组织。”怀特在回忆录中也提及沃尔斯泰特曾把他介绍给革命工人联盟党。组织总部设在联合广场北面一个毫无遮掩的两层阁楼中，组织成员聚集在这里听关于马克思主义的讲座。

这段往事说明了为什么沃尔斯泰特的毕生好友包括前托洛茨基派作家詹姆士·T·法雷尔（James T. Farrell）、索尔·贝洛（Saul Bellow）以及施维林（Schwerins）、玛丽·麦卡锡（Mary McCarthy）等激进主义者。更重要的是旧的布尔什维克世界观对沃尔斯泰特的著作产生了持久的影响。列昂·托洛茨基与约瑟夫·斯大林进行权力斗争之后被流放，他推崇通过武力推行共产主义理念。沃尔斯泰特相信苏联是一个有着征服世界野心的巨大体系。他的战略决策就是基于这种观点——兰德的学者们都普遍相信这种观点，更不用说美国普通大众了。此外，沃尔斯泰特坚信，或者日后的事实也表明了这一点，苏联的用心变化无常，毫不掩饰其挑起核对抗的意图，这必然会导致未被承认的旧时信念形成守旧、激进的禁闭思潮。

沃尔斯泰特以数学逻辑学家的身份从哥伦比亚大学毕业后，放弃了“转行”当律师的打算，而选择进入国家经济研究局工作。二战期间，他转到战时生产局，再转到国家住房局，然后接手管理他哥哥的发电机工厂。战后，艾伯特·沃尔斯泰特结束了加利福尼亚通用面板公司副总裁的任期，这家工厂出售和建造住房，所有房子都是基于建筑师瓦尔特·格罗皮乌斯独创的组合式系统生产出来的。瓦尔特·格罗皮乌斯（Walter Gropius）是包豪斯建筑学派艺术运动的创始人之一。这家住宅企业不久就开始没落了，因为其建房组建不符合美国的标准建筑规范。沃尔斯泰特一直渴望重新回到大学时曾从事过的数学类研究工作。

一天傍晚，他和罗伯塔正在圣塔莫尼卡的街道上散步，遇见了几个昔日的同事麦卡锡以及其他两位数学家奥拉夫·海尔默、亚伯·吉尔西克（Abe Girshick），他们来自偏远的东部地区。他们告诉沃尔斯泰特，他们近来开始在一个名称叫兰德的新机构工作，地点就在圣塔莫尼卡市区的一家废弃的报纸工厂内。他们即刻想要劝说沃尔斯泰特加入他们的行列。吉尔西克向沃尔斯泰特保证，加入兰德后他肯定会过得非常愉快。沃尔斯泰特对通用面板公司具有强烈的责任感，所以他拒绝了这番邀请。他承诺要尽力为公司筹集贷款，解决公司经营中遇到的经济困难。

但是，罗伯塔认为兰德的工作会很有意思，所以那三个昔日同仁说服了社会科学部的新任部长汉斯·施派尔（Hans Speier），聘请她负责书评工作。几个月之后，由于预算问题，罗伯塔被解雇了。所以罗伯塔不得不伪装成另外一个人，应聘成为一名分析家，直到兰德见识到她优秀的工作表现之后，她才可以透露自己的真实身份。

通用面板公司最终解散后，那套极具创意的设计系统退出了舞台，默默等待将来预制安装房复兴时再大显身手。沃尔斯泰特申请并加入了兰德。

20世纪50年代早期，兰德被誉为冷战专家的理念宝库，莱奥·诺斯特恩（Leo Rosten）曾经提醒过约翰·威廉姆斯和科尔博姆，认为这种趋势越来越明显了。有传言说兰德的研究还涉及飞碟、试验性登月、创造可以瞬间毁灭地球的杀伤性武器等领域。为了缓和这种诡异的气氛，兰德允许《财富》杂志的作家为兰德机构撰写概要性介绍。约翰·麦克唐纳的文章是理想化传记系列作品的开篇之作，记述兰德智囊团凭一己之力，把人类从日渐迫近的毁灭中拯救出来。后来，兰德在《美国科学》打出一系列广告，声称其研究者是科学探索长跑的继承者，从伽利略到笛卡尔、爱迪生再到爱因斯坦，而兰德严肃的主管弗兰克·科尔博姆则把科学探索推向了极致。到了20世纪50年代末期，众所周知兰德代表着科学智慧和时代前沿。在某个夏日，兰德内一片喧闹，那时学者们在后面的实验室里虚构出了另一个机密的科技奇迹——兰德学者镇静自若，成为美好新世界的先驱。

1951年，沃尔斯泰特开始担任兰德数学部的顾问。他编写了一些关于方法论研究的文章，但过了不久他就对数学逻辑感到厌烦了，想要处理现实世界中的问题。五月的时候机会来了。当时查尔斯·希奇找到了他，向他提出了自己的核心想法："你会怎么布局战略空军司令部？"这个想法日后发展成为基地研究。

希奇是兰德经济研究部的部长，他受权去施行威廉姆斯关于跨学科研究的方法，以便更好地解决问题。希奇的职责范围包括应用定量分析技术维持和供应空军运作的后勤部、探索空军流水线型采购程序的成本分析部，以及对国防项目进行成本效益分析的经济部。沃尔斯泰特具有统计分析背景，拥有二战期间军备质量控制方面的经验，这使他成为执行战略空军司令部研究任务的绝佳人选。

但是，沃尔斯泰特对希奇的提议相当冷淡，希奇向他解释了所有技术要求之后，他的答复体现了战略专家典型的官方态度。他告诉他的上司，这个任务看起来不过是一个乏味的后勤问题，而他对此不感兴趣。但是在接下来的周末里，他发觉自己却在不知不觉中已经开始仔细思考基地研究内在的各种可能性。

沃尔斯泰特开始对项目的动态问题产生了兴趣。战略空军司令部的一些战略专家基于便于突击和减少成本的考虑，总是想要把基地设在苏联的目标附近。另一些战略专家则希望把基地设在远离敌军的地方，几乎不考虑到由此而带来的高成本。正如沃尔斯泰特所说，“如果你靠近他，这也刚好就是他靠近和重击你的绝好机会。我一下子意识到，既要有利于攻击敌方，又不想把自己暴露于危险之中的想法在理论上是行不通的。”

另外，沃尔斯泰特推断这项研究将通过非常具体的方式，让他获得关于核战争的知识。广岛的原子弹爆炸让他胆战心惊，他认为投放原子弹是没有必要的，理应受到谴责。因此他试图寻求一种方法，想要限制任何针对城市的核攻击。伯纳德·布罗迪发现这种观点与空军的基本观念格格不入，尤其是违背了自 1948 年以来就是战略空军司令部部长的柯蒂斯·李梅将军的理念。

李梅的“撒手锏”战略提倡绝不让步的全盘反击，这是军方应对苏联进攻任何美军基地或美国欧洲盟友的官方态度。但是沃尔斯泰特大多数时候会故意忽视军队和战略政策这样的问题，他在进行研究时极少用到传统的战略轰炸分析。他对兰德机构来说可能还是一个新职员，但是他的所作所为已经为兰德营造了一种工作风气——研究者可以自由地提出由事实推出的任何结论。

接下来的星期一，他通知希奇说自己改变主意了：他非常乐于接受这项研究任务。不久，沃尔斯泰特几乎夜以继日地投入到研究中，探究本报告涉及的广泛问题。

在 1956 年至 1960 年期间，沃尔斯泰特的基地研究接受了检验。当时战略空军司令部希望拥有大约 1600 架 B-47 轰炸机，作战半径达 1700 英里；300 架装备精良的 B-36 轰炸机，作战半径为 2950 英里；长达 3060 英里的 B-52 轰炸机联队；720 架 KC-97 空中加油机。在 1951 年，总计有 32 个基地，其中许多基地都是在苏联的附近，其选址表明了美军急欲尽可能地接近敌军。根据二战时期的作战分析，靠近敌军被认为是深入敌方区域的有效途径，在战争中，基地和装备的损失也是在意料之中的。轰炸机将从美国本土飞往海外基地，装上炸弹，飞到预定目标投放炸弹，然后返回先前的同一个基地补给燃料和弹药。

沃尔斯泰特拥有在政府和制造业的工作经验，所以他熟知技术要求，这有助于他理解各种原理不同的基地系统是如何工作的。最终他收集了大量详尽的资料，其他同事发觉他在兰德的走廊里堆满了资料，这让他看起来像是沉醉在资料的海洋中。那些同事都在猜测沃尔斯泰特是否可以应用他拥有的所有知识，去开展一项通广泛而实用的研究。最后他雇用了一个兼职秘书，秘书的薪水由他自己掏口袋支付，直到希奇发现了这件事，并且坚持由兰德来承担所有研究费用。同时沃尔斯泰特也新招了两名年轻的经济学家亨利·“哈利”·罗温（Henry“Harry”Rowen）和佛瑞德·霍夫曼（Fred Hoffman）。他将传统的轰炸战役分析工作分派给他们——评价现有飞机的突防战术，找到其他可行的航线，以及每一种航线可能出现的飞机损失率。他们还协助确定各种基地选址方案的成本。

当时罗伯塔正从事关于日本突袭珍珠港的研究，该研究以袭击前的已知情报为出发点，它对沃尔斯泰特的思想产生了深刻的影响。兰德社会科学部的分析家安德鲁·马歇尔在 1951 年向罗伯塔提议开展这项研究。她花了七年时间并于 1957 年最终完成了研究。空军立刻把该文件列为最高机密文件，研究文件只留了两份，存放在保险库里。具有讽刺意味的是，罗伯塔不具备足够高的忠诚调查级别，没有资格保存一份自己的研究成果。直到五年之后，兰德分析家从智囊团升迁到更高的政府职位，罗伯塔才设法将文件降低机密等级并公之于众。该研究成果以《珍珠港：征候与抉择》为题发行出版，这本书广受好评，获得了声望很高的班克罗夫特历史奖，罗伯塔因此被誉为袭击方面的杰出历史学家。*

罗伯塔的论题就是所谓的不悦之音，或者说是从众多资料中提出关于致命侵略的警报信号，这跟艾伯特的想法不谋而合，他相信苏联一旦抓住时机就会抢先发动攻击。当沃尔斯泰特检查战略位置时，他发觉简直是危机四伏。

战略空军司令部在欧洲和亚洲设有 32 个基地，这些基地拥有预防苏联突袭的

---

* “9·11”恐怖袭击后，助理国防部长保罗·沃尔福威茨（Paul Wolfowitz）在国会首次亮相时，曾经引用过罗伯塔的作品。沃尔福威茨是艾伯特·沃尔斯泰特的学生，与沃尔斯泰特家经常来往，他对罗伯塔的研究内容相当熟悉。

最低限度的保护设施。美国的复仇计划漏洞百出，几乎毫无用处。基地的建筑物、仓库以及其他设施的设计都尽量减少建造成本，但是这也极大地增加了其受攻击的风险。如果苏联不按常理出牌，采用预想不到的攻击方式，那么其低空飞行的轰炸机可以轻易地躲开美国战略空军司令部的雷达防御系统。这种攻击方式被沃尔斯泰特讽刺地称为“西方首选的苏联战略”。轰炸机本身极易受到攻击，它们停放在露天场合，彼此相距很近，没有加强防御的飞机棚等任何保护措施。此外，空军策划者设想轰炸机群有时间集合队伍，飞到核弹所在地，装载运输核弹，整个过程需要在雷达系统发出警告后的半个小时内完成，这样的想法被证实是不现实的。沃尔斯泰特团队预测苏联只需 120 颗拥有 4 万吨当量的战术核弹，就可以摧毁美国战略空军司令部 85％的驻守欧洲的轰炸机飞行队。

沃尔斯泰特发现苏联没有理由不抓住时机先下手为强。他认为苏联当时的形势，类似于二战前的日本：两者都是冉冉升起的帝国，拥有比较先进的技术，不择手段想要成为胜利者。只要能够击毁阻碍其前进的各方力量，即使冒着被报复的风险也在所不惜。对日本来说，美国舰队威胁到了日本称霸南太平洋的野心。对苏联来说，美国军队蓄势待发，准备阻止苏联的坦克驶入西欧。

这些研究发现让沃尔斯泰特团队感到胆战心惊。为了确保研究的机密性，他们的研究成果 R-244 被标记为“S”文件，意思是这份研究不允许列入兰德的一般出版物列表，以免被某些爱出风头的国会议员或某些愚昧的官僚披露。急需执行的安全措施提议没有整理成文件报告。在会议过程中，沃尔斯泰特甚至避免发表评论。当时参加会议的兰德科学家对危机全然无知，公然推测突破美国防御系统的最佳方法，他们根本没有意识到，如果不立刻采取措施，那么他们的推测很快就会变成现实。

具有讽刺意味的是，沃尔斯泰特警告战略空军司令部防御系统存在众多弱点，而当时美国的夏季气候证实了这一点。1952 年 9 月 1 日，一场龙卷风袭击了德克萨斯州的卡斯威尔空军基地，风速高达每小时 125 英里。风暴摧毁了许多飞机棚、整架 B-36 轰炸机，并且使其他 81 架飞机陷入瘫痪，同时还破坏了电路，空军基地随时有发生火灾的风险。

沃尔斯泰特在报告中引用了这场刚发生不久的灾难，他指出如果苏联 4 万吨当量的炸弹在基地附近的任何地方爆炸，即便炸弹偏离目标 9000 英尺，也足以引起类似于此次灾难的风力。另外，爆炸引发强烈的热量和辐射，会导致伤亡无数。他提出了一系列广泛的建议，其中包括提议将战略空军司令部轰炸机基地设在美国，只有在需要加油的情况下才在海外降落。轰炸机分布在几个地方，战略空军司令部还需要建造足够坚固的轰炸机保护，以便经得起核爆炸的冲击。

1952 年末，沃尔斯泰特泰团队带着研究图表和数据启航奔向华盛顿特区，他们深信自己是唯一可以阻止战略空军司令部走向灭亡的人。他们对不同的空军官员作了 92 次报告，但是效果甚微，所以他们不得不放弃说服空军。直到最后他们才意识到，实施改革的主要障碍来自李梅将军。他对沃尔斯泰特建议建造轰炸机保护棚的反应表明了他对整个研究的态度："亵渎轰炸机保护棚。"

李梅反对在基本性保护之外为轰炸机增加额外的保护。他认为即使轰炸机被击毁了，空军将会派出更新、更好的飞机代替它们作战。此外，一旦苏联出现集结军队力量准备进攻的迹象，李梅支持美国对苏联发动预防性攻击。最后，还存在政治因素需要考虑。如果李梅采纳了兰德的建议，他将在空军中失去威信。战略空军司令部名义上是空军的一部分，但是却只听命于参谋长联席会议，固执己见的李梅根本不可能有所改变。

沃尔斯泰特团队深感绝望，放弃与李梅进行周旋。1953 年 8 月，沃尔斯泰特团队利用兰德的人际关系，找机会直接向空军代理参谋长托马斯·D·怀特（Thomas D. White）将军陈述自己的研究成果。他们使怀特相信空军急需作出改变，而怀特也承诺将努力敦促空军委员会考虑执行他们的提议。一个月之后，苏联宣布自主研发的第一颗氢弹爆炸成功，这个消息使沃尔斯泰特研究成果的实施显得更加紧迫。1953 年 10 月，空军批准采纳沃尔斯泰特的大部分提议。1954 年 4 月，沃尔斯泰特、罗温、霍夫曼和 R·J·露兹（R. J. Lutz）简要介绍了最高机密研究 R-266"空军战略基地的定位和使用"。这个报告颇具讽刺性地称战略空军司令部之前的方案为"前策划系统"，这表明了改革措施正在实施中。

李梅继续奋力争取找出不同的解决方案，应对他不愿承认的防御系统漏洞。坦帕（Tampa）空军策划者埃德·琼斯上校提出一个方案，提议 B-47 轰炸机载满弹药飞出美国，在冰岛上空加油，继续向苏联目标进发，最后停靠海外基地进行休整。李梅欣然接受了这个构思。琼斯的方案给了李梅一个台阶下，解决了战略空军司令部的防御漏洞，同时还不必屈服于外人的控制和决策。这个方案被称为“满堂红计划”，后来成为了空军的政策。该方案的目的是“降低海外地区作为战前基地的重要性，减小海外地区作为飞行途中燃料补给基地以及战后支持的作用”。

沃尔斯泰特毫不气馁，进一步深入研究基地策略，提出了一个永远铭刻在美国历史中的概念：失效安全。从此作战计划者结束了在黑暗中的摸索，不用担忧因为离题万里而被指责无计可施了。核攻击都是处心积虑的结果，绝不会是事出偶然。基本上，失效安全是一个简单的概念，蕴涵了广阔的衍生知识。沃尔斯泰特发觉临近这个概念是双向的，而基地研究正是源于此种觉悟。同样，他意识到生活中总是计划赶不上变化，失效安全概念的灵感正是由此而来。

沃尔斯泰特自问：如何阻止由于失误而被派遣去轰炸莫斯科的飞机？如果轰炸任务已经取消，肯定有一种方法可以召回轰炸机。鉴于那么多生命及地球本身的未来完全取决于轰炸目标的确定性，沃尔斯泰特赞成设立一系列检查站，核轰炸机将通过检查站接收轰炸目标的确认信息。如果他们没有收到确认信息，那么轰炸任务就默认为已经取消了。

> 当轰炸机接收到一些严重但不够明确的警报时，它们应该返回基地，除非有明确的指示让它们继续前进。如果警报出现失误，即便是无线通信失效，轰炸机也要返回基地。如果是实际轰炸的警报，并且有一些无线通信失效，这意味着只减少小部分飞向目标的军力。

空军采纳了失效安全概念，现在看来，这个理念好几次把世界从可能发生的核毁灭中拯救了出来。1979 年出现了一个实例，由于一名话务员的操作失误，导致系统传输了一个错误的消息，说美国正在遭受核攻击。三个不同基地的十架战斗机匆忙起飞迎战，但是发现错误之后，战斗机都被召回了。1980 年小型计算机的一个芯片出现失误，致使系统传输了苏联正在用核武器攻击美国的错误信息。在这些情况下，如果失误没有被及时发现，那么将有近百架 B-52 轰炸机起飞，还会惊动白宫里的美国总统，而且准备攻击的信号也会发送到洲际弹道导弹操作员那里。

沃尔斯泰特的基地研究和失效安全概念大获成功，这不仅为他赢得了兰德其他同仁的尊敬和钦佩，同时还使他得以进入政府高层，很少有军事分析家可以享有这样的荣耀。他的研究工作找出了国家作战计划中的致命弱点，为空军挽回了几十亿美元的潜在损失。几年之后，沃尔斯泰特发表了修正版基地研究 R-290《20 世纪 50—60 年代保护美国军力实施回击》，在五角大楼里，他无须经过 92 个部门的层层关卡：他本人直接向国防部长查尔斯·威尔逊（Charles Wilson）陈述研究报告，陪同人员有怀特将军和参谋长联席会议的主席内森·特文宁（Nathan Twining）将军。

R-290 对兰德来说是极其成功的。研究报告详细说明了布鲁诺·奥根斯坦独创的新概念在战术上的应用。奥根斯坦是智囊团里最杰出的物理学家之一，他针对制造氢弹提出一个公式，极大地减轻氢弹的重量，从而可以应用在当时精确性不足的洲际弹道导弹头部。这样一来，即使导弹偏离指定目标三英里也不碍事——增加了的“超级”能量将会毁坏半径为三十英里区域内的一切事物。采纳了奥根斯坦提议之后，洲际导弹在战争中的应用变得具有可行性，实现了兰德存在的初衷*。兰德从此变成货真价实的战争学院，成为一所鼓励学者们研发奇异战争武器的学校。兰德研究出了战后最让人垂涎不已的洲际弹道导弹，意味着它最终成功地实现了其宗旨。

兰德的学者们并不只满足于炮制将引发天翻地覆的新式事物，同时他们还想要找出采用什么方法以及在什么地方可以投放这种武器。兰德汇集了众多专家，对空军的各种具体项目进行研究，提出解决方案。20 世纪 50 年代中期，兰德的学者们经历了一次意外的转变，正如阿拉莫戈多第一次核爆炸后在沙丘上形成的绿色玻璃碎片一样出乎意料。令人生厌的兰德科学家支配着战略空军司令部和空军的主导力量，引导美国领导人走向无可媲美的第一军事大国的新阶段。在创立核战略新学科时，兰德聘请了核领域最杰出的科学家。但是科学家们在从事核研究工作时，彼此之间也不是没有分歧的。不久，在温和的沃尔斯泰特与核学科的创始人伯纳德·布

---

* 洲际弹道导弹最先的缩写名是 IBM，后来一家同名公司提出抗议，五角大楼不得不把缩写名改为 ICBM。

罗迪之间出现了主要的分歧，前者认为有限核战争的悲剧是不可避免的，后者心怀愧疚地想方设法尽可能避免核冲突。

布罗迪曾参与了许多项氢弹研究，这对他本人产生了深刻的影响。此类研究资料一直都是最高机密文件，直到 1995 年才解密公布于众。1951 年希奇聘用布罗迪，协助他和物理学家恩斯特·普莱西特（Ernst Plesset）完成空军指派的研究项目——《大量生产军事武器的影响》。布罗迪检验了武器的效力，并研究了是否存在防御此类武器的可能性，以及苏联开发和使用氢弹的情况，其中还涉及美国“超级武器”进攻部署等问题。

分析家们推断所使用的武器将是 500 万吨的热核弹，换句话说，这种武器的爆炸能量相当于长崎原子弹的 250 倍能量。当时劳伦斯·利弗莫尔国家实验室正忙着制造这种热核弹。他们断定氢弹的爆炸能量以及随后发生的风暴性大火，将摧毁半径为七英里圆周范围内的一切建筑物。在 55 平方英里的区域内，毫无保护措施的人们会立刻死亡。自爆炸点向外 30 平方英里的区域内，即便是有保护措施的人们也难逃死亡的命运。居住在各个区域边缘上的人们的存活率只有 50%。

热核武器很显然将会是“破坏力非比寻常的杀人魔”。研究者推断尽管“大规模使用核武器和热核武器相互攻击对方的城市，必然会对自己的国家也带来损害”，但他们依然提倡迅速大量储备此类武器。在他们看来，好战的苏联过于难以捉摸，美国除了储备武器之外别无他法。“如果我们不能以最快的速度研发和生产热核武器，我们将失去阻止苏联进攻的能力，甚至会错过争取民族继续生存的机会。”这项研究在国家安全界内广泛流传，杜鲁门总统还听取了研究报告。行政部门普遍接受该研究报告的观点，官员们相信苏联正在策划如何征服世界，所以美国 1951 年的国防支出也从 135 亿美元增长到 482 亿美元。

布罗迪的结论是核武器的使用是在所难免的：尽管应用核武器以达到威慑目的是无法避免的，但是核战争并不符合任何理性的政治目标。对于布罗迪来说，作为一个核战争研究的先驱者，这是一个残忍的现实。尽管美国和苏联由于各自政治体制的驱动作用，都感觉到有必要继续发展大规模杀伤性武器，但是有一种风险是挥之不去的，即有一天妖魔会以某种方式从瓶子中逃逸出来，长达一万年的人类文明将因此毁于一旦。那么如何协调这种矛盾？

布罗迪提出了双重的解决方案。从政策层面上来说，他提议通过建造更大型更致命的核武器加强威慑力度，配合实施民防系统计划，确保分散城市布局和疏散人口，他极力主张“新的工业中心必须远离当前的人群高度集中点”。他同时还奋力推行有选择性地分散布置关键军事装备，增大军事设备和供应品的储存量，建设可以抵挡核爆炸冲击力的加固型平民遮护所。如果苏联发起进攻，美国也已经储备了可以实施反击的军事力量和人力资源。

从个人层面来说，布罗迪步入了漫长的心理分析阶段，他向所有参加兰德讲座的人大肆宣扬心理治疗的效果。心理分析几乎成了正统兰德学者之间惯常的交流话题，反映了学者们倾向于用弗洛伊德理论来解决西方社会在二战后的创伤以及对新冷战的焦虑。内森·莱特和罗伯塔·沃尔斯泰特应用心理分析治疗法帮助解决写作障碍，而布罗迪将他对弗洛伊德理论的迷恋延续到在兰德内部流通的备忘录上，指出了核战争策略与性的相似之处。他把首轮核反应之后保留火力的计划比喻为射精之前要保留撤出时间。他还把战略空军司令部的得意之作“撒手锏”比作快速而迷乱的性高潮。[赫尔曼·卡恩（Herman Kahn）曾借用过这个比喻，他对聚在一起的战略空军司令部的军官们说，“各位先生，你们并没有作战计划，你们只为全面战争突然爆发作准备而已。”]

20世纪50年代，布罗迪经过多年的思考和心理分析，完成了他职业生涯中最著名的著作《导弹时代的战略》，书中提倡战术性地使用核武器，在进入范围更广、破坏性更大的核攻击之前，给敌我双方一个就冲突问题达成协议的机会。在书本末尾，布罗迪预测未来将是暗淡无光的，他在作品中承认美苏两个超级强权之间的冲突是无可避免的，而他对此束手无策，一旦战争爆发，必然导致数百万人因此而丧生。

从1952年秋天开始，布罗迪、安德鲁·马歇尔、希奇以及其他学者组成了一个非正式小组，他们称之为战略目标委员会。小组成员在午餐时以及午餐后的几个小时聚在一起，探讨如何部署美国累积起来的大量核武器库才能得到最佳效果。1953年至1955年，美国核储备增加到近2000颗核弹——这还不包括许多氢弹以及氢弹的百万吨级的爆炸冲击力。根据战略空军司令部首选的“撒手锏”战略，如果美国与苏联发生战事冲突，战略空军司令部策划者预期将要歼灭苏联188个城市

3/4 的人口。届时苏联和东欧的总伤亡人数将超过 7700 万。

为了避免战略空军司令部策划者构想的重大战争灾难，兰德的战略目标委员会提出了一个吸引了核战略专家注意的概念：反击力。广义来说，反击力就是保留核后备力量，这同时也被称为二次打击能力，在首轮核突袭之后能够保存下来并予以核回击的能力。反击力还包含了布罗迪提出的理念，即认为核袭击计划不应伤害城市，而应该集中火力进攻军事目标。由此推论，反击力战略讲究分等级的进攻力度，给敌方足够的时间选择宣布休战，并在发射下一轮核导弹之前达成和平协议。反击力概念使得许多兰德分析家相信，不仅可以发起有限核战争，而且还可以赢得这场战争。尽管起初战略空军司令部和李梅都拒绝接受反击力理念，但在几年之内反击力概念成为了美国政府公认的核战略。反击力概念的影响随处可见，越南战争和持续的冷战都有所体现，直到苏联最终解体。

直到 20 世纪 50 年代末期，兰德在政治上取得的成功，与其经济学部门具有的优势密不可分，学者们对现实问题采用数据化、理性化和经验化的分析方法，也对兰德的成功起了推波助澜的作用，这种作风成了智囊团数十年不变的特征。当时苏联出版的《真理报》曾把兰德形象地称为“科学与死亡的研究院”，兰德还有另外一个更好听的绰号“数字理性主义研究院”。最开始威廉姆斯和科尔博姆引入了社会科学来完成他们的战争理论，他们觉得兰德也需要人力因素方面的专家。但是随着自然科学专家的成功，兰德改变了对人文知识的看法。经济学家们并没有运用历史学、社会科学、人类学等比较柔和的学科来补充数学分析方法的不足，他们仅把数学方法视做自然科学的附属品，把它们简化为利用模型和系统分析，从而得出数据、选择和决策模式。这意味着布罗迪日益受到排挤，但有讽刺意味的是，他最先提出广岛原子弹事件之后的战争将变得截然不同。他采用的问题分析方法，不仅论据充分并且借鉴了历史经验，强调战争动机和逐渐升级的冲突。沃尔斯泰特团队所采用的分析法总是局限于敌方的军事能力，一味假定苏联铁定会背信弃义，布罗迪的方法却大不相同。

在兰德，运用计算、分析和列举就可以弄清楚人们的语言表达、心理活动和解释说明，这产生了很大的影响。兰德学者对人类的生存提出了一种新观点：在人类生存中，所有重要的事物都可以简化为数据，促使人类不断追逐其原动力——自我利益。肯尼思·阿罗认为自我利益就是物质消费，而自由民主推动产生的最佳政府，就是可以刺激无限制消费的政府。自此兰德为西方的自由民主奠定了新的原理基础，该新原理以个体消费者绝对至上为原则——不管是商品方面还是政治方面。

与此同时，到了20世纪50年代末期，沃尔斯泰特的成功以及他特有的超凡人格魅力，使得数学逻辑学家以及核战略专家成为兰德机构的领军人物。沃尔斯泰特习惯于高调声扬，总是自信满满的姿态，他的成就激励他去追求所有充满吸引力的兴趣爱好。他的兴趣爱好又是那么广泛！在召开会议的时候，他频繁出入最好的最贵的餐馆，想要尝尽所有美味佳肴。他认为人生就像是订餐簿，餐券的数量是有限的，在预订到期之前，每个人都有责任做到物尽所用。他从兰德各个阶层中精选出业余音乐家，在他那栋现代主义风格的住宅里筹办古典音乐会。他举办宴会招待高级外交官，收藏艺术品和密纹唱片，为周日增刊拍摄照片——简而言之，没有什么是他做不到的。即使他不会讲外国语言，他的掩饰技巧也会非常高超，有时本土人士也被他蒙蔽，以为他真会说外语。他是如此多才多艺，通过持续不断地研究美国军事系统漏洞获得报酬，从而投资发展多种兴趣爱好——也就是说，他发现了一种有利可图的营生办法，他终其一生都在开采这种资源。

沃尔斯泰特自我感觉良好，但并不是所有的兰德学者都对他评价甚高。有些与他同时代的人认为他是一个自大、专横、高傲之人。成本分析部部长大卫·诺维克是最先聘请沃尔斯泰特担任顾问的人，他指控沃尔斯泰特伪造基地研究项目的数据，并解雇了他。（沃尔斯泰特否认了这项指控，希奇重新聘请了他。）曾经有一次，沃尔斯泰特向他的同事传授自己的学识，其中一位同事对此心生不快，在离开沃尔斯泰特的住宅时嘲讽道，“你可以想象他在那里朗诵《登山宝训》！（《登山宝训》是《新约·马太福音》中记录的宗教教义和耶稣发表的伦理演说。）”与此同时，年轻的兰德分析家们开始争相效仿沃尔斯泰特鉴赏艺术和品尝美食，许多年轻科学家模仿沃尔斯泰特摆出自命不凡的高姿态，他们自认为拥有举世无双的智慧和才赋。谦虚一直都是兰德成员的弱点，这在沃尔斯泰特事业鼎盛时期显得更加严重。

对于沃尔斯泰特来说，他有意无意地推崇子女对父辈的崇拜。由于他自己没有儿子，所以他热衷于与年轻人打交道，指导他们学习战略领域的知识。年轻人总是心怀敬意地拜访他那间全白色的办公室——白色的长绒地毯、白色的家具——他那登峰造极的成就使得许多其他天才研究者的开创性工作显得黯然失色。

在将近十年的时间里，阿诺德将军和科尔博姆计划把兰德打造成一个强大的智力集团，他们毫无疑问已经梦想成真了。自从曼哈顿计划以来，兰德机构汇聚了众多科学人才，其中包括数学家约翰·冯·诺依曼、约翰·纳什、乔治·丹齐格（George Dantzig），计算机科学家威利斯·威尔（Willis Ware）、詹姆士·G·吉罗格利（James G. Gillogly）、艾伦·纽厄尔（Allen Newell），经济学家肯尼思·阿罗、托马斯·谢林（Thomas Schelling）、赫伯特·西蒙（Herbert Simon）、哈里·马科维茨（Harry Markowitz），物理学家爱德华·特勒、布鲁诺·奥根斯坦、恩斯特·普莱西特、哈罗德·L·布罗德（Harold L. Brode）、塞缪尔·科恩（Samuel Cohen）。沃尔斯泰特风头最盛，也最接近权力中心，在高深的核知识领域中，他是最具影响力的人物。

但是在核研究的圈子里，还有另外一个持不同观点的分析家，他的理念与沃尔斯泰特的观念即便不算是南辕北辙，至少他的研究方向也是不同于沃尔斯泰特团队的。20 世纪 50 年代末 60 年代初，在美国人和世界各国看来，他是兰德科学胆识和道德冷漠特性结合的典型化身：他就是赫尔曼·卡恩。

第 6 章　喜欢开死亡玩笑的人

赫尔曼·卡恩就像许多兰德分析家一样，拥有强烈的智慧优越感，他们从不轻易低头认输。他的独特风格就是死亡，上百万甚至于数亿人的死亡。卡恩使得兰德科学家在公众眼中变成一群喜欢异想天开的人。卡恩喜欢这样问，“如果用 1.8 亿人的死亡来惩罚苏联侵略行为，这样的代价过高的话，那么我们愿意为此付出多大的代价？”你认为受伤比变成共产党人要好？如果真的有人在核战争中生还，那么幸存者会不会羡慕可以死去的人？

在那个时代，吸烟成瘾而又说话直率的人一般都是体格消瘦型——美国男性的平均身高是 5 英尺 9 英寸，体重刚好是 160 磅——卡恩的显著特征是庞大的腰围和能言善道的口才。就像约翰·威廉姆斯一样，卡恩又高又大——高 6 英尺、重 300 磅。他可以对自己最喜爱的主题进行数个小时的即兴演讲——民防系统和热核战争。卡恩在演讲的时候总是津津有味的样子，看起来就像是皮尔斯伯利面团宝宝(Pillsbury doughboy，一家食品公司的广告卡通形象)，天真而滑稽地闲聊着已知世界的尽头，听众们忘我地欢笑着，尽管有时听完讲座之后，他们会感到震惊和恐惧。罗伯塔·沃尔斯泰特把他称为“爆裂的炸弹”，不止一个核裁军专家曾评论道，卡恩的讲座一直都是核冻结的最佳论据——尽管这远非卡恩的原本意图，他坚定不移地提倡先发制人的核战争。他来自兰德，而兰德学者是美国知识界中现实政治方面的专家。对他们来说，不管事实如何讨人厌，但是事实就是事实。道德和仁慈之心不应妨碍政策分析。难怪著名的电影制作人斯坦利·库布里克在塑造《奇爱博士(又名：我是如何学会停止担心并热爱炸弹的)》的主角时，想到取材于精神旺盛、劲头十足的卡恩。《奇爱博士》的主人公拥有终极武器，他嘴里总是胡诌着各种笑话。(库布里克抄袭了很多卡恩的研究资料，所以卡恩要求获得版税，库布里克对他的要求深感气愤，回应说，“事情不是这么办的，赫尔曼!”)

卡恩与沃尔斯泰特、伯纳德·布罗迪一样都是犹太人，他出生在新泽西州，在布朗克斯长大。尽管他的父亲是一个教徒，但卡恩从未宣誓加入任何宗教，他一生都满怀激情拥护犹太人复国运动。他的父母在他十岁的时候离异了，赫尔曼随着母亲和莫里斯、欧文两个兄弟一起移居到加利福尼亚州南部。他们居住在洛杉矶的犹太区里，在这里他们度过了一段艰辛的日子，他的母亲曾两次不得不申请政府援助。

1940 年卡恩从费尔法克斯高中毕业，后来又在加利福尼亚大学洛杉矶分校读物理专业。在 1943 年，当军队预备团要求他参加一个心理倾向测验时，他那能言善道的个性（如果不是假装的话）已经达到了登峰造极的境界。

卡恩听闻还未有人能够完成过军队的智商测试，所以他解构分析了各种能找到的能力倾向测试，为军队智商测试作足准备。轮到他上场的时候，他在半个小时内迅速完成整个测试，离开考场之后，他感到筋疲力尽，并且满身冒汗。几分钟之后，他才恢复过来，冲回考场大声喊道，“我在第 132 题犯了一个愚蠢的算术错误，我要把它改过来！我怎么会这么笨?”后来让他满意的是，他的成绩是该测试有史以来的最高分数。

卡恩曾经在太平洋歌剧院工作过，后来他返回洛杉矶，在加利福尼亚技术学院攻读硕士学位。卡恩的母亲突然过世之后，他陷入了身无分文的落魄境地，而且他还要抚养年轻的弟弟，于是他设法考取了房地产经纪许可证。物理学家萨姆·科恩是卡恩的朋友和同事，也是日后中子弹的发明者。当时他刚被兰德聘用，他同时还在兰德为卡恩找到了一份工作。从 1947 年到 1961 年期间，卡恩一直在兰德工作。

最初，卡恩被分派到研发核动力飞机的项目，这个研究后来被证明是不切实际的。不出一年，他加入了兰德“超级武器”最高机密氢弹的设计团队，该设计工作大部分是在新建的劳伦斯·利弗莫尔国家实验室内进行的。该实验室属于加利福尼亚大学，地理位置靠近旧金山。卡恩时常在旧金山湾地区奔走，这对于喜欢社交活动的他来说非常有帮助。他的社交如此活跃，其他同事都对他怎么获得兰德最彻底的忠诚审查的合格身份感到好奇。

由于工作本身的高级机密性，兰德采用厚质玻璃门把物理学家们的工作地点与大楼里的其他区域分隔开来——就像以前的兰德学者在道格拉斯飞行器公司工作一样。卡恩对这种隐秘的工作方式感到难以接受，他忍不住在走廊里来回游荡，向机密区域外的陌生人进行自我介绍，缠住熟人问问题、发表评论和讨论计划。他通常都是走到兰德走廊的分叉处就返回工作岗位，在研发核炸弹的闲暇之余，他会参与几个新项目，还会随意写几本书或为一些刊物写些文章。当时他跟罗莎莉·简·海尔纳新婚不久，海尔纳以前是卡恩的研究助理。卡恩曾亲切地把她的政治倾向描述为"约翰·伯奇协会右派"（约翰·伯奇协会是美国极右组织，创立于1958年）。卡恩对他的新职位感到万分满意。直到20世纪50年代初期联邦调查局开始对他展开调查，他一直在兰德过着春风得意的生活。

卡恩轻松地通过了前两次安全审查，但那是在他和海尔纳结婚之前，传闻海尔纳的两个姐姐是共产党员。于是有一个被联邦调查局调查的人公开指责卡恩，声称他是所谓的共产主义阵线成员、移民保护委员会委员。卡恩是一名自由主义者、美国公民自由协会成员、美国人争取民主行动组织成员，同时也是著名的反共主义者，在他看来绝不允许共产主义者参与政府安全项目工作。尽管他很快就被澄清不是共产主义者，可以继续参与机密文件工作，但是在联邦调查局展开进一步调查期间，政府授予他的最彻底的忠诚审查合格证书被判暂停使用，而这个证书是他从事氢弹研究的先决条件。

卡恩脱离了自然科学研究，这要感谢J·埃德加·胡佛（J. Edgar Hoover）。从事自然科学研究意味着他必须从新泽西州搬迁到兰德，成为兰德圈子成员，而圈子里的核分析家们过着几乎与世隔绝的生活。后来加入兰德的沃尔斯泰特、布罗迪、查尔斯·希奇以及经济学家托马斯·谢林等人，成了卡恩的同伴和竞争对手，有时还是最严厉的批评者。

卡恩与兰德研究员安德鲁·马歇尔（Andrew Marshall）结下了友谊关系，起初他们是受博弈论的吸引而相识的。他们两人出版了一本关于"蒙特卡洛方法"的书（蒙特卡洛是摩纳哥城市，俗称赌城）。这种方法是一种分析概率的数学概念，将会应用在防御苏联的轰炸袭击中。卡恩在兰德走廊上闲逛，有时会遇到沃尔斯泰特。那时沃尔斯泰特正忙于精心建构大量论据、看法和推测，这些努力在后来发展成了基地研究。卡恩在沃尔斯泰特的项目方面算是晚辈，沃尔斯泰特的研究项目获得了飞跃性的发展，几乎占用了兰德机构的所有时间，几乎所有专家都参与协助研究。但是当卡恩被安排给空军军官做系统分析及其在国防中的作用的讲座时，他才真正发现了适合自己的职业。

回首过去会发现，卡恩拥有热情洋溢的性格，这样的人天生就是做现场演讲的料。他的天赋就是滔滔不绝地说话；他的喋喋快语可以与日后的莫特·萨尔（Mort Sahl）、迪克·格雷戈里（Dick Gregory）等新潮意识流滑稽演员相媲美（卡恩从来都不及蓝尼·布鲁斯（Lenny Bruce）低俗）。但即使是卡恩最亲近的同事都感到惊讶，他竟然如此轻易转型，犹太喜剧演员称之为“汽酒式转变”。他被任命给初级空军军官作关于系统分析的演讲，充分地调动了呆板军官的热情，他运用双关、类推的方法，时而不太敏感地奚落一番：“你看，从理论上来说，我们想要得到你们的轰炸机模型，把它们派遣到苏联，看看有多少轰炸机被击落，有多少轰炸机安然无恙，让它们飞完轰炸路程，然后返回。但是你很难取得别人的合作去完成这个计划。”

卡恩大量借用布罗迪作品和沃尔斯泰特基地研究的内容，提出民防系统概念作为应对苏联核威胁的对策。美国有 2 亿人口，假设有 3000 万人在核战争中丧生，却有 1.7 亿人幸存下来了！如果在矿井、洞穴和加固碉堡等地方推广应用保护棚，伤亡人数可以降低到 1000 万，那么美国依然有许多幸存者可以重建家园！

这种构想深深地吸引了卡恩，他催促艾森豪威尔政府在全国大量建设民防系统保护棚。他说只需要投入 2000 亿美元，那么在最后一朵蘑菇云散去后，肯定有美国人幸存下来高高挥舞星条旗。保护棚不仅保护了公民的人身安全，同时也是应对苏联侵略的威慑力量。如果克里姆林宫知道我们的公民一点也不惧怕核战争，并且在核袭击之后我们依然有足够的人力实施反击，那么苏联就不会贸然发起攻击。

艾森豪威尔政府对卡恩的方案不甚热心。政府指派卡恩成立另一个委员会对这个问题进行研究，但是建设大规模保护棚的项目构想从未走出过他演讲所用的黑板之外。政府的官方政策可能保留了大量的反攻军力，但是艾森豪威尔更加偏向于以裁军为主，他开始相信双方都不可能在毁灭性的核战争中幸存下来。到了 20 世纪 50 年代中期，艾森豪威尔开始与苏联达成一些妥协，同时削减两国各自的核武器规模。

卡恩仍然执著地在公共场合宣扬自己的理念。1959年，卡恩申请离开兰德，加入了普林斯顿国际研究中心，并在这里工作了一个学期。后来他开始对全国各种社会团体、大学和外交事务机构讲演自己的民防系统。多数演讲者都是讲一两个小时就觉得足够了，卡恩的演讲却一讲就是两三天，他大量运用幻灯片、图表、图形和投影充分表述他的观点。他用曲线图来描述各种战时条件下的伤亡数量，并在旁边用文字加以说明，例如“幸存者会不会羡慕死去的人?”和“悲惨而又各有区别的战后状态”等。他把发生战争的可能性分割为一个个区域和次区域、偶然性和次偶然性、冲突升级梯形图，一直开玩笑地预测着难以想象的大规模死亡的可能性，此前鲜少有人在公共场合讲这些。

卡恩不太善于写作，他在别人的协助下汇编了演讲手稿，并把它们编辑成一本大篇幅非正式的书，书中的非道德意味非常明显，简直让人火冒三丈。他把它命名为《论热核战争》，以示对卡尔·冯·克劳塞维茨（Carl von Clausewitz）的军事经典著作《论战争》的崇敬之意。兰德核分析协会的同事们鄙视在公众面前频频曝光的行为，他们始终以理性和严谨的态度使用语言、图形和统计表，所以当卡恩把书提交给兰德管理层申请批准出版时，他们对卡恩此举不屑一顾。许多分析家认为卡恩抄袭了每一个人的成果，却没有感谢任何人。

卡恩交了一份给沃尔斯泰特，让他审查审查。卡恩悄悄走进沃尔斯泰特的办公室，想询问昔日导师对此书的看法，当时布鲁诺·奥根斯坦也在沃尔斯泰特那个质朴的纯白色办公室内。

“赫尔曼，对于这本书我只有一个建议，”沃尔斯泰特把手稿扔回去说，“烧了它。”

当然卡恩并没有这么做，他催促兰德管理层批准发表这本书。科尔博姆对该书持批评的态度，不仅因为它删改了兰德多年以来精心构建的学说，更因为它有损于空军和战略空军司令部的利益。科尔博姆最终同意出版这本书，因为书中没有机密信息，不属于兰德的官方文件。

这本652页的又大又厚的书在1960年出版，随即大获成功，并引起了普遍的充满争议的评论。出版后头两个月，该书卖出了14000多本。当时的世界充满了一种绝望的论调，认为如果将核弹应用在战争中，那么一切都将同归于尽。卡恩那种注重实效的观点竟出乎意料地鼓舞人心，使人茅塞顿开——抑或令人生厌和充满色情，这取决于读者的政治信仰。

卡恩和布罗迪一样支持有限战争，不赞同强大的军事反击能力可以达到威慑目的。他在书中构想了一种所谓的终极武器，如果苏联选择铤而走险，那么这种武器就会自动发射核弹，威力足以毁灭地球上的一切生命。他把终极武器比作战略空军司令部的作战计划，认为它们都是不合理的，在应对苏联进攻方面毫无灵活性可言。卡恩借用了布罗迪的核后备力量概念。沃尔斯泰特也盗用了这个概念，并且把它命名为二次打击能力。此外卡恩还借用了沃尔斯泰特基地研究的一些提议方案，比如分散轰炸机和军事人员、加固飞机棚和导弹发射井。最后卡恩的观点融合了兰德的反击力概念——换句话说，核战争要瞄准具体的军事目标，袭击不应针对城市。

卡恩绘形绘色地描述他构想的民防系统，设想核冲突期间及核战争之后的生活。他满怀信心地假设人们躲入加固矿井、深洞等后方保护棚和撤退中心，这样联邦政府和整个经济体系就可以逃过死劫，因此他宣称关于放射性尘降物的影响论调是夸大其词之说。当然核战争可能会导致人体出现基因变异，但是基因变异一直都存在，而且其几率比许多人设想的要高——在任何情况下，人类最终都会适应改变并且生存下去。辐射微尘显然会导致辐射病，因此卡恩建议广泛应用辐射测量仪器，这样任何人都可以辨别，保护棚里的邻居是真的病了，还是只是精神紧张而已。“你查看他的测量仪说，‘你只受到了 10 伦琴辐射，为什么你一直在呕吐？打起精神来，赶紧去工作。’”

卡恩提议食品要标明污染等级，污染程度根据有毒性从小到大分为五个不同等级。“儿童和孕妇禁用 A 类食品；B 类食品价格较高，任何人都可以食用；C 类食品价格较低，也是任何人都可以食用；最后 40 岁或 50 岁以上的人禁用 D 类食品……因为这些人在患癌症之前可能会先死于其他病因。” E 类食品是动物食品。

许多人都对《论热核战争》的冷酷无情感到万分震惊。尽管同情心过于泛滥，但是卡恩认为这种惊恐是在浪费时间和精力。在濒临前所未有的毁灭性战争的时代，人类生存变得摇摇欲坠，最重要的是美国人要知道，一旦热核战争爆发，他们肯定可以存活下来。单是这样的一个信念就可以使他们变得更加坚强和安全。

当卡恩的书出版时，人们对此持轻蔑的态度，简直要把该书与纳粹死亡集中营相提并论了——尽管同类评论最初也出现在《科学美国人》一篇严厉的批评性文章中（编辑比较明智地把它删除了），数学家詹姆士·纽曼在文中把该书称为“在道义上宣扬大屠杀的传单：如何策划、如何实施、如何逍遥法外、如何为其正名”。其他出版物也同样猛烈抨击这本书，《新政治家》认为它是“针对政府官员的色情作品”。奇怪的是，保守杂志《国家评论》尖刻地批评该书的对苏政策不够严厉。

有一些响亮的赞扬声来自和平主义者及核裁军倡导者，其中哲学家伯特兰·罗素，他认为卡恩无意间证明了通过使用核武器的方式根本不可能实现和平。社会党总统候选人诺曼·托马斯同意罗素的看法，他在《星期六评论》上写道，“对拥护普遍裁军的人来说，卡恩值得我们关注……是我们民族堂堂正正活下去的唯一希望。”

科尔博姆试图说服卡恩重返兰德，但是卡恩为自己的成功而洋洋自得，最终与兰德机构断绝了关系。他携带妻子和三个孩子搬到纽约，从洛克菲勒基金会处获得100万美元，创立了自己的智囊团——哈得逊学院。在这个学院里，他独创了“未来学”理论，该学说认为资本主义和科学技术前途无量，未来人类的命运是移民太空。

卡恩作为一个另类思想家的名声日盛，出版了许多关于不同领域的书，但这些都无法与热核战争的成功相媲美。卡恩死于1983年，当时他还在编辑新版的《论热核战争》，依然想要证明兰德旧日的理念是正确的——只有从容面对死亡的人，才能在核时代生存下去。他无法预料到历史的潮汐将把他和他的热核战争理论搁置一旁，而当时兰德同行战略家之中的昔日朋友都迎合新的技术潮流，他们创造的无情世界让他们大获成功。

第 7 章　兰德轨道

1957 年 10 月 4 日傍晚，一种怪诞、灵异的嘟嘟声使所有美国人都大受惊吓。全国各地的人只要用廉价的短波收音机，就可以收听到人类第一颗轨道人造卫星“旅伴一号”的无线广播。平稳而刺耳的信号向美国人清楚地昭示着，在苏联面前美国已经失去了引以为豪的技术优势，正如苏联共产党中央第一书记赫鲁晓夫在联合国脱皮鞋敲讲台所威胁的那样，共产主义者很有可能会埋葬我们。痛上加辱的是，这个宽 2 英尺、重 184 磅的球体飞行高度很低，在全国大多数地方都是肉眼可见，就如红场上空的星星那般闪耀生辉。

“旅伴一号”飞过美国上空的那个夜晚，众人皆迷惑不已，当时参议院多数派领导人林登・贝恩斯・约翰逊正在他那所位于德克萨斯州佩德纳莱斯河边上的农场内举行烧烤野餐宴会。从广播中听到这个消息后，他调整频道接听人造卫星发出的模糊的信号波。他在回忆录中写道，“现在，不知何故，我有一种前所未有的感觉，我们的天空看起来简直像是外国的领域。我依然记得，那时意识到别的国家也有可能赶上我们的科技优势，这深深地震撼了我。”

艾森豪威尔政府对“旅伴一号”的发射并不感到惊奇，但发射时机却是出乎他们意料的。多年以来，美国和苏联相互竞争，看谁能够先把人造卫星发射到太空，即所谓的国际地球物理年，在国际上对天体物理现象展开科学研究。该活动的发起机构是国际科学联合会特别理事会，决定把 1957 年 7 月 1 日至 1958 年 10 月 31 日作为重点时期，因为据预测这段时期内太阳活动会大幅增加。当苏联塔斯通讯社宣告，“旅伴一号”从亚洲中部的哈萨克沙漠基地成功发射时，美国代号为先锋的研究项目的进展却落后于预定计划，并且面临着预算超支问题。

不久，恐慌的浪潮席卷了美国。民众普遍认为，苏联技术就像是一把激光枪，直接瞄准美国的心脏。很多人都担心苏联人会像H·G·韦尔斯（H. G. Wells）的新电影《世界大战》里的火星人一样惨无人道，只不过苏联的威胁并不是科幻小说，而是真切的事实。氢弹之父物理学家爱德华·特勒说美国这轮战败比珍珠港还严重。国会女议员克莱尔·布斯·卢斯把“旅伴一号”的发射称为“国际太空时代对美国生活方式的讥笑”。

甚至连沉着的《纽约时报》也在社论中发出警告：美国在“一场不仅是军备竞争或名誉竞争，同时更是生存竞争中”落败了。有些报纸指责艾森豪威尔政府无所事事，因为他们声明拒绝拨付必要的资金，以维持美国的科技优势。长年以来，民主党派都被指责说对共产主义和国防事业采取的政策过于软弱，“旅伴一号”的诞生让他们看到了实施政治报复的机会，他们立刻猛烈抨击明显不称职的总统，他们指责艾森豪威尔只想着打高尔夫球，而不去关注国家事务。密歇根州州长G·曼宁·威廉姆斯（G. Mennen Williams）属于民主党派，他就这件事写了一首打油诗：

噢，小小的旅伴高高飞翔，
发出莫斯科制造的嘟嘟声。
你告诉世界这是共产党的天空，
而山姆大叔却睡着了。

你在高尔夫球道和球场上说，
“克里姆林宫什么都知道。”
我们希望打高尔夫球的人足够清醒，
让我们都行动起来。

当众人把枪口对准艾森豪威尔政府时，林登·B·约翰逊离总统之位也就不远了。11月25日，他举行了一系列听证会，参议院陆海空三军委员会对“旅伴一号”代表的重大失败进行了调查。结论不出意料地指责共和党政府在财政上的保守态度，委员会认为政府疏于管理国家的空间资源。“事实很简单，从此以后我们再也不能认为苏联在技术上落后于我们了，”约翰逊的助手乔治·E·里迪（George E. Reedy）如是说，“苏联用了四年时间赶上我们的原子弹，用了九个月时间赶上了我们的氢弹。现在变成我们在努力赶上他们的人造卫星了。”

艾森豪威尔政府的最高科学代言人、麻省理工学院院长、总统的科技特别助理詹姆士·R·吉里安（James R. Killian）把“旅伴一号”事件称为“侮辱了我的民族自豪感”。几年前建立了一个针对减少苏联偷袭美国及其联盟的威胁提出建议措施的委员会，吉里安是该委员会的负责人。该委员会研究小组提议加速国家洲际弹道导弹项目的进展，推进雷达隐身高空喷气机的研发工作，这种喷气机可以探测苏联的军事能力——这就是日后的 U-2 飞机。艾森豪威尔批准了 U-2 研发项目，但是把本项目以及观测数据作为最高机密保存起来。然而这些飞在空中的“眼睛”也没起多大作用，压根没有探测出这个最近才觉察到的对美国权力的威胁。

在兰德，这个消息同样让人们大为惊慌，仿佛这个事件代表了一种理想的赏罚（善有善报恶有恶报，常以一种特别的公正或讥讽的方式）。早在 1946 年，兰德为空军开展的第一个项目结束时（长达 324 页的《实验性环球太空船的初步设计》），分析家们已经注意到：

> 如果美国突然发现，其他国家已经成功建造出人造卫星，任何人都可以想象得到那种惊愕和钦佩之情。掌握这项技术是实质性发展的可靠标志，因此领先在太空旅行领域中获得重大成功的国家，将会是世界公认的军事和科学技术领导者。

空军或任何政府机构都没有留意兰德的预言，也不曾理会兰德提出的使用火箭发射人造卫星、在轨道上建立太空站的建议。现在兰德的预测应验了。一直啧啧声不断的兰德分析家们，集体挽起了袖子，再一次而且肯定不是最后一次，投入到工作中去。

除了让人满意的正义感之外，兰德还因为独具远见而获得大量补偿。艾森豪威尔发起裁减预算，曾给以兰德沉重的一击——政府曾经从国防部与兰德的合同中将资金缩减了约 200 万美元，但是现在这笔资金即刻恢复了，1959 年至 1961 年的财政年度间，还另外增加了400万美元资金。“旅伴一号”成为兰德研究资金的龙头，学者们运用这些资金进行了许多研究，探讨“旅伴一号”发射的技术和政治后果。

从政治上来说，“旅伴一号”让艾森豪威尔总统进退两难。从1956年连任总统之后，他不得不加大对国防特别是核武器领域的开支。理由很简单：不管苏联是进攻军事目标还是平民区，这位前任将军对于在核战争中幸存下来的前景都极度悲观。“从理论上来说，我们将要把自己从灰烬中挖掘出来，重新开始。”他相信军队最重要的工作，就是在核战争之后维持国家秩序；多年以来，他都抵制在美国本土以外部署大量兵力，留作预备以防在他任职期间发生意外事件。

这种考虑导致了艾森豪威尔节俭成性，也是他提出“新面貌”国防政策的起因。“新面貌”政策从1953年执政初期开始生效，有意减少杜鲁门时期肆意挥霍的国防费用。“新面貌”促使艾森豪威尔启用核武器阻止苏联侵略世界任何地方。他的国家安全委员会162/2计划同样强调防御应采用长远规划方法，从而校正美国经济。最重要的是，艾森豪威尔下定决心，要避免为另一场朝鲜战争付出代价，因为朝鲜战争引发了国家经济衰退。但是在1954年，美国政府迫于无奈不得不干预越南战争，防止法国在奠边府中落败。艾森豪威尔提出了新的“新面貌”政策，强调灵活应对地区冲突。美国政府第一次批准在有限战争的地区冲突中使用战术核武器，也就是所谓的“灵活反应”。尽管离兰德的反击力概念只有一步之遥，而这个理念认为美国是可以赢得核战争的，但艾森豪威尔仍然强调美苏两国之间的裁军谈判才是摆脱核武器困境的办法。

艾森豪威尔为了平复外界对他的国防态度的批评，他起用了兰德主席H·罗恩·盖瑟（H. Rowan Gaither）领导的一个现存的委员会。安全资源研究小组，同时也被称为盖瑟委员会，是效仿艾伯特·沃尔斯泰特R-266研究项目建立起来的，旨在分析和研究国防问题。这个研究小组是将军事、工业和学术融为一体的完美典范，而艾森豪威尔反对国家往这个方向发展。研究小组的多数成员都与兰德有关联——最重要的是，他们都支持兰德理念，认为苏联这个敌手远比艾森豪威尔政府预想的要强大得多。

沃尔斯泰特、赫尔曼·卡恩和安德鲁·马歇尔都是这个精英团体的专业顾问。研究小组包括中央情报局的理查德·比斯尔（Richard Bissell）（古巴猪湾事件的挫败让他变得声名狼藉）、哥伦比亚广播公司主席弗兰克·斯坦顿（Frank Stanton）、麻省理工学院的詹姆士·R·吉里安、东京袭击的指挥将军兼壳牌（Shell）石油公司职员詹姆斯·哈罗德·杜利特尔（James H. Doolittle）、加利福尼亚大学辐射实验室的欧内斯特·O·劳伦斯（Ernest O. Lawrence）博士（该实验室位于伯克利，氢弹就是在这里诞生的）、大通曼哈顿银行（Chase Manhattan Bank）职员及日后的世界银行行长约翰·麦克洛依（John McCloy）、海军上将兼威斯丁豪斯电力公司（Westinghouse Electric）职员罗伯特·B·卡尔尼（Robert B. Carney）以及其他提供技术咨询的兰德学者。斯佩雷格电力（Sprague Electric）公司总裁罗伯特·斯佩雷格（Robert Sprague）是委员会主席。斯佩雷格电力公司生产和制造原子弹等武器系统的关键部件。

"旅伴一号"让盖瑟委员会大受刺激，他们对国防问题提出更为醒目的警告。尽管后来得知"旅伴一号"只是一个观测卫星，但是万一它是一种武器呢？更可怕的是，万一"旅伴一号"是苏联集中科技优势进攻美国之前的测试呢？美国能有什么防御措施呢？盖瑟委员会在报告中，敦促艾森豪威尔政府迅速采取措施，建立保护棚以便在核战争中保护平民。洛克菲勒基金会和麻省理工学院等机构都曾在之前的研究报告中提出过同样的建议。国家安全委员会对这个项目开出了 440 亿美元的价码——几乎相当于朝鲜战争高峰期整个国防部的预算。

盖瑟意外病倒，几个月之后死于癌症，这使得报告的基调变得更为尖锐。保罗·尼采被委任撰写最终草稿。他是世界末日论——NSC-68 备忘录的幕后主力，该备忘录预言 1954 年美苏两国会发生大规模冲突。现在，所预言的世界末日已经过去了三年，尼采在盖瑟委员会研究报告中同样呈现出杞人忧天的倾向。

《核时代的威慑与生存》曾经提出警告："从苏联自 1945 年以来的外交和军事政策中，我们找不到可以推翻以下结论的论据：苏联的目标是扩张主义，它费尽心机增强军事力量，已经超出了自我防御的需要。"报告声称苏联拥有至少可以制造 1500 颗核武器的物资，莫斯科已建造的洲际弹道导弹极有可能比美国的还多。如果苏联袭击美国，目前策划的防御项目不足以为平民提供保护，国家保护措施将"首先依赖于战略空军司令部的威慑力量"。委员会报告看起来像是借用了罗伯塔·沃尔斯泰特在珍珠港研究报告中的一页内容（可能是由沃尔斯泰特提供的），它宣称战略空军司令部在兰德分析家所谓的"意外事件"面前不堪一击。它提议改进国家雷达系统，为战略空军司令部广泛建设加固保护棚，增强航空侦察，建造一系列民防措施和保护所。

兰德之前的研究都曾提过以上许多措施，例如E·J·巴洛和詹姆士·笛比（James Digby）负责的防御系统分析。兰德分析家马歇尔是专门研究小组的成员，卡恩是小组顾问，兰德的工程师爱德华·P·奥利弗（Edward P. Oliver）是小组的正式技术顾问，最后兰德的创始人之一盖瑟是委员会主席，这些都不足为奇。同样，委员会（以及兰德）期望国家长期存在的明显漏洞可以迅速得到纠正，但是他们的希望投错了地方。

艾森豪威尔总统根据自己的个人经验，认为军事侵犯从来都不是什么“新奇”的事情，政治地位下降通常预示着侵袭，就像珍珠港事件一样。此外，艾森豪威尔从不相信“旅伴一号”会造成严重的军事威胁，所以他反对建设民用保护棚的提议。他曾写道即使3000或4000万人在核战争中活了下来，“也根本没有足够多的推土机，将尸体从公路上移开”。最后，他认为可以依赖飞越苏联领空的机密U-2的侦察结果（比斯尔负责监管这项工作）。艾森豪威尔从未直接否决先发制人的战争，他认为可以从侦察机处获得足够的警告信息，如果有必要，美国几乎可以摧毁整个苏联空军。此外，艾森豪威尔是一个直言不讳的堪萨斯州人，他厌恶虚伪，他感到盖瑟委员会向他灌输的正是虚伪的东西。

艾森豪威尔政府没有采用那些建议，而是试图掩盖这份机密报告。艾森豪威尔在会见盖瑟时（当时盖瑟的癌症处于缓和期），他同意在未来四年政府将开始增加国防支出，但是他拒绝在他的执政期内执行这项措施，完全无视参议员约翰逊委员会听证会的提议。

艾森豪威尔对这份报告进行了评论，认为在核战争中美国将有一半的人口可以存活下来，他指出盖瑟提议的措施起不了什么作用，因为“在现实世界中，没有防御只有反击”。总统相信战略空军司令部的防御能力比委员会想象的强大，因为海外基地总是可以为轰炸机提供庇护所，而自由世界的其他国家会乐于协助牵制苏联这个扩张主义者。

第二天，艾森豪威尔会见了委员会的50位科学家，感谢他们的辛勤工作。他告诉他们那是一项非常有意思的工作，然后又说：“你们提议对这个项目投入10亿美元，你们知道 10 亿美元是多少吗？啊，用十美元钞票堆起来就像华盛顿纪念碑那样高！”科学家们返回时，他们都清楚地知道总统的态度：如果他反对投入 10 亿美元，那么他们怎么能指望他批准报告申请的 440 亿美元？

一个月之后，也就是 1957 年 12 月，政府不重视盖瑟委员会的提议让他们深感挫败，委员会副主席兼奥林·马西森化学公司温彻斯特步枪和弹药分公司（Olin Mathieso Chemical Coporation of Winchester rifles and ammunition）总裁威廉·福斯特（William Foster）在他位于乔治敦的住宅里举行了盛大的宴会。参加宴会的人中有一些是国家政治和 20 世纪 50 年代媒体界最具影响力的大人物，其中有副总统理查德·尼克松、哥伦比亚广播公司总裁弗兰克·斯坦顿、劳伦斯·洛克菲勒、尼采、民意测验专家埃尔蒙·诺帕（Elmo Roper）、考尔斯报业的约翰·考尔斯（Jhon Cowles）（考尔斯报业是考尔斯改革委员会的赞助商）。

这场宴会可以看做是一种非正式政治掮客活动的模式，多年之后由此兴起了新保守主义和冷战潮流，在罗纳德·里根和乔治·H·W·布什总统任期期间发展到了顶峰。迄今，兰德战略专家及其同盟外交主战派击败了空军的制度性保守，在改组战略空军司令部上胜过了柯蒂斯·李梅将军。共和党政府高层否决了他们的国家安全议案，他们把枪口指向了大老党（GOP，美国共和党的别称），瞄准白宫的政权更替。

尼采希望可以通过这次宴会说服委员会的领导者，将研究报告的结论公之于世。斯佩雷格取代了生病的盖瑟，他正式表示拒绝出版。但是两天之后，也就是 12 月 11 日，《纽约时报》报道了这场宴会。不到两周之后，《华盛顿邮报》的声势胜过了其传统的竞争对手，在头版大肆渲染，用大字标题写到“大幅军事支出是生存的关键”。文章的主要段落告诫人们美国正经历一个可怕的过程，在逐渐沦为二等强国，宣称目前仍是最高机密文件的盖瑟研究报告描述了美国正处于史上最严重的危险期，直接面临着苏联导弹林立的威胁。

民主党派政治家立刻扑向盖瑟研究小组，要求查看机密报告，并谴责共和党派竟然把美国人的生命置于当前如此明显的危险之下。艾森豪威尔政府处境没有得到改善，作为回应苏联“旅伴一号”的先锋项目失败了。两个先锋火箭都发生故障，在发射几秒钟之后爆炸了。此时苏联已经继续把旅伴二号、三号和四号发射到太空了。在神经紧张的美国公众看来，苏联的火箭技术优势将会延伸到军备优势。

“导弹差距”论成为艾森豪威尔政府政治争论的焦点。公众认为政府只是袖手旁观，白白浪费了时间，而苏联却在军事上超过了美国，唱了一出以计取胜的好戏。公众越来越期盼出现新一届积极政府。强势的民主党派将站起来勇敢地抵抗苏联威胁，重拾美国在世界的霸权地位。1958 年，随着总统竞选日渐逼近，这个问题变成了一个竞选项目。马萨诸塞州参议员约翰·肯尼迪在演讲中反复说道，“我们要让我们的国家再次行动起来!”

艾森豪威尔深感挫败，下令调查导弹差距论的来源。他发现导弹差距论来自 20 世纪 50 年代中期空军情报机构关于轰炸机差距的错误预测。当时空军和中央情报局都提交了研究报告，但是在苏联现有的野牛轰炸机数量上，两份报告出现了差异。在两个机构之间由此爆发了一场争论，空军坚决辩护自己报告中较高的轰炸机数量，因为那意味着更高的预算、更多的飞机，也就是更强大的军力。最初，中央情报局局长艾伦·杜勒斯（Allen Dulles）也不愿认可其职员预测的数量，因为空军一直都是中央情报局的主要数据来源。随着“旅伴一号”的发射，杜勒斯可以把两份报告的数量差异解释为美国人判断错误，实际上苏联是悄悄地把制造能力从生产轰炸机转移到研发导弹，所以他们最终成功地把“旅伴一号”发射到轨道上了。鉴于赫鲁晓夫曾得意洋洋地宣布，将来人们只能在博物馆里看到由人工驾驶的轰炸机，苏联导弹将统治整个天空，这使得阴谋推断论越加煞有其事。于是，官僚政治的把戏把轰炸机差距变成了导弹差距*。

分析家原本预测苏联在 1962 年末将拥有 500 架轰炸机，如果苏联加速项目进展的话最早可以在 1961 年完成该指标。后来在 1957 年，这个预测报告发生了变化。中央情报局向总统提交《国家情报评估》，简要汇总了国外情报机构的各种发现，声明苏联将拥有 500 颗洲际弹道导弹。这番更正简直不起什么安慰作用，因为美国在 1960 年预计只有 24 颗洲际弹道导弹，1961 年预计有 65 颗洲际弹道导弹。

---

* 全民一致的混淆主要是由于缺乏可靠的人力情报，所以无从得知苏联的计划是什么。美国的间谍数量不够，没法去搜索事实依据，所以美国只能依靠照片、可视数据的科学推论和假设来揣测苏联的意图。正如导弹差距论的警示作用那样，以上这些推测往往都是错误无疑。

1958 年，空军根据 U-2 侦察机在空中拍摄的照片进行推断，得出（错误的）结论认为如果苏联决定发起先发制人的核战争，那么苏联所拥有的洲际弹道导弹，足以破坏几乎所有的战略空军司令部基地。但是情报界对于苏联的洲际弹道导弹数量的怀疑与日俱增。中央情报局分析家认为，如果苏联有那么多导弹，那么他们肯定要对这些导弹进行测试，但是经过导弹发射后对大气层的分析，结合秘密安装在土耳其探测苏联动向的雷达监测数据，以及侦察机拍摄的照片，苏联正在使用的洲际弹道导弹数量明显比空军预测的要少得多。海军和陆军的分析同样也证实了这一点，他们认为苏联使用中的导弹数量大约为 50 颗。1960 年的《国家情报评估》反映了这类冲突，中央情报局并没有在评估报告中，给出最终的苏联核导弹能力评估，而是列出了一大堆不同的预测数字。直到 1963 年或甚至更迟些时候，苏联的导弹数量也没有达到 500 颗。截至 1960 年，苏联只有 50 颗洲际弹道导弹，其中可能只有 35 颗是可以使用的。截至 1961 年，苏联的导弹数量在 175 颗至 270 颗之间，1962 年则在 325 颗至 400 颗之间，这些数字都包括了很宽的选择范围。

这些相互冲突的预测数据对国防政策产生了负面效果，此外还掺杂了另外两个因素：民主党参议员斯图亚特·西明顿（Stuart Symington）大肆宣扬关于假想导弹差距的外泄资料，要求改变中央情报局保密文件的配发规则。

1947 年当空军从陆军中独立出来的时候，西明顿是空军的第一任秘书长，他满怀成为总统的野心。他是陆海空三军委员会的高级成员，通过他以前的助理托马斯·兰费尔（Thomas Lanphier）上校来获取空军的研究数据。兰费尔上校是二战英雄，他受雇于阿特拉斯洲际弹道导弹制造商康维尔公司。西明顿提出与中央情报局局长杜勒斯进行私人会晤，讨论假想的导弹数量差距。杜勒斯把苏联导弹测试的实际数字交给西明顿。这些数据与空军的估计数据相差甚远，所以西明顿在第二次会晤时，坚持认为中央情报局出于一些政治原因，将错误的数据上报给政府。杜勒斯断定空军的估计数据，是依赖于中间媒介错误的观测数据而来，而不是基于洲际导弹试验点火观测，所以他拒绝承认这一点。

当西明顿公开批评政府时，政府发现自己处于困境中：如果不透露机密情报，它就无法反击西明顿的批评，所以政府只能微弱地辩解说政府有责任保守军事机密，而且政府知道自己正在做什么。这就像是赫鲁晓夫撰写民主党的政治竞选主张一样。

掺杂了官僚政治的失误，1958 年艾森豪威尔政府对发布官方评估的法规进行了修改：从此以后，兰德等军事合同商将不会再收到政府官方数据。这意味着兰德收到的最后一份官方评估数据，包含了空军提出的截至 1961 年苏联将会有 500 颗洲际弹道导弹的夸大数字。西明顿等批评家时刻盯着白宫，他们指责艾森豪威尔政府有意忽视苏联威胁。截至 1959 年，尽管出现了旅伴项目和导弹差距，对于臆测中日渐增长的苏联威胁，政府明显拒绝采取任何行动。兰德分析家开始走出他们惯常的政策圈子，用沃尔斯泰特的话来说就是阻止美国再次陷入“旅伴发射前的沉睡状态”。

混乱的形势激发了沃尔斯泰特的灵感，他写了一份详尽的警示资料，用来提醒那些可能会导致浩劫的盲目而固执的政治家们。文章标题叫《恐怖的微妙平衡》，1959 年发表在颇具影响力的《外交事务》上。这是一件具有历史意义的事情，可以与著名的莫斯科 X 备忘录相提并论。乔治·F·凯南大使在 X 备忘录中提出了遏制政策的构思。沃尔斯泰特的短评与当时的其他作品有所不同，他建议重新审视美苏关系，认为持续升级的核军备竞争，将会导致双方持有的武器足以毁灭世界上千次。

沃尔斯泰特在文章中谴责艾森豪威尔政府所谓的恐怖自动平衡信念，恐怖自动平衡意味着美国和苏联现有的核武器已经足够维护世界安全，因为任何一方使用核武器都无异于自断生路。沃尔斯泰特坚持认为这是一个错误而又极其危险的观点。

沃尔斯泰特把自己刻画成一个游侠，手持长矛瞄准权势。他想让世界都知道，他并不是与假想敌搏斗，敌手是一个凶猛的巨人，唯有击败了它，西方文明社会才能继续生存。他在文中的警告与基地研究的基本论点相互呼应：

> 我们可以肯定地预料在 20 世纪 60 年代，在鲜有预兆的情况下，苏联的进攻力量将大幅增长，而苏联发动基本突袭的能力也将有重大的提升。因此，战略威慑尽管可行，但是实行难度非常大，而且在重要关头我们可能没有能力阻止进攻。

对于那些相信热核战争将可以杜绝侵略者、终结战争的人，沃尔斯泰特用苏联在二战期间的例子提醒他们：

> 苏联在二战中的死亡人数超过 2000 万，但是苏联从这场大劫难中迅速恢复了过来。将来也会出现类似的情况，只要他们作出明智的战略抉择。苏联可能有信心控制伤亡人数远小于这个数字——而我们却没有。另一方面，在某些时刻不发动进攻，对苏联来说风险似乎非常大，比如边缘地区战争的惨败、损失关键的人造卫星，以及反抗政府活动蔓延的危险——有可能是反抗俄罗斯本身——或者担心我们的进攻。那么出其不意地抢先攻击将是苏联明智的选择，并且在他们看来这种做法的风险要小一些。

沃尔斯泰特在数量变化的基础上构建了他的观点。他并没有完全否决布罗迪的历史类推和比较法，或者是卡恩对核战争后生存的疯狂幻想。沃尔斯泰特提倡一种新式威慑策略，他在兰德构想出来的二次打击能力概念详尽地阐述了这种新策略——即在核战争中最重要的是在首轮袭击之后能够存活下来的能力，并保留足够军力实施反击。

> 在过去一两年中，人们逐渐意识到“首次攻击”和“二次打击”能力的重要区别，但是很少有人认识到这种区别与恐怖平衡理论之间的联系……这类假定意味着苏联领导者比较无能，或者往好处说就是乐于合作。把这类战略称为“西方首选的苏联策略”最合适不过了。将苏联的选择限制在这些策略之内，不管这个做法对我们来说多么充满吸引力，但在苏联任何理智的作战方案中，当局者都不太可能选择我们期待的策略。

沃尔斯泰特支持使用洲际弹道导弹，他认为同时推广中程弹道导弹是一项愚蠢的差事；中程弹道导弹只能起到宣传的作用，对增强西方联盟的安全性毫无作用。而且中程弹道导弹比较接近苏联，容易受到攻击，更不用说在按下发射按钮之前需要进行的种种协作了。（导弹不像人工驾驶的轰炸机那样可以执行失效安全策略，一旦发射过后就很难停下来，想要召回就更不可能了。）

沃尔斯泰特还提醒到苏联把中程弹道导弹看做是一种包围形式，是美国为首次进攻所作的准备——我们必须记得艾森豪威尔并没有排除这项计划。赫鲁晓夫的一个小故事证实了沃尔斯泰特的观测结论。赫鲁晓夫在他那座位于黑海克里米亚的度假别墅里向外眺望，问他的宾客们看到了什么。当他们回答说“什么也没看到”时，他答复说，“我看见了美国在土耳其的导弹瞄准了我的郊外别墅。”

沃尔斯泰特在文中提倡发展非核武器和现代技术，他认为核反击是没有必要的，预测 20 世纪 90 年代将会迎来军事变革：

> 在传统战争的背景下，攻击者需要多次突出重围，经历反复多次的损耗。我推测如果从这样的背景出发考虑现代地空导弹的影响意义，比如面临 1000 架核轰炸机，需要执行击落 99％核轰炸机的艰巨任务时，这些武器将比传统军备的效果显著得多。同样的道理，媒体中提到的反坦克线导导弹和以人为目标的破片杀伤武器的进步，这可以矫正东西方传统力量之间的平衡，因此我们仍有必要投入更多的资金去研究和开发这些武器。

沃尔斯泰特同时还指明了发展“星球大战”的方法。“星球大战计划”是 20 世纪 80 年代里根政府推崇的反导弹防御系统，接任的共和党政府继续推行这一计划：

> 如果我们拥有百无一失的防空系统，那么许多事情都会因此而改变。例如有限战争的能力将变得不重要了。即便是对次要威胁实施大规模报复也是可行的，因为这不会给我们带来危险。阻止进攻也会变得不是那么重要了。

沃尔斯泰特的天赋就在于整合数字论据，并且将它们融合在一个广阔而连贯的历史观念中。这个观念极端悲观，更确切地说是极度“现实”。他假定另一方的人们像兰德分析家那样思考问题；这是智囊机构的镜像问题，假设当一方在权衡风险和潜在利益时，他们会像你这方一样得出同样的理性结论。沃尔斯泰特认为苏联的领导阶层史无前例的丑陋而凶狠；在兰德和五角大楼的不测事件计划之外，没有任何一个国家曾经有意派出 2000 万人为可能的政治利益而战死沙场。*

需要考虑的一点是，不同于苏联的斯大林统治或德国的希特勒独裁，一个没有受到独裁者控制的社会，是否可以在这类冒险中牺牲数百万民众的生命。纯粹的量化分析遗漏了一个历史事实，即不管集体领导政府多么独裁——比如 1959 年赫鲁晓夫统治下的苏联——他们都根本无法冒这样的风险，因为领导阶层很快就分裂成相互敌对的派系。只有绝对的独裁者或国难当头才有可能冒险一试。

有人可能会想起集体领导下的日本却实施了沃尔斯泰特预想的突袭。这个争论是表面上看似有道理，但实际上却是似是而非的。日本并没有打算给予美国致命一击或者消灭整个美国人口（甚至也没有打算销毁夏威夷），只是想使美国太平洋舰队失去战斗力，因为日本政府错误地认为美国将无法及时进行反击，从而不能阻止日本侵占东南亚。裕仁天皇肯定没有预料到偷袭珍珠港将导致他的国家垮台。我们只能推测，如果东条战争内阁知道一旦发生进攻美国将会启用核武器，那么他们会选择什么样的作战方针。

沃尔斯泰特的观点是自我实现的预言：不管是诚意与否，他那悲观的世界观有助于创造一个随时作好最坏打算的世界。在接下来的四十年里，他从各方面都获益匪浅——授权著作和文章出版、政府专门小组职务、咨询工作和大学职位。或许像沃尔斯泰特这样的人需要具有适度的紧迫感，否则他们就会变成致命的盲目乐观者。如果政府高层的策划者没有作足准备应对一切不测事件，那么他们就是在推卸自身的责任。但是从另一方面来说（这件事需要的人手比湿婆神**的手还多），有些历史学家认为，如果不是因为沃尔斯泰特这样的世界末日预言家，双方各自的假定最终会质疑核战争是否将导致自我毁灭。沃尔斯泰特当然极力反对这个观点。在他看来，像他这样有学识的人适于预料最坏的可能性，一旦作足了应对准备，或许可以杜绝发生最坏的可能性。古罗马帝国奥古斯都大帝说："我们必须为战争作准

---

* 我十分感激丹尼尔·艾斯伯格提供的这个观测结论。

** 印度教的主神之一，作为世界的毁灭者和重建者而被崇拜，它以各种互补的形象出现。

备，这样我们才可能拥有和平。”这是一个古老的结论，沃尔斯泰特始终都担忧着战事的到来。

当时沃尔斯泰特劝告人们要为大灾难作准备，这很快就成为了新一代作战策划者和政治家的战斗口号。他们强烈渴望打破艾森豪威尔政府旧时的束缚，并且大出意料地获得了成功，把世界带到了核灾难的边缘。

3

兰德关于战争、威慑和西方阵营与共产主义阵营之间关系的理论，成为了肯尼迪政府公开奉行的学说，改变了美国人看待世界的方式。

1960年春天，年轻的工程师保罗·巴兰直接得知，兰德指派给他的新任务可能会有极其可怕的后果。如果他失败了，或者计算错误，美国有可能因此彻底失去未来。

兰德对肯尼迪政府产生的影响当中最具体和最有利的影响就是——改变了国家的整体核战争计划，也就是SIOP（Single Integrated Operation Plan）。

约翰逊总统不管付出什么代价，都想要赢得越南战争。国防部与兰德签订了合同，委托兰德研究越南敌对力量的作战动机和士气情况。

第 8 章　优美的舞蹈

肯尼迪的竞选活动极度需要艾伯特·沃尔斯泰特，肯尼迪深知兰德管理层与其战略分析家之间的内部政治矛盾愈演愈烈。弗兰克·科尔博姆总是维护空军和艾森豪威尔政府，但是聚集在沃尔斯泰特周围的专家同行——艾林·恩索文（Alain Enthoven）、佛瑞德·艾寇（Fred Ikle）、丹尼尔·艾斯伯格（Daniel Ellsberg）等才华横溢的经济学家、物理学家、数学家——渴望寻找一个新方向，一种不同的思考方式。所以当韦尔斯和史密斯的一个毕业生联系沃尔斯泰特时，他自己一点都不感到惊讶。

迪尔德丽·亨德森（Deirdre Henderson）那时才 25 岁，担任杰克·肯尼迪的助手。哈佛大学国防研究项目的主管亨利·基辛格（Henry Kissinger）把她推荐到这位参议员的办公室。尽管起初亨德森只是一名研究助理，但是她拥有国防和安全政策方面的知识，这使她很快就变成肯尼迪与专家教授小组之间的联络员，该小组的主要成员是一些年轻的知识分子，他们都认为国家需要一个新的开端。她还担任肯尼迪竞选与哈佛和波士顿地区一个叫做 Brain Trusts 的机构之间的联络员，她与阿奇博尔德·考克斯（Archibald Cox）教授以及西奥多·索伦森（Theodore Sorenson）紧密合作。前者是后来水门事件的联邦特别检举人，后者是肯尼迪的主要文书和顾问。亨德森的工作是收集信息、建议书和智力支持，此后不久就形成了“新边疆（New Frontier）”方针*。艾斯伯格离开兰德到哈佛完成哲学博士学位时，她会见了艾斯伯格，接着艾斯伯格又帮她联系上了沃尔斯泰特。

沃尔斯泰特已经注意到肯尼迪引用过很多他在《恐怖的微妙平衡》中提出的观点。肯尼迪把沃尔斯泰特的观点与约瑟夫·奥尔索普（Joseph Alsop）等专栏作家的关于世界末日的警告结合在一起，抓住假想的导弹差距对艾森豪威尔政府的国家安全政策及其不足之处施加压力。尽管沃尔斯泰特轻视导弹差距理论，因为他怀疑导弹差距压根儿不存在，但是他很高兴民主党采纳了他的理念。

一方面，沃尔斯泰特不怎么喜欢共和党的候选人理查德·尼克松副总统。他厌恶尼克松在参议院竞选时对海伦·加黑根·道格拉斯（Helen Gahagan Douglas）扣上赤色分子帽子的做法。此外，沃尔斯泰特和其他兰德同事一样感到挫败，普遍厌倦了共和党政府。这就是为什么当亨德森出现在沃尔斯泰特位于伍德斯托克路的住宅时，他对她的到来表示热烈欢迎。他们坐在楼下的书房里交谈，一个象征着幸运的日本红纸大鲤鱼悬挂在天花板上；她问沃尔斯泰特是否愿意为肯尼迪的竞选提供国家安全事务方面的咨询，他非常诚挚地回答说自己乐于效劳。

尽管亨德森总是将话题引回到导弹差距的事件上，沃尔斯泰特却尽量避开这个话题，集中关注对新一届政府来说真正关键的安全问题。他倒不是想要完全避免谈论导弹差距——毕竟当他听到好的政治观点时，他是持赞赏态度的——只是这些事情比政治攻击还要复杂得多。他答应招募兰德其他学者担任助手，特别考虑哈里·罗温、查尔斯·希奇和艾斯伯格等可以保守秘密的人。但是招募人员的工作需要谨慎进行。兰德依然是空军的附属机构，而科尔博姆是艾森豪威尔的忠诚支持者。另外，由于伯纳德·布罗迪的缘故，沃尔斯泰特与科尔博姆的关系已经陷入困境中。

对沃尔斯泰特来说，这场争论如此琐碎简直不值一提，但是布罗迪显然被激怒了，他几乎要求沃尔斯泰特向他道歉。这只是因为葡萄酒而已！当科尔博姆把沃尔斯泰特叫到他的办公室，谈论布罗迪提出的抱怨时，沃尔斯泰特感到迷惑不解。沃

---

* 美国总统肯尼迪 1960 年 7 月在洛杉矶接受民主党总统候选人提名演说中提出的政治口号，后被历史学家用来称呼其国内施政纲领。在接受提名演说中，肯尼迪说：“我们今天站在新边疆的边缘。这是 60 年代的边疆，充满吉凶难卜的机会和危险的边疆，充满希望而又遍布威胁的边疆。”——编注

尔斯泰特从来都没有与他的上司真正融洽相处过，他发现他的上司有时有些不可理喻。每当他面对科尔博姆时，仿佛为了出气似的，他会不自觉地变得傲慢起来。

科尔博姆让沃尔斯泰特看了布罗迪的信，布罗迪在信中抱怨来访的法国高官都忽视他的宴会邀请，他们却时常光顾沃尔斯泰特的晚会，因为沃尔斯泰特提供昂贵的葡萄酒和食物。布罗迪感到他被忽略在重要的关系和信息来源之外，沃尔斯泰特的宴会贬低了他的贡献。

起先沃尔斯泰特以为科尔博姆只是在开玩笑。毕竟沃尔斯泰特并没有让兰德为宴会的食物和葡萄酒买单，尽管兰德副总裁J·理查德·戈尔兹坦（J Richard Goldstein）告诉他那是合理的开销，他可以申请报销。沃尔斯泰特意识到科尔博姆的眼中透出严肃，他简单地回答，“弗兰克，我喜欢葡萄酒，而且碰巧许多法国人也喜欢葡萄酒，尤其是法国葡萄酒，我不认为那是他们来看我的原因。但如果真的是那样，那么我也没有办法。为什么你不给伯纳德买一些更好的葡萄酒呢?”

沃尔斯泰特感到没有必要回应布罗迪的敌意，他认为布罗迪是一个为公众写文章的理智之人，但是没有涉及兰德的中心事务。兰德的工作中心是政策建议，而布罗迪鲜少参与甚至是根本没有参与这些工作。但是沃尔斯泰特明显地意识到，从今往后，他必须采取一些行动转移布罗迪的愤怒，或者起码做到自保。也许新政府的挑战可以奏效，或者他可以把自己写作核战略书籍的机会交给布罗迪。那么布罗迪肯定要去欧洲作一些研究，这样他就暂时无法打扰沃尔斯泰特了。与此同时，沃尔斯泰特还有更重要的事情需要考虑——比如他女儿的派对。

那本来应该是一个简单的小型泳池派对，但是不知何故，在沃尔斯泰特家庭中，事情总是超出控制范围。琼想邀请好莱坞高地（Hollywood High）的朋友参加派对，有些是她学习西班牙语的同学。许多其他十四岁的孩子都没有自己的泳池，而琼当然可以邀请一些人过来做伴。在温暖的春日里，一个人孤单地游泳并不怎么有趣。

但是艾伯特想要炫耀琼在泳池边制作的镶嵌工艺，颜色交错的镶嵌玻璃纤维接近蒙德里安绘画风格，隐藏了泳池设备和换衣间。于是他邀请了几个自己的朋友，在热狗、薯片和碎肉夹饼的菜单上，添加了一些更适合成年人的食物，例如鲑鱼小点、陶罐食品、桑塞尔白葡萄酒。当然他们还要加上一些成人音乐，而琼不得不再次忍受艾伯特和罗伯塔在腾空的书房里共跳双步舞，以此拉开娱乐活动的序幕，就像他们年轻时在所属的舞蹈团里跳舞一样。

所幸的是，琼的父母亲在她的客人到达之前，跳完了他们奇特的舞步。一旦成年宾客手提麦芽威士忌、法国葡萄酒和俄罗斯伏特加到达宴会场所，父母就会任由她跟朋友一起玩。直到艾伯特手握酒杯，要为她的艺术天赋干杯，并且在她的作品上洒一些酒祭拜艺术灵感之神。这让人很难为情，但这正是她父亲一贯的行事作风，古怪而又可爱。

琼永远都不会忘记父亲从参观过的各处机密场所寄回来的信件，信中都配有奇妙的插图，仿佛路德威·白蒙（Ludwig Bemelmans）不再创作《玛德琳》（Madeline），变成了一位核战略专家。和父亲在一起，她总有意外之喜。尽管如此，那天父亲与她的一个同班同学理查德·佩里（Richard Perle）之间的交谈仍然让她感到惊讶。

理查德在这之前已经听说过她的爸爸，当艾伯特向她的朋友们作自我介绍时，理查德开始和他谈论关于核裁军的话题。艾伯特极其欣赏这个男孩的求知欲，他回到书房拿出一期《外交事务》，把一份《恐怖的微妙平衡》交给理查德，告诉他如果真的想要了解国家军事的弱点，那么他可以阅读这篇文章。后来艾伯特跟熟人说，这个男孩的提问比所谓的五角大楼专家所问过的问题都更有意义。

“那么，沃尔斯泰特先生，你认为肯尼迪怎么样？”理查德问。

沃尔斯泰特笑了笑，然后改变了话题。

第 9 章　神童规则

1961 年 1 月 17 日的夜晚，在将权力移交给民主党之前，艾森豪威尔总统发表了告别演说，他对军工复合体提出了警告。这次演讲具有鲜明的艾森豪威尔政府特征。

盖瑟研究报告的泄漏让艾森豪威尔深受其辱，加上所谓的导弹差距逐渐演变成总统竞选的决定性事项，艾森豪威尔发出美国自由将受到威胁的警告：

> 在政府议会中，我们必须提防捕风捉影带来的影响，不管是军工复合体有意为之还是无意之举。潜在的权力错位愈演愈烈，这一现象将继续存在下去……只有全体市民提高警惕、明辨是非，才可以用我们的和平方法及目标促使巨大的工业和军事国防机器结合起来，只有这样才能实现安全和自由两者兼得。

在他的倒数第二篇演讲草稿中，艾森豪威尔提及了军事—工业—议会联合体，但是据说他听从立法人员的建议删去了最后一部分。毕竟他们有可能是最后保证美国传统的人，传统的美国“没有军火工业，只要有时间和有需要，制造犁头的美国人也可以制造刀剑”。

但是正如艾森豪威尔在演讲末尾提到的那样，他将在三天之内把权力移交给继任者，而这个继任者约翰·菲茨杰拉德·肯尼迪从本质上来说是军工复合体的产物。事实上，肯尼迪在竞选中险胜尼克松，有人认为他能够赢得总统职位，归功于他的兰德顾问和导弹差距论。在整个竞选过程中，肯尼迪运用兰德研究者和精英提供的信息，喋喋不休地指责美国薄弱的国防体系，而尼克松拘泥于政府机密，根本无法直接质疑肯尼迪的主张。

1961年肯尼迪入主白宫，兰德也因此得以最终挣脱空军的束缚。民主党提倡激进的自由主义，公开表示要彻底摆脱共和党优柔寡断的怪圈。这个圈子以前一直在艾森豪威尔的操纵之下，而且兰德也受其支配。此外，肯尼迪深思熟虑起用知识精英，这为美国最年轻的总统增添了庄严性，这就等于是公开邀请圣塔莫尼卡的知识分子重回东部寻找发展机会。因此，查尔斯·希奇与新任的国防部长罗伯特·麦克纳马拉，他们的相见恨晚并不足为奇。

麦克纳马拉熟练掌握曲线图、图表和方程式知识，他的外表让人一看就感觉像是鹰派——戴着一副无框眼镜，身穿黑色套装，头发向后梳。来自兰德的希奇说话温和，在计算方面却又无比自信。这俩人简直是天生的搭档，他们都相信数字可以拯救世界。

此前顽固的军事体系一直受控于狭隘的政治利益，麦克纳马拉自信有能力改造这一状况。按照传统惯例，国会负责敲定国防支出费用，然后军队的各个部门相互斗争，争夺最大的一份。一旦国防支出分配到部门之后，各个部门基本上就可以自由支配拨款，可以把钱花在任何他们认为合适的项目上。经验丰富的五角大楼观察家如伯纳德·布罗迪似乎对此习以为常了，不过他们仍然迫切希望能够找出方法结束这种习惯。

这种老式的思考方式即将迅速退出舞台。麦克纳马拉收到了来自肯尼迪总统关于裁员的命令，要求他重组五角大楼，并且他上任时面临着整顿这个庞大机构的历史时期，目的是要使五角大楼变得更精简、更有效率。四十四岁的麦克纳马拉是福特汽车公司史上最年轻的总裁，在1960年总统大选之前的几个月，他刚被提拔到总裁的职位。他来自加利福尼亚北部地区，是一名自由主义知识分子、全国有色人种协会成员、美国公民自由协会会员。麦克纳马拉在底特律工作，但是住在密歇根安娜堡大学城附近。白天他花12个小时协助妻子举办知识精英沙龙，一忙就是好几天，最终整理出一本又大又厚的书，记录的都是关于最近政治事务的话题。

第二次世界大战不可避免地改变了麦克纳马拉的人生轨道，与他同时代的许多人都无一例外。他自愿参军，加入了陆军航空队的统计控制办公室，该部门是哈佛大学商学院小组的一部分，他在工作中应用了新的经营管理理论，提高了战斗效率。他拥有众多成就，其中包括协助柯蒂斯·李梅将军，使得第 21 队轰炸机部队在日本的飞行时间增加了 30%。

战后，麦克纳马拉以及其他九个低级军官组成了一个小组，为需要新技术的企业提供他们的专业管理技能。不久前，亨利·福特二世刚从他祖父手中继承了汽车巨人的控制权，他聘请了这个小组。麦克纳马拉及其专家团逐渐成为闻名的“神童”，因为他们毫不心慈手软地切分、裁减、修整摇摇欲坠的底特律巨人，把它带入现代时期，增加了利润，提高了效率，扩大了声望。麦克纳马拉甚至协助设计了福特的第一款紧凑型轿车“猎鹰”。他成为一名从不出现一点差错的管理者。

肯尼迪当选之后，自由主义经济学家约翰·肯尼思·加尔布雷思推荐麦克纳马拉参与五角大楼的高层工作。肯尼迪想要实行中央集权，实现军队现代化，他会见了这位极具效率的天才。在这位总统候选人位于乔治敦的家中，麦克纳马拉极不情愿地直接对肯尼迪说，“我不够资格”。

“又有谁是够资格的呢?”肯尼迪讽刺地回复道。

麦克纳马拉强调自己在战后没有再去关注军事事务，觉得自己并不清楚如何担任一位国防部部长。肯尼迪回答说世界上也没有总统学校，但是在见过艾森豪威尔总统之后，他知道自己可以胜任总统一职。最后，麦克纳马拉接受了肯尼迪的邀请，但有一个条件，那就是他可以不参与华盛顿无聊的经常性社交生活，并且肯尼迪要允许他自主选择职员。肯尼迪同意了他的要求，随后他就缩在索尔海姆酒店的一个套间里长达一个星期，翻阅数百张索引卡挑选自己的职员。

加尔布雷思再次插足，建议麦克纳马拉会见希奇。麦克纳马拉并不认识这位兰德分析家，但是在读过希奇与罗兰·N·麦基因合著的《核时代的国防经济学》一书之后，他完全入迷了。希奇在书中汇编了一系列兰德长期讨论的观点，从本质上来说是通过理性决策机制，倡导统计分析、价格比较及基于项目的管理控制，这与麦克纳马拉重整福特汽车公司所采用的方法不谋而合。换句话说，麦克纳马拉并不知道兰德的系统分析这个术语，更别说知道这门学科了，但他却在获知之前就已经在应用这种方法了。当麦克纳马拉向希奇提出职位邀请时，希奇起初也不愿意接受，但是麦克纳马拉使用同样的方法说服了他，即允诺他可以自主选择下属去执行他的理念。希奇被任命为助理国防部长、审计主管后，他立刻邀请前兰德分析家艾林·恩索文来担任副助理国防部长，领导新建立的系统分析办公室。

恩索文是一个严肃认真的天主教教徒，对国防学科投入了最大的热情。他是沃尔斯泰特的助手之一，在兰德针对战略空军司令部防御漏洞的 R-290 后续研究中，他与沃尔斯泰特通力合作。恩索文在 20 世纪 50 年代末加入兰德，不久之后，由于对兰德的管理感到失望，他离开了这个智囊团，投奔五角大楼。

> 我对整个管理风气失去了耐性，他们要求将最重要最复杂的主题恰好压缩在 45 分钟的简报之内……我最喜欢的关于兰德的讽刺漫画，描绘着赫尔曼·卡恩完成了两个小时的简要汇报之后，尽管简报中充满了重要的、激动人心的新观点，但管理层中一名主要成员却只说，“为什么你的裤子拉链没拉上？”而另一名成员则说，“你应该把简报缩减到半个小时。”

恩索文在五角大楼的研究和工程部工作了一年，然后加入希奇门下。他们把自己的任命完全看做是来重塑整个五角大楼的行事方式——这将是一场由兰德学说引领的革命。除了系统分析的创始人，还有谁更适合执行这项任务呢？

几天之内，希奇和恩索文邀请圣塔莫尼卡的许多学者加入他们的行列，特别是来协助他们确定国防部的预算，并且分析预算决策对后来五年产生的影响。尽管改革在将来有可能会损害到空军的利益（兰德的 90%研究项目经费依然来自空军的合同），但弗兰克·科尔博姆却支持这项计划。在马里兰州贝塞斯达的兰德办公室里，经济部的 14 位顾问以及 10 位借调到国防部办公室的新职员很快就投入了工作。

在希奇改写五角大楼预算的同一时期，沃尔斯泰特精英圈子里的另一名成员哈里·罗温加入了肯尼迪政府高层。罗温申请了一年休假，待在哈佛编写一本书。在这期间，他认识了保罗·尼采。肯尼迪任命尼采为国防部负责国际安全事务的助理国防部长，以此奖赏他在总统竞选期间领导国家安全小组相助之举。尼采发现罗温对国防事务持强硬的观点，这与他自己的想法如出一辙，于是他指派罗温担任欧洲地区的安全代表。

最奇怪的是，沃尔斯泰特从未接受过肯尼迪政府的任何官方职位，尽管他时常与兰德的战略专家保持联系，罗温更是经常向他征求意见。可悲的是，有一个兰德分析家特别乐于为“新边疆”方针效力，这个人就是布罗迪，但他却从未收到邀请。他等待着任命，但希望渺茫，于是他火冒三丈，把愤怒的枪口对准沃尔斯泰特，他认定正是沃尔斯泰特从中作梗，使得他无法进入这个神奇的圈子。

与此同时，许多其他兰德分析家在不同的时段“借调”到国防部，其中包括艾斯伯格。直到 1962 年，艾斯伯格继续担任尼采的接任者约翰·麦克诺顿的特别助理。艾斯伯格的政治转变路线与新保守主义者相反。正如布罗迪、卡恩、沃尔斯泰特等许多在兰德具有影响力的战略家一样，艾斯伯格长期以来都是一个犹太教徒——他的父母亲虔诚皈依基督教科学派（Christian Science，以信仰疗法为特色的基督教派）。艾斯伯格是一名才气过人、见解独到的哈佛经济学教授，他发表了几篇关于决策论的有深远影响的文章，深入分析如何在不确定的状态下作出决策；他曾经在海军是一名优秀的上尉，他非常享受这份职务，所以曾经一度打算成为一名专职军人。他自认是一名杜鲁门民主党人：在国内事务方面，他是一名社会自由主义者，对外却是一名强硬的反共产主义斗士。

艾斯伯格说起话来滔滔不绝，为人喜怒无常，喜欢盘根问底，同时还经常在谈话中偏离主题——他在 20 岁的时候就结婚了，在 25 岁之前已经有了两个孩子。1958 年，在沃尔斯泰特的举荐下，兰德聘请他担任经济学理论家，恩索文也差不多是在同一时期加入兰德。27 岁的艾斯伯格就像他后来的五角大楼同事一样，深信会爆发核战争，所以他拒绝参与兰德的退休金计划，认为它毫无未来可言。

艾斯伯格对兰德精神作出的贡献并非是默默无闻的。他被誉为才华横溢、不拘一格的思想家，当时有许多核战略专家围绕在沃尔斯泰特周围，而他也加入到他们的行列中。对他而言，沃尔斯泰特就是教父一样的人物。此外，艾斯伯格很快就与沃尔斯泰特基地研究的合作者罗温结成了朋友。艾斯伯格是兰德管理层的金牌职员，他们把智囊团未来的希望寄托在他身上。

在麦克纳马拉的授权下，兰德学者可以尽情接触五角大楼的所有权力部门，不再受科尔博姆或多疑的空军所约束。在艾森豪威尔时代的最后几个月，科尔博姆觉察到沃尔斯泰特及其支持者正在协助肯尼迪竞选总统，于是他重组了兰德的部门结构，设立了新的部门，把部门领导以往的招聘、解雇和预算权力转移到管理委员会，基本上就是把权力集中到他本人手中。此举削弱了沃尔斯泰特周围战略分析家们的羽翼，但是现在作为麦克纳马拉的使者，他们实际上已经凌驾在之前统领他们的空军人士之上。他们迫不及待行使自身的权力，以客观理性分析之名，把他们的意愿施加到五角大楼的运行中。

在肯尼迪的预算主管大卫·贝尔的协助下，希奇和恩索文大刀阔斧重整国防部，整个过程特别瞄准了空军。几个月之内，备受崇敬的李梅项目如新式B-58、B-70轰炸机及导弹系统都被一一丢弃了，这些改革举动都是出自一群留着平头、身穿普通西装、抽着烟斗的年轻知识分子之手。他们改造福特的壮举让他们赢得了“麦克纳马拉神童组”的美称。在这群兰德学者眼中，李梅和战略空军司令部简直就是迂腐的尼安得特尔人（旧石器时代广布于欧洲的猿人），不愿意适应新时代对灵活性、责任和节俭作风的要求。痛上加辱的是，兰德学者还支持海军的“北极星（Polaris）”潜水艇项目，提倡扩充陆军的常规部队力量。神童们知道空军普遍轻视他们，但是他们不在乎，他们甚至在前往莱文沃斯军事基地陆军总部的飞机上开玩笑说，如果李梅知道他们有这么多人聚集在同一个地方，那么他极有可能用炮弹把他们乘坐的飞机轰到九霄云外。

让空军受到伤害的不仅仅是预算的裁减，神童们的反叛作风也惹怒了空军高层。在一场激烈的核战争讨论中，恩索文大吼：“将军大人，我参与的核战争与你一样多。”当另一位空军将领来训导他时，恩索文直言不讳地说道：“将军，我认为你还没有弄明白。我来这里并不是为了听简报，我只是来告诉你我们的决定。”

神童组接管五角大楼让兰德从中赚取了大量利润。国防部部长办公室减少了许多让兰德有利可图的新合同，空军却迫于麦克纳马拉的压力，扩大了与兰德之间的重要合同合作。到了1961年夏，科尔博姆的管理委员会已经觉察到麦克纳马拉的兴趣所在，于是他们在机构各部门间征集新项目构思，提交到国防部部长办公室申请研究资金。这些构思涉及先前不受重视的领域，比如有限战争研究、武器控制研究和区域政治研究（特别是以非洲和拉丁美洲为焦点的政治研究——民防系统和冷战研究）。

尽管如此，空军依旧对兰德怀有深深的怨恨，这种怨恨延续了很长一段时间。

12年后，空军的伯纳德·施里弗仍然在抱怨麦克纳马拉的神童组：

> 他们到全国去赚取咨询费。他们走进我们的司令部，与司令部各个阶层的人交谈；走入各种公司和行业，与这些公司各个阶层的人交谈。很多时候我们甚至不知道他们在寻找什么。当他们完成报告时，我们却从未拿到一份报告，所以我们压根儿就不知道那到底是怎么一回事。

空军认为兰德成功打入五角大楼的行径无异于背信弃义。当时李梅是参谋长联席会议主席，眼见他一手栽培和呵护的机构竟然反过来与自己作对，他为此勃然大怒。他看不起麦克纳马拉和神童组，喜欢在空军里到处跟朋友说，“我问你，还有比赫鲁晓夫当上美国国防部长更糟糕的事情吗？”

作为对兰德之前无可置疑的职权的回击，空军领导层创建了自己的系统分析部门，以此来证明他们需要的武器的合理性。他们学习“成本效益”、“可信的预测”以及追根究底的“谋杀委员会”技巧等术语。这些都是臭名昭著的语言表达，兰德成员使用这样的语言方式争论方案，详尽无遗地论述观点和相互奚落。起初军队试图模仿兰德的方法学，却不得要领，计算出来的结果非常可笑。但是军官们最终学会了如何摆弄兰德的系统分析方法——如何歪曲前提，应用一套约束参数，将它们巧妙地结合起来，形成让人印象深刻的图表、运算和方程式，最终得出预先设定的结论。

兰德不再是为军队提供咨询的唯一智囊团，陆军也拥有自己的智囊团，海军亦不例外；空军甚至创建了一个与其联系更为紧密的航空航天公司。但是兰德的影响力和声望，让这些机构望尘莫及。因为持续时间长、涉及范围广的各种策划研究成就了兰德的声誉，但其他智囊团却甚少触及等同的研究项目。

只是在空军的授意下，发表在《生活》《瞭望》《星期六晚邮报》等一般出版物上的系列文章不留情面地批评兰德及其他智囊团。他们普遍推广“防御思维”概念，这些人相信“现代战争取决于常春藤大厅里的一盘棋”——也就是说，战争取决于兰德学者。批评家们指责他们是毫无责任心的研究员，他们不对任何人负责，而且把自身优越的意识形态强加给毫无戒备心的公众。智囊团变成了国会的调查目标，最后，国会决定缩减五角大楼智囊团的预算，其中包括兰德。

空军认为兰德接受非空军项目会分散兰德的精力和资源。于是空军部长尤金·扎科特试图对允许兰德参与的“外部”工作设置限制条件，数量要限制在总数的20％之内。神童组最终撤离兰德后，这个要求会将仍依赖于空军的兰德划分为不同的小组。如果兰德不肯照办，空军威胁要切断兰德的所有资金源。当时，即便是科尔博姆也对此表示反抗，他怒斥空军的总顾问马克斯·戈尔登，声称如果空军坚持设置这些限制条件，那么兰德情愿取消所有与空军缔结的合同，彻底关门大吉。在谈话过程中，科尔博姆非常生气，以至于三次要起身离开。最终，戈尔登意识到自己走到了绝壁，于是他告诉科尔博姆：“我们不同于兰德，我们担不起损害国家利益的责任。枪都抵在我头上了，我同意继续执行旧协议条款。”

空军反对变革的行动以失败告终。兰德分析家继续把五角大楼改造得更精简更有效率，此外兰德的系统分析和预算程序术语最终变成了整个政府的通用语。最重要的是，兰德关于战争、威慑和西方阵营与共产主义阵营之间关系的理论，成为了肯尼迪政府公开奉行的学说，改变了美国人看待世界的方式。

第10章　科学艺术

1960年春天，年轻的工程师保罗·巴兰直接得知，兰德指派给他的新任务可能会有极其可怕的后果。如果他失败了，或者计算错误，美国有可能因此彻底失去未来。那就是说，假如苏联对美国发起核突袭，所有通信系统都遭受闪电攻击，那么战略空军司令部如何展开反击？用艾伯特·沃尔斯泰特的话来说就是，如果战略空军司令部与仍然完好的导弹之间的联系中断，美国如何有效施展其二次打击能力？

巴兰原本是位于艾尔斯贡杜的休斯飞机公司负责“民兵”导弹设计的工程师，正是同类的研究课题使他得以提拔为圣塔莫尼卡海岸的兰德文职人员。他对新任务感到忧心忡忡。正如20世纪50年代末60年代初的许多兰德学者一样，他深信自己的运算极有可能决定文明社会的未来。正如沃尔斯泰特所言，如果苏联启用一小组轰炸机进行偷袭，可以想象得到这将会对美国的核武器库造成极大损害。不仅如此，核爆炸对电离层造成的影响将会破坏所有远程高频无线电通信。再假设苏联突袭毁坏了电话系统的中央转换节点，那么美国就失去了所有可以与空中导弹取得联络的指挥、操控和通信系统。

巴兰是波兰本土人，他在两岁的时候随父母移民到美国。历史的发展表明了世事难测，国防系统的优劣影响每个人的生活，这些对他产生了深刻的影响。巴兰应对导弹通信挑战的策略，最终为今日的因特网发展指明了方向。

长期以来所谓的神经网络研究激发了巴兰的灵感。神经网络就是指人脑里分散的思考模式。这个复杂的神经互联网络可以极其灵活地应对各种身体挑战。如果一个神经系统压力过大，另外一个神经系统就会自动支援。例如当神经系统无法通过正常的神经路径传输举手的命令时，大脑会自动变更传输路线，通过为此临时开辟出来的相似路径发送命令。

弗兰克·科尔博姆收集了大量全国的调幅收音机广播站的观察资料，这些资料启发巴兰设计出一个巧妙的计划，在全国运用调幅收音天线，当做可选神经中枢或者操控节点，与空中的洲际弹道导弹保持通信。如果发生紧急情况，战略空军司令部可以启用天线，向导弹发送命令，空军迅速采纳了巴兰的提议，建立起可以两用的天线网络，一个节点连接一个节点秘密传输进攻信号，而且收音机无法接听此类信号。

尽管巴兰对自己的研究成果甚是满意，但他还想继续作些改进，想要把只能发送“进攻、不进攻”简单命令的系统向高级推进。鉴于低效率的模拟电路会发出阵阵干扰噪音，他想出了一种把信息按数位进行编码的办法。

在20世纪60年代早期，许多人都不知道“数位”这个词的意思，更不用说在日常交谈中使用到这个词了。所有的收音机和电话信号都是模拟的，更确切地说就是通过连续变化的电流和电压传输数据，因此中央转换节点在电话系统中是不可或缺的。那时几乎全国各地的电话系统都属于AT&T垄断企业*（美国电话电报公司）。这些节点首先接收并放大信号，然后通过自己的路径把信号发送到终端接收器。问题就在于，接收器与发送器之间的距离越远，信息失真就越严重，干扰噪音也就越大。因为连续的节点不断地重复放大信号，正如经过多重拷贝而成的电影录影带，结果影像会变得模糊不清几乎无法辨识。（这可以解释为什么海外电话会产生让人们讨厌的类似回音的效果。）

相比之下，数位是二进制的，这意味着所有信息都是通过由正、负或1、0组成的有序数列发送出去，就像电脑所用的序列一样。因为距离产生的干扰噪音和信息失真对数据本身几乎没有影响，如此一来就实现了高质量传输数据。如果有需要，数位信号同样也可以改变传输路线，改走备用线路实现传输，避免了信息的放大和失真。巴兰的卓越成就不仅在于把信息数字化，还在于他把信息分割成“信息

---

* 碰巧的是，沃尔斯泰特的弟弟查尔斯购买小型的本地电话系统，并把它们连接起来发展成大型的地区性系统，他因此一跃成为千万富翁，最后还创建了国家级的大型企业——大陆电话公司。

包”。这些信息包是一系列分散的数据包，它们携带着接收器、起点、它们在网络停留的时间长度以及序列顺序等相关信息，信息包按照序列顺序重新组合成可以理解的完整信息。每一个信息包都包含自己的路径信息；就像 DNA 分子一样，每当出现传输错误时，每一个分子都可以正确地实现自我复制。信息包自动搜索最便捷的传输路径，在信息到达目的地之后，信息包会自动重新组合。

信息传递不再需要节点或转换站点，甚至也不再需要直接的电话线。假如华盛顿与威奇托导弹发射井之间的直接通信遭到破坏，信息包会自动搜索任何可用的电话线，从美国到澳大利亚到中国到夏威夷到加拿大再到威奇托，在几分之一秒内，信息包就可以获取电路信号继续传输。整个世界就像一个大脑，电话线就是中枢神经系统——神经网络。

巴兰试图说服 AT&T 公司，让他们相信他的构思具有可行性。但是 AT&T 电话公司告诉巴兰，即使他的数位系统是可行的，AT&T 也不会给自己制造最强大的竞争对手。全球性信息包转换系统的产物落到空军的手中，然后传到国防部，1966 年五角大楼高级研究计划署（ARPA）发明了 ARPA 计算机网，使科学家们可以更方便地使用数据库。具有讽刺意味的是，ARPA 计算机网采用了英国科学家唐纳德·戴维斯创造的结构。戴维斯独自开发出了自己所特有的网络版本。多年以后，ARPA 计算机网褪去了军事色彩，演变成我们今天的因特网。

巴兰败就败在时机不对，在世界为二进制时代作好准备之前，他已经研究出了数位系统。兰德不是第一次也不是最后一次发现自己走在科学创新的前沿，而这一切都是为了国家安全。

20 世纪 50 年代早期，约翰·威廉姆斯赶到东海岸，说服 IBM 为兰德设计一款计算机，帮助研究者进行空军项目所需的庞大运算。对兰德新创的系统分析而言，某个特定的运算会涉及无数变量，当时的计算器无法胜任这么庞大的运算任务。例如，爱德华·派斯森分到一项任务，要为进攻苏联设计出“最佳”轰炸机。他需要考虑飞机性能、预期损耗、目标覆盖范围、后勤保障、保护性战斗机等辅助需求，以及如何分阶段安排研究、采购和运作资金。这些变量之间的关系涉及庞大的运算。IBM 拒绝为兰德设计可以满足这些要求的计算机，所以兰德的工程师决定自己动手设计。

兰德学者效仿普林斯顿高等研究院的ILLIAC（伊利诺自动计算机）、SILLIAC（悉尼伊利诺自动计算机）、WEIZAC（魏茨曼自动计算机）、MANIAC（数学分析器数值积分器和计算机）等计算机，把他们的机器命名为JOHNNIAC（约翰·冯·诺伊曼积分器和自动计算机），同时也是为了向兰德顾问、数学家约翰·冯·诺伊曼致敬。著名的计算机奇才威利斯·威尔是JOHNNIAC硬件的设计者。自从JOHNNIAC诞生多年以来，全国大约只有10台计算机能够与它的计算效率相媲美。这款计算机具有许多创新性特征，其中包括穿孔卡片输入和输出装置；80个电子管都设计为易于进行维修的结构。在当时，初等计算机无法持续不断地运行几个小时；为了使它的机械运动部件保持低温和正常运转，兰德工程师设法让储存JOHNNIAC的地下室保持恒温55℉。研究者很快就因此而嘲笑这款计算机是肺炎病患者。多年以来，工程师们不断地改进JOHNNIAC，把它的存储管更换成首次商业制造的磁芯存储器，连接有140文字列那么宽的高速击打式打印机，安装了一个交换鼓用来支持多用户操作，实际上就是最早的联机分时系统。

JOHNNIAC在兰德还有另一个有重要意义的用途，就是为线性编程研发计算机软件。这需要进行一系列运算，为线性方程系统所影响的多变量函数算出最佳值。例如，假如一个士兵的食物要求如下——热量、蛋白质、维生素，在特定时间和地点条件限制下所能获得的食物中，在一定的食物支出预算情况下，你怎样才能够得出最佳结果？20世纪40年代末，兰德的乔治·丹齐格发明了“单纯形法（Simplex Method）”，通过这种方法可以寻找出最佳的结果。“单纯形法”外加JOHNNIAC的计算能力，让兰德研究者可以快速、有效地解决军事采购、生产流程、管理规划等问题。

但是JOHNNIAC依然不够先进，不足以协助科学家公式化兰德的最畅销书籍《百万乱数表》。这本书就如它本身含糊的书名，兰德工程师装配了一个奇特的转盘赌轮，该书正是对转盘选定的数字进行汇编。这种随机计算对兰德的概率研究具有极其重要的作用。事实上，一位核潜艇指挥官在规避演习中，随身携带了一本《百万乱数表》，用来绘制路线图。该书的标题非常古怪，据说纽约公共图书馆因此把它归档到心理学领域。1971年《百万乱数表》曾经三次印刷出版，在2001年再次出版以迎合我们这个焦虑的时代。

在红外线探测苏联火箭方面，兰德的计算能力具有不可估量的作用。对美国国家安全而言，兰德在公开的研究成果中有一项最负盛名的贡献（除了沃尔斯泰特的研究工作之外）：兰德物理学家布鲁诺·奥根斯坦研发了洲际弹道导弹作为战争武器。

1949 年威廉姆斯把奥根斯坦从普渡大学聘请过来，从事氢弹研究工作。奥根斯坦在兰德研究了苏联第一颗氢弹的爆炸效果，发现苏联科学家利用锂作为裂变材料。这使得苏联的炸弹比美国更轻巧，奥根斯坦于是想出一个办法，把几个较轻的氢弹装在导弹头部。在 20 世纪 50 年代早期，尽管洲际导弹在装载有普通原子弹的情况下，其精确度过低，几乎不足以执行军事任务。但是如果在弹头上装满了一连串致命的氢弹，其破坏力范围就会明显扩大，所以缺乏精准度的弱点也变得无关紧要了。

1954 年，奥根斯坦在一份建议书中提出了这项建议，这份文件被普遍认为是当时最重要的导弹文件之一。他还向以冯·诺伊曼为主席的国防部委员会作了简要汇报，当时冯·诺伊曼已经是兰德的顾问了。基于奥根斯坦提交的研究数据，加上冯·诺伊曼强力推荐，空军采纳并实行了奥根斯坦的建议。

紧随奥根斯坦的研究报告之后，国防部要求兰德对这个项目进行系统设计。科尔博姆意识到，这个任务将使兰德从智囊团转型为科学应用机构，所以他拒绝了这项工作。企业新贵拉莫－伍尔德里奇公司接手了这项工作。回想起来，这真是一项极其重大的决定，因为兰德拒绝了转型为工程和宇宙航空巨头的机会，例如拉莫－伍尔德里奇公司后来就发展成了天合公司（TRW）这样的巨头企业。对科尔博姆和兰德而言，精神生活让人如痴如醉，难以仅为了利益而将之舍弃。兰德本来可以通过自身利益与美元符号的双棱镜改写历史，对于兰德来说，这确实是一个偶然的选择。

在兰德机构内，奥根斯坦的成就把物理学部门对兰德充满活力的重要性推向了极致。这项工作本身具有高级机密性，而其潜在收益也是有限的，难以继续获得政府资助，这就迫使兰德发展其他可以带来新收入的领域。有一段时间，兰德把太空探索当做是解决方案。在智囊团最初诞生的时候，兰德对火箭技术的偏爱早就彰显无遗了，从它最初的项目《实验性环球太空船的初步设计》中就可以看出端倪，兰德充满幻想地提出了太空旅行的概念。但是直到十多年之后，随着苏联“旅伴一号”问世，兰德的科学家才获准充分发展太空构想。

1954 年 9 月，沃尔斯泰特的基地研究成果促使防卫动员局的科学顾问委员会开始为艾森豪威尔政府研究偷袭苏联的可能性。麻省理工学院校长詹姆士·凯尔安是该委员会的主席，他同时也是兰德首领科尔博姆的心腹之交。宝丽来胶片摄影公司总裁埃德温·兰德是他的得力助手。兰德衣着整洁，头发乌黑，他那双杏仁眼总是透露出一种忧郁感。被称为天才人物的他，同时也是一个爱炫耀的人。他发明了偏光膜和宝丽来即显胶片，从中获取了大量财富。他还密切参与政府资助的科学研究项目。凯尔安任命他为委员会的科技能力专家组组长，该专家组集中研究战略情报问题。凯尔安委员会的报告“应对偷袭威胁”绝大部分是由他负责起草的，这份报告警告艾森豪威尔政府：

> 我们必须想办法收集情报用于预测的基本事实依据，从而提供更为准确的战略警报，尽量减小遭遇攻击时的恐慌，降低高估低估苏联威胁所带来的危险。最后，我们推荐积极广泛地应用最先进的科学技术知识。

这份报告深深打动了艾森豪威尔总统，他批准进一步探索各种方法，去获取更多关于苏联威胁的情报。

早在 20 世纪 50 年代初期，兰德研究者在战略空军司令部指定的高级机密项目中，提出发射几百个无人驾驶的热气球去侦察苏联的情况。该提议是为了响应 1949 年美国海军代号为莫比迪克的研究成果，海军发射了许多观测气球，飞越苏联上空进行侦察。空军总是要与其姐妹机构一争高下，所以空军委托兰德为自己创制更大型的隐秘侦察气球。兰德的科学家创立了“地鼠”项目，从土耳其和西欧基地发射了 500 多个装满照相机的高空气球，希望气流可以把它们送到苏联境内。这个计划需要运用大量货运飞机——C-119“飞行车厢（Flying Boxcars）”，将飘在空中的装有珍贵侦察照相机的气球取回来。让人惊讶的是，这个方法竟然奏效了。事实上，“飞行车厢”带回了 40 个气球；所拍摄的照片覆盖了 200 万平方英里的苏联领土。

1952 年，苏联在自己境内发现了美国侦察照相机的残骸，于是多数“地鼠”项目作业都被喊停了。在无意间触发了潜在的全民狂热之后，20 世纪 50 年代普遍传言美国西南地区，尤其是在靠近内华达州空军基地的地方出现了不明飞行物（UFO），有些历史学家推测，这些传言所谓的不明飞行物不过是人们偶然观察到沙漠上的测试气球而已。不幸的是，这个方法从未得以证实，因为关于这些试验性飞行的许多详细资料依旧是机密文件。“地鼠”项目的终止促使艾森豪威尔政府下令对轰炸机进行改造，让轰炸机可以飞越苏联领空执行侦察任务；但是许多侦察轰炸机都在军事冲突中被击落了，这些事件几乎激发了国际危机。当凯尔安拿出研究报告时，空军决定采用另一种方针。这次的气球将飞得更高，飞行高度超过 7 万英尺，气球飘浮在太空的边缘。它们飘过苏联上空，停顿在日本或阿拉斯加州的某个地方进行维护。空军称之为 GENETRIX 计划。战略空军司令部的工作小组与兰德研究者一起，从西德、苏格兰、土耳其和挪威基地将气球发射到空中。

万一侦察气球再次被苏联俘获，为了避免听到任何可能来自苏联方面的控诉，艾森豪威尔政府编造了一个借口：发射气球是为了制作地球高空的急流图表，而这正是国际地球物理年勘测项目的一部分。与此同时，艾森豪威尔秘密批准了两个相似的计划：研发高空 U-2 侦察机以及让兰德设计核动力侦察卫星。

为了进一步掩饰这些动作，1955 年 7 月 21 日，在苏联第一总书记赫鲁晓夫同时出席的日内瓦首脑会议上，艾森豪威尔总统宣布了所谓的“开放领空原则（Open Skies Doctrine）”。艾森豪威尔声称超级大国之间“缺乏信任”以及“恐怖武器”的存在引起了人们对突袭的恐慌。他提议为对其他国家进行空中摄影提供便利，各国互相监督飞跃领空的侦察行为，以减轻人们对突袭的担忧。

但是在那天结束之前，赫鲁晓夫拒绝了艾森豪威尔的“开放领空原则”，认为这简直是入侵本国领空的行为。他在走廊的谈话中告诉艾森豪威尔总统，“我们完全无法接受这个提议，因为这是在没有裁军的情况下进行视察。”艾森豪威尔总统毫不气馁，回到美国后，他宣布了“小型无人驾驶绕地卫星”计划。实际上，艾森豪威尔陷害了赫鲁晓夫。赫鲁晓夫拒绝同意相互飞越领空，这无意间为美国建立“空间自由”原则提供了借口，这个概念意味着太空为全世界所有。空间自由变成了国际法规的一项基本原则，在 20 世纪 60 年代还被编入了国际条约中。

艾森豪威尔在日内瓦宣布“开放领空原则”时，他脑中想到的“小型无人驾驶绕地卫星”是兰德提议的核动力太空飞行器。该提议名为“反馈项目”，学者设计出无人驾驶的卫星，用它们去拍摄地球表面照片，通过电视摄像机传送侦察观测资料。卫星在离地球300英里的空中运行，传输图像的分辨率可以达到100英尺。

1954年3月1日，兰德正式提出“反馈项目”。几乎是同一时间，国防部的导弹研究小组通知空军，认为从技术层面上来说洲际弹道导弹具有可行性，并且六年之内就可以投入使用。1954年末，军方批准同时发展兰德的卫星和洲际弹道导弹计划。

空军指派兰德为洛克希德飞机设计一种核动力卫星，这就是WS 117L计划。这个计划犹如空中楼阁般不切实际，正是那些创新性特征让人怀疑其可行性。一方面，空军依然对应用核动力的提议持谨慎态度。“反馈项目”让空军回想起，兰德最近的核动力喷气机计划也是应用同一类能源。当时空军拒绝发展这种飞机，因为反应堆放射出来的核辐射量将会对飞行员造成致命的损害。至于核动力卫星，它还需要额外考虑到安装在卫星上的电视摄像机；当时的电视技术仍不成熟，无法保证它的精确性和保密性。事实证明照相机更精确更可靠。

1957年末，WS 117L计划错过了最终期限，在研究过程中遇到了技术难题。那一年“旅伴一号”的发射震惊了美国，凯尔安委员会想要尽快解决如何对苏联进行侦察的问题，所以他们力劝艾森豪威尔总统，取消兰德的核卫星。取而代之的是艾森豪威尔总统批准发展了一项新的隐秘系统，该系统融合了“反馈项目”和10年前采用过的气球计划。项目名为“科罗娜”，将卫星发送到之前的导弹轨道上；它是后来所有卫星侦察项目的鼻祖。*

“科罗娜计划”将洲际弹道导弹改造成空间运载火箭，把装有照相机的观测卫星发射到太空。但是卫星并没有如兰德所愿通过电视传输图片，而是在环绕地球飞行之后，最终像GENETRIX气球一样将落地面进行整修。总统令指定由中央情报局统领“科罗娜计划”，那时中央情报局已经成功运用U-2飞机侦察苏联长达两年

---

* 据说一个助手正在为取名而犯难，他偶然低头看到史密斯·科罗娜牌打字机，于是匆忙起名为“科罗娜计划”。

之久。高级研究计划署将负责执行中央情报局的命令，兰德科学家负责监督。

中央情报局的机密性、高级研究计划署的专业科技知识以及兰德的科学灵感三者堪称是完美的结合。只是存在一个问题：这个计划的卫星几乎无法成功飞行。从1958 年项目启动以来，前十二次科罗娜卫星飞行——从今天加利福尼亚州中部的范登堡空军基地起飞——均以失败告终。每次发射的时间间隔不足一个月，在进行另一次发射之前，计划工程师根本没有足够的时间去纠正问题。政府想要一劳永逸地弄清楚苏联的真实战斗能力。这让当时的艾森豪威尔政府承受着巨大的压力，导弹差距论变成了被屡屡争论的政治难题，甚至政府内部官员对苏联真实兵力的预测也是参差不齐。

1960 年 8 月 10 日，科罗娜卫星第十三次飞行首次取得成功。但是卫星没有携带胶片，只安装了诊断性仪器。科罗娜卫星第十四次飞行让这么多年的努力有了回报：它带回了 16 磅胶片，照片拍摄到的苏联领土范围超过了以前 U-2 计划收集的所有照片。在接下来的 12 年里，直到启用新一代卫星之前，美国关于苏联意图的主要情报都是由科罗娜卫星提供的，它可以像二战时期德国名为“迷”的密码机一样截获情报。

科罗娜卫星图片的分辨率最终改进到 6 英尺，使得美国几乎可以拍摄苏联的每一寸土地（同样也可以拍摄世界上绝大多数国家）。科罗娜卫星为分析家们打开了新局面，在这之前，分析家们只能依靠过时的地图和地面机构所提供的不可靠的二手情报进行分析。在科罗娜卫星的协助下，分析家们找到了苏联城市的具体位置，而以前他们只是听说过这些城市而已，他们观测到苏联在中国边境附近的反弹道导弹的分布及兵力部署情况，观察苏联的核工厂、街道和领土，甚至还可以得知在某一个收获年里，某一棵树上悬挂的水果数量。

在冷战的主要危机时期，科罗娜卫星为美国提供了精确的情报，政府清楚地知道苏联敌方的真实兵力情况。

科罗娜卫星照片还涉及以色列和阿拉伯国家之间的六日战争、苏联侵占捷克斯洛伐克，甚至还包括古拉格群岛*的遗址。正如总统约翰逊所言，“我们对这个空间项目投入了350亿—400亿美元，我们从卫星照片中收获了大量信息，即便项目没有其他的收获，单从情报收集这一点而言，整个项目的收益也是其成本的十倍。”

兰德参与的空间项目并不仅限于科罗娜卫星。兰德在成立国家航空航天局（又译：美国宇航局）的过程中起了决定性的作用，因为兰德学者发明了一种新的研发成本估算系统，为预算准备工作提供了极大的帮助。

20世纪50年代早期，空军指派兰德对最早的洲际弹道导弹系统、喷气式战斗机和喷气式轰炸机展开研究，那时在研究、开发、测试和评估相关的临时费用方面，还未形成一种快捷的估算方法。这成了一个难题，因为当时五角大楼面临着国防部预算缩减而新技术的成本增加的局面，迫切需要有效的成本管理措施。兰德分析家大卫·诺维克想出了解决之道。

成本分析部门设立于1950年，诺维克是该部门部长，他和手下的团队重新研究了成本分析的方法，兰德的研究成果在20世纪五六十年代的成本分析著作中占有显著地位。基于飞机长期生产成本的统计估算被称做“经验曲线”，兰德分析家研究出他们所谓的成本估算公式。这样一来，可以通过速度、航程、高度等因数的变量，详细地比较飞机成本，因此开发成本趋势一目了然。预测公式可以快速而精确地估算新系统的成本。最后兰德把这些方法推广到航空航天系统的所有阶段。对于当时处在策划阶段的大量火箭项目，沃纳·冯·布劳恩等火箭科学家几乎没有任何成本数据的历史记录，他们采用兰德的方法收集资料，估算火箭不同起飞重量时的成本以及恰当的预算。

1958年，众议院宇航太空探索专责委员会要求兰德提供空间系统的特征说明和使用指南。在那一年年底，艾森豪威尔总统创立了国家航空航天局，空军鼓励兰德“继续参与”太空事务，为这个新机构展开调查研究工作。兰德的管理者早已对空军的约束感到不满，希望寻找多种收入来源，于是迫不及待地接受了这项提议。

起初兰德约定的研究项目总是延误了很长时间才提交，所以兰德没能让国家航

---

* 苏联作家索尔仁尼琴一本书的名字，指苏联的监狱和劳改营，用来关押政治犯和不同政见者。——编注

空航天局的行政官员相信自己适于从事太空工作。直到 1960 年，当智囊团快速完成了关于通信卫星开发的政府政策问题的研讨时，兰德的工作成果才最终让国家航空航天局刮目相看。不同于以前的研究任务，兰德只用几个星期就完成了这项任务。这促使国家航空航天局将另一项短期研究任务指派给兰德，负责分析使用核动力火箭的可能性。兰德欣然完成了这个报告，但是国家航空航天局的官员们却不怎么高兴，因为兰德的结论基调让他们觉得不舒服，这让他们不愿再“出售他们的项目”给兰德。

兰德对报告进行了修订，并更改了报告基调，但这种迁就和迎合引起了许多兰德科学家的不满，他们感觉自己的客观性信誉受到了损害。为了避免特定任务的短期项目带来问题，兰德试图与国家航空航天局建立长期的合同关系，正如空军项目一样。但是他们的努力只是徒劳无功。直到肯尼迪总统遇刺身亡，并且在兰德顾问的指导下，美国发动了美国历史上最不得人心的战争之后，智囊团才最终如愿以偿摆脱空军，开始走向多样化。

第 11 章　苏联问题的最终解决方案

兰德对肯尼迪政府产生的影响当中最具体和最有利的影响就是——改变了国家的整体核战争计划，也就是 SIOP（Single Integrated Operation Plan）。

艾森豪威尔总统在他执政的最后一年，为了回应美国空军毫无计划的扩充核武器的行为，于是签署了 SIOP 命令。尽管 SIOP 将所有核武器的指挥权集中起来，其中核武器包括海军的“北极星”导弹以及海军舰队和陆军作战单元的其他核武器，但是 SIOP 战略与 20 世纪 50 年代的“撒手锏”战略相比，几乎是换汤不换药。SIOP-62 计划开始启动的第一年，苏联入侵西欧已经是迫在眉睫的事情，为了应对这种情况，美国计划使用 1459 颗核炸弹，相当于 21.64 亿吨黄色炸药的威力——即使苏联根本没有使用任何核武器。这些核炸弹将对准 654 处目标，其中涉及分布在苏联、中国和东欧的军事目标和普通城市。如果美国觉察到来自苏联的威胁，一旦政府决定执行先发制人的官方政策，那么美国全部的核武器将会倾巢而出。核武器的总数达到 3423 颗，相当于 78.47 亿吨黄色炸药的爆炸威力。据估计，2.85 亿苏联人和中国人将会在这场战争大屠杀中丧生，另外大约 4000 万人将遭受重伤。

除了战场上的大屠杀之外，参谋长联席会议预计，另外在东欧还有 1 亿多人难逃一死。在攻击目标周围的中立国，比如芬兰、奥地利、阿富汗等，仍然会有 1 亿人死亡。最后，北约国家还将有 1 亿人丧生。总计将有 6 亿人——不管是正义之人还是罪恶之徒，不管是旁观者还是懵懂无知者，他们都将因为美国应对威胁的既定措施而失去生命。不用说，这还没有考虑到大规模核爆炸对全球气候的影响。

1961 年 2 月 3 日，约翰·F·肯尼迪总统就职之后刚两个星期，战略空军司令部向麦克纳马拉汇报了 SIOP-62 计划。空军参谋长托马斯·怀特将军把计划报告推荐给麦克纳马拉、国防部副部长罗斯维尔·吉尔帕特里克以及国防部其他高级官员。战略空军司令部的官员希望通过展示一系列让人眼花缭乱的图表、数字和统计表打动麦克纳马拉，但是麦克纳马拉对他所看的报告却不怎么满意。他不仅能够快速领会任何报告的要点，同时还善于综合、分析资料，将当前资料与以前的分析报告作比较，于是他马上就可以指出该计划中存在大量的重复进攻，有些目标还被重复袭击 4 到 10 次；他还公开批评他们低估了苏联的人员伤亡和工业损失。

尤其让麦卡纳马拉感到惊骇的是，怀特将军在一旁略带幽默地说，“哦，部长先生，但愿你没有任何朋友和亲戚在阿尔巴尼亚，因为我们打算彻底摧毁这个国家。”换言之，阿尔巴尼亚人将会像东欧、苏联和中国的几亿居民一样被剥夺性命，而这仅仅因为他们碰巧生活在共产主义的领导之下。

麦克纳马拉在离开战略空军司令总部的时候，暗下决心要改变国家的核政策。他说服肯尼迪总统彻底放弃发动核战争的计划。政府需要提出其他方案，以防核恐慌带来可怕的不测后果。但是要提出什么样的方案？几个星期之后，他找到了答案。当时兰德分析家威廉·考夫曼向他作了关于反击力的重要报告，对于麦克纳马拉来说，反击力是一个全新的概念。

1961 年 2 月 10 日，艾林·恩索文和查尔斯·希奇为考夫曼安排了这场报告。考夫曼是伯纳德·布罗迪以前在普林斯顿大学的学生，也是艾伯特·沃尔斯泰特的同事。他详细阐明了布罗迪关于非城市攻击目标计划的独创概念。从本质上说，这个计划提议把核武器发射到已知的苏联军事目标，避开人群集中地。考夫曼还应用了沃尔斯泰特的二次打击能力概念，提出了一个精心策划的应对方案——美国可以逐步启动核反击力，逐渐增大进攻强度，在战争进一步升级之前，让苏联有机会要求停止战争。在过去几年里，考夫曼曾经多次向空军作过相同的报告，但是没什么效果。他准备了许多图表、表格和图形，本来预计报告将会需要四个小时，但是麦克纳马拉很快就领会了这些概念，于是考夫曼只用一个小时就讲完了。

麦克纳马拉采纳了考夫曼融合了反击力和二次打击能力的提案，认为这是一种使用美国核武器的新方法，使得总统可以灵活地应对苏联的行动。计划清单中列出了 96 个项目，这些项目被称为“96 支长号”和“76 支长号”，这是麦克纳马拉助理团队的混和理念。其中“96支长号”出自一首古老的轻歌剧歌词*，“76支长号”这个数字出自电影《欢乐音乐妙无穷》。麦克纳马拉让助理们准备“一份关于修改基本国家安全政策和假说的备忘录草案，其中要包括‘反击力’进攻的相关假说……”有了考夫曼作为顾问，他们的工作也为新的核政策奠定了基础。

麦克纳马拉把“96支长号”中的“一号项目”交付给保罗·尼采，尼采又将项目交给了哈利·罗温，罗温接着又把项目转给了丹尼尔·艾斯伯格。艾斯伯格是海军出身，他曾经深入学习过军队的作战计划。艾斯伯格抓住这个契机，打算把国家的核响应措施改造得更精确、更有效、更理性，因为在他看来，即便是面临苏联的侵略，当前的整体核策略依旧是荒唐可笑且血腥无比。

考尔夫的计划设想政府最高层官员——总统或国防部长——决定发动核战争是经过深思熟虑的。艾斯伯格对此有更深的理解。在20世纪50年代末期，兰德把艾斯伯格借调给太平洋总司令军队，参与研究核武器控制和管理的相关问题。那时他得知，尽管政府在所有公开场合都是宣称反对核战争，但是艾森豪威尔授权各个主要战场的指挥官，可以在某种境况下启动核攻击。例如与华盛顿的通信中断了（这种情况在过去常有发生），或者总统无法行使职责（当艾森豪威尔心脏病发作时，这种情况出现过两次）。不仅如此，有些拥有这项职权的四星级指挥官接着把启动核武器的权力下放给他们的下属，这就意味着启动核攻击的权力很分散，比设想中容易发生失误或滥用职权的现象。各地指挥官疯狂叫嚣核打击，许多科幻电影和恐怖小说都是以此为基础的，这种可怕的场景并不是遥远的事情，特别是在沃尔斯泰特提出失效安全概念之前（肯尼迪随后重新启动了这种授权模式，1964年约翰逊总统重申了这种模式）。

艾斯伯格在草案中再三强调，美国不会让苏联、中国和东欧的平民为他们政府的行为买账。因此，美国应对可能性战争的措施要尽量减少平民伤亡数量。该计划建议要抑制任意袭击人群集中地的行为，如果有必要，“美国需要保留余下的兵力，对这些目标施加威胁”。艾斯伯格还强调对美国军队来说，拥有一个持久不变的指挥控制中心有绝对的必要性，此外还要为战争反攻保留武器。现有的核战争计划往

---

* “我是麦克纳马拉团队中唯一的德国人”等。

往都忽略了这两点。

1961 年 5 月，SIOP-62 计划正式成为官方政策之前的一个月，麦克纳马拉把艾斯伯格的计划提交给参谋长联席会议，为 1963 年采纳新的行动方针奠定了基础。与此同时，艾斯伯格多次敦促政府负责国家安全的领导者，重新定位整体战争计划，避免美苏冲突陷入核战的泥潭。这些领导者包括国家安全委员会的麦乔治・邦迪、国务院的沃尔特・罗斯托以及吉尔帕特里克。1962 年初，艾斯伯格的努力出现了成效，麦克纳马拉在密歇根大学演讲时，公布了新的反击力政策。

这种应对危机的新措施很快就投入到测试中——实际上就是在几个星期之内。1961 年夏季，兰德所有关于反击力的理念与大规模报复的提议面临着现实生活中的考验，因为有一段时间内，美国政府曾认真考虑对苏联发动先发制人的核攻击。核攻击的首选目标是双方竞争最为激烈的城市——柏林。在共产主义压迫的海洋中，柏林是美国的势力岛屿。二战后，德国前首都被划分为共产主义东柏林和民主主义西柏林，这也反映了德国的分裂。东德的大量民众倒向西德，这一直都是东德当局多年来的心病。1958 年，有 200 万民众迁入西德，每个月还有接近一万人逃离东德——许多人都是通过柏林进入西德的。1948 年，斯大林下令封锁柏林城，迫使美国同盟撤退出去。但是经过美国同盟方面 300 天的大型空运之后，他的计划宣告破灭，苏联签署了协议允许民众自由出入柏林。在肯尼迪当选之前，苏联第一总书记赫鲁晓夫一直放出风声说，要再次限制柏林的军队移动和供给，而借口则是与东德签署最终的和平条约和让东德共产主义政权负责出入柏林的交通管制，这让西方控制的西德透不过气来。

1961 年 6 月，赫鲁晓夫在维也纳与肯尼迪总统会面，他再次重申了这项威胁。当时，猪湾事件破败之后，肯尼迪仍然试图在政治上寻找立足点。1961 年 4 月的入侵事件最初是艾森豪威尔授权的中央情报局的秘密活动，其目标是利用 1200 名经过美国训练的古巴流犯推翻菲德尔・卡斯特罗的共产主义政权。流犯侵略者面临着强大的古巴军队，而肯尼迪总统拒绝为他们提供必要的军事支持，他们的行动最后也以失败告终。卡斯特罗与美国的交手首次大获全胜，这也给肯尼迪政府以极大的打击。

雪上加霜的是肯尼迪年纪尚轻，缺乏处理国际事务的经验，赫鲁晓夫那潜伏在体内的克里米亚半岛农民的本性相信美国总统自顾不暇。赫鲁晓夫继续斥责肯尼迪，并且威胁说如果美国和其盟友在12月还未撤离西柏林，苏联将会发动战争。肯尼迪挑衅地回答说，“那么，主席先生，那场战争将会是个异常寒冷的冬天。”

赫鲁晓夫吹嘘苏联拥有大规模核武器，但是肯尼迪对此却不甚在意。在肯尼迪总统就职后几个星期，中央情报局将U-2秘密侦察机的观测结论告知麦克纳马拉：所谓的苏联占优势地位的导弹差距纯属无中生有。麦克纳马拉在他的首次新闻发布会上，脱口而出说如果真的存在差距，事实上美国是占优势的一方。这番话立刻引发了丑闻。《纽约时报》在首页报道了这件事，全国的报纸社论都在批判新政府欺骗大众的行为，在国会内部，有人要求麦克纳马拉辞职和重新举行总统选举。麦克纳马拉提出辞职，但是肯尼迪拒绝了他的请求，并告诉他，“我们都有讲话不得体的时候。忘掉它，事情很快就会过去的。”

但是，当肯尼迪政府得知苏联自吹的核优势不过是波坦金村庄*时，他们也不悦地意识到苏联在东德的战斗力优势却是名副其实的。苏联派出几个师包围了柏林，驻守在西德的美国军队的弹药和供应品只够应付18天的常规战斗。如果苏联决定封锁西柏林，参谋长联席会议的计划是，美国派出几个旅从西德沿着高速公路冲破苏联封锁。如果苏联或者华约联盟国进行反抗，美国的下一步就是采取SIOP-62彻底核打击计划。

在华盛顿，肯尼迪接受了杜鲁门的国务卿迪安·艾奇逊的谏言［肯尼迪指派专业外交官兼洛克菲勒基金会主席迪安·鲁斯克主持雾谷（Foggy Bottom，美国国务院等政府机构所在地）］。在艾奇逊看来，柏林危机不过就是苏联测试美国意志的借口。如果肯尼迪在柏林问题上作出让步，苏联会认为他们可以毫无忌惮地在其他地方侵犯美国的利益。世人会认为美国没有能力或生怕使用核武器而不愿意承担起对其他国家的责任。艾奇逊建议肯尼迪下令大规模扩充常规兵力，向苏联暗示美国不会轻易听从苏联的摆布——尽管艾奇逊悲哀地意识到这种举动可能会引发核战争。国务卿鲁斯克陪伴肯尼迪去维也纳，他支持艾奇逊的提议，并着手准备当年夏

* 从前俄国女皇凯萨琳二世的宠臣波坦金（Potemkin）为了讨好女皇，在她巡视领土时，用画布和纸板在沙漠中搭建出一座表面上华丽的村庄，因此波坦金村庄有“虚饰”之意。——编注

天与欧洲外交部长和北约常设理事会的会晤。

1961 年 7 月 25 日，肯尼迪接受了艾奇逊的建议，请求国会在政府预算案上增加 33 亿美元，其中有一半资金指定用于扩充常规兵力。肯尼迪还把军队人数从 87.5 万增加到 100 万，并且制定了一些其他措施提升美国的备战能力。为了避免柏林对峙演变成美国尚未准备好的核战争，罗温下令起草不测事件备忘录，详尽阐述考夫曼的反击力提案及艾斯伯格 SIOP-63 非城市目标的建议。

这个备忘录由国家安全顾问卡尔·凯森执笔。该备忘录对彻底摧毁苏联核武器的可能性表现出惊喜的态度。通过分析侦察卫星带回来的照片，科学家们发现以往让人担忧的苏联导弹能力远小于人们的设想。国家安全委员会推断，苏联实际上只拥有四颗陆基操作的洲际弹道导弹可以对美国实施攻击。如果美国对苏联的核装备发动先发制人的攻击，那么将可以永久性地摧毁苏联陆基核导弹的威胁，几百万苏联民众也将因此丧生。* 不过备忘录还指出，如果苏联的轰炸机和水下导弹在美国的初次打击中幸免于难，并且采取反击行动，美国可能会出现 200 万至 1500 万的人员丧生。

这份备忘录在政府机构中掀起了热潮。当罗温的助理把备忘录提交给肯尼迪的主要演讲撰稿人兼首席白宫法律顾问特德·索林森时，索林森冲着这个助理大喊，“你疯了！我们不应该把你这样的人放进来。”国家安全委员会的一个左派编辑马库斯·拉斯金建立了政策研究院，后来他还以强烈反对越南战争而闻名，当时他问，“与德国纳粹时期那些测量煤气炉的人或者为死亡火车修建轨道的工程师相比，我们这样做好到哪里去呢？”

甚至连保罗·尼采也否决了这项提议。他反问说，如果美国没能摧毁苏联的所有武器，那该如何是好？如果苏联剩下的武器都瞄准了华盛顿或纽约，那又该怎么办？即使失去这些城市，抹去它们对文明社会的意义，美国也在所不惜吗？此外，研究发现根本不能确定苏联所有中、短程导弹的具体位置，在某个地方可能会有上

* 在接下来的几十年里，苏联领导者竭力建立起与美国势均力敌的核武器体系，避免美国发动先发制人的战争。近年来的研究发现，苏联解体之后，美国再次登上核武器的霸权地位。如果美国决定发动先发制人的战争，首轮攻击就可以摧毁俄罗斯和中国的核军备。参见《外交事务》中的一篇文章《美国核霸权的崛起》（2006 年 3 月、4 月）。

百颗导弹，这些导弹将会像雨点般落在我们盟国的领土上。欧洲阵亡人数可能会达到几千万。不，这个计划根本不可行。另外，苏联已经采用自己独有的方式去控制危机：1961 年 8 月，他们建造了柏林围墙，有效地阻止了导致问题的大规模逃亡潮。

危机逐渐解除了，这很大程度上归功于肯尼迪那强硬而灵活的态度。这次事件对他日后与赫鲁晓夫进行谈判起了很大的作用。10 月份的时候，赫鲁晓夫直接与肯尼迪通话，寻求折中方案，他放弃了之前设定的柏林最终期限。为了增强谈判的必要性，1962 年 10 月底，吉尔帕特里克发表演讲，暗示美国对苏联有限的导弹能力了如指掌。他发出警告，任何敌对的行为一旦导致美国启动核报复袭击，那么苏联的死期也就不远了。

美国坚决的态度威吓到了赫鲁晓夫，他允许通向西柏林的军队和供应活动恢复正常。不过，柏林危机期间正是兰德的反击力理论实现实际应用的最佳时刻。即使在下一年的古巴导弹危机时期，当肯尼迪政府发现苏联的 SS-4 和 SS-5 中程核导弹直接瞄准美国大陆，政府也没有考虑过对苏联发动先发制人的核打击。不过那时确实有传言，认为美国打算入侵古巴岛，预先对古巴核导弹基地发动空袭，使苏联的核导弹陷入瘫痪。但是即使在那个时候，在肯尼迪的核心决策层中，也没有任何人曾认真考虑过凯森备忘录设想的全面摧毁苏联核军备计划。取而代之的是，肯尼迪采取禁运措施，防止苏联进一步把武器输送到古巴岛。肯尼迪与赫鲁晓夫双方僵持不下，后来肯尼迪承诺美国不会侵占古巴，苏联撤回古巴的导弹，作为交换条件，美国也从土耳其撤回一些过时的北约导弹，这样赫鲁晓夫才能在共产党政治局中保留一些脸面。兰德推测了众多的模拟战争，美国政府中没有谁那么有胆量、那么狂热或想要自取灭亡去怂恿军队扣下核扳机。

然而，越南战争却完全是另外一种疯狂的行为。

第 12 章　压不倒的力量

有一个被俘的游击队员呈现出无比坚定的意志。他告诉负责审讯的兰德学者，说能为越共付出生命是他的骄傲，而且如果再给他一次机会，他仍旧不改初衷。越共是一个自由的共产主义势力联盟，在当时控制了越南南部绝大部分的乡村地区。这个战俘身材矮小而瘦弱，且一直都那么客气有礼，他坦言没有为任何一次革命行动感到后悔。他在南越（South Vietnam）军队手中饱受拳脚之苦，脸上布满淤伤，鼻子几乎被打碎了，但是这个战俘不吭一声，对西贡政府充满了蔑视。

1965 年，安东尼·鲁索及其他兰德研究者在南越多次听到这个战俘的故事。约翰逊总统本来就为美国外交政策停滞不前而烦恼，越南的共产主义叛乱更是让他心神不宁。不管付出什么代价，他都想要赢得这场战争。国防部与兰德签订了合同，委托兰德研究美国所支持政权的敌对力量的动机和士气情况。于是，自 1964 年年末以来，鲁索和他的兰德同事们在南越南部艰苦跋涉。在西贡大学学者和翻译的陪同下，他们在几个月内记录了许多采访游击队员的过程。尽管从一开始，因为担心会导致严刑拷打，战俘们都保持沉默不语，但是当他们得知鲁索只对他们的信仰感兴趣时，他们就终于开口了。越共一直自称是领导民族解放战争的爱国者。

越共宣称民族解放战斗从越法战争开始，战斗还会持续下去，直到所有美国军队都撤出越南，直到如北越南领导者胡志明所愿，南北越南重新实现统一。越共不是只为了一小块土地而战，他们想要为他们的孩子争取更好的教育、更多的经济发展机会、实现社会平等和正义。他们为了从外来帝国主义者及其傀儡——腐败的西贡政府官员手中夺回自由而战斗。此外，不管有多少越共成员会因此而牺牲，那都不重要，如果有人倒下了，就会有千千万万的人站起来。即使战斗延续一百年，越共也永不弃甲投降。

分析家们向战俘道过谢之后，走出审问室去抽烟休息一下。西贡的交通嘈杂声闯入建在巴斯德路的旧式法国殖民办公楼中，这个办公楼后来变成了兰德的指挥部。院子中巨大的芭蕉树周围烟气缭绕，鲁索思考着刚才的经历，然后转身对助手说："在告诉我们关于越南战争的情况时，我们的政府错了，彻头彻尾地错了。"

伸张正义并不是兰德在西贡的合同任务。质问国家政策的道德性同样也不是他们的使命。他们的任务就是分析和执行肯尼迪的继任者林德·贝恩斯·约翰逊总统的越南政策。政府聘请兰德学者研究叛乱的性质，寻找越共反抗活动背后的动机，从而可以采取措施迫使他们采取中立的态度。这种反叛乱的研究工作为兰德带来了大量收入。当时，兰德的总收入中大约有 1/4 来自国防部以及国家航空航天局委托的调查研究合同。兰德的 70%收入仍旧是来自空军，不过资金金额每年都在减少。在不断增长的新订单中，得以茁壮成长的兰德部门是长期以来备受忽略的社会科学部。那时关注的焦点从经济学部门转向社会科学部门，正如关注的焦点从物理学部门转向经济学部门，以及从数学部门转向物理学部门一样。这是一个自然的发展过程，远离了最初作为兰德存在理由的工作。*

从 1959 年开始，五角大楼委托兰德研究如何处理一系列左派叛乱的课题，于是兰德掀起了研究第三世界国家的热潮。古巴、危地马拉、委内瑞拉、哥伦比亚、刚果、老挝——那时在受美国保护的国家内，强烈的反美起义此起彼伏，仿佛没有尽头。多年以来，国防部一直都只集中关注美苏在中欧的全面战争，因此政府需要寻找一种新模式，协助官员处理这些新近兴起的安全威胁。起先，兰德乐于看到研究方向的改变，举办了一次专家会议，讨论应对叛乱问题的可能性方案。兰德得出结论，对处于危险中的国家，实行军事管制是击败造反者的一个办法。因为在军队的协助下，这些国家可以快速实现现代化，传输工业和世俗价值观，而这或许正是穷人们心底的迫切愿望。"军事现代化"和默许军事政变在五角大楼内部蔚然成风。美国分析家称赞第三世界的军人阶层成为整个进程的推动者，从而把他们的国家带

---

* 当然，也可以这么看，从本质上来说，在造就兰德声望方面，这些部门所起的作用没什么差别。因为理性选择的数学方法强调博弈论和集合论，这意味着社会科学是经济学部门潜在的附属品。

入 20 世纪。另外，可以肯定的是，军人阶层还将坚定支持美国的利益和价值观，以此换得美国的慷慨相助。这些原则较好地体现在 1965 年南越军队支持的政府中。

兰德转向第三世界研究同样也是反击力理论的必然结果。威廉·考夫曼意识到大规模核报复战略是完全不可行的，苏联和中国对外围自由世界步步入侵，美国有可能会因此被"蚕食"而亡。对李梅的"撒手锏"战略持批评态度的人，例如陆军将军麦克斯韦·泰勒，都表示支持反击力理论。泰勒说，为了确保可靠性，美国需要提出应对进攻的"灵活反应战略"，因为假设面对中国入侵缅甸北部边境等，美国不太可能为此启动大规模核攻击。

苏联第一总书记赫鲁晓夫在 1961 年 1 月发表的演讲引起了肯尼迪总统的关注，有限应对理论与他的考虑不谋而合。赫鲁晓夫在那篇演讲中声称，尽管他的国家渴望与美国"和平共处"，但是共产主义时刻准备与资本主义在全世界展开争夺民心的竞争。赫鲁晓夫把他所谓的"民族解放战争"当做竞技场，两种相互竞争的体系在这里短兵相接。他还宣称，对于那些愿意选择社会主义道路的国家，苏联一直都准备着"全心全意、毫无保留地"提供协助。几天之后，肯尼迪在他著名的就职演说中对此作出回应，发誓"为了确保自由的存在和胜利，美国愿意付出任何代价，承受任何重担，应付任何困难，支持任何朋友，反抗任何敌人"。

肯尼迪把赫鲁晓夫的演讲内容分发给他的政府高级官员，并且时常提及它直到他遇刺身亡。古巴信奉共产主义，在欧洲以前的殖民地上，比如老挝和比属刚果，东方势力和西方势力针锋相对想要占据主导地位，而社会主义革命突然大范围扩展，这些都对肯尼迪造成了极大的思想压力。他深信随着西欧真正实现势力平衡，第三世界国家将是冷战的下一个战场。

艾伯特·沃尔斯泰特也是持同样的观点。沃尔斯泰特在自己的门生哈里·罗温的协助下对政府政策产生了相当大的影响。罗温受聘管理国防部国际安全事务办公室。当时对肯尼迪来说，日益增长的第三世界冲突是其当务之急，沃尔斯泰特及兰德通过罗温充分利用了这一点。兰德副总裁 J·理查德·戈尔兹坦指出，"我们自认为具有或至少应该具备一种独特的综合方法，这是应对这个明显的跨学科问题所必不可少的。"

因此，兰德展开了一系列研究，研究课题涉及有限战争、镇压叛乱行动，以及北约政策相关事项、后勤问题和保障体系。兰德还对几个历史事件进行了分析，例如二战后英国军队在马来群岛取得反游击战的胜利、金门岛事件等。艾伯特和罗伯塔·沃尔斯泰特写了两篇颇具洞察力的古巴评论《古巴危机启示录》和《关于后共产主义古巴的研究》，这两篇文章都源于艾伯特给肯尼迪政府的关于与菲德尔·卡斯特罗打交道的建议（不出所料的是，沃尔斯泰特的结论是卡斯特罗是个不可靠的人。换句话说，他这个人不符合常理，为人诡计多端，不值得美国信任。沃尔斯泰特建议继续对古巴岛实施禁运，并且如果出现反卡斯特罗运动，美国要作好准备提供支持，但也不用时刻期盼着能出现这样的运动）。

罗伯特·麦克纳马拉办公室让鲁索参与越共的士气和动机的研究，调查越南共产主义游击队坚持战斗背后的驱动力。人类学家约翰·C·唐尼尔和政治学教授约瑟夫·J·扎斯罗夫两个顾问负责统领这项研究。1965 年，当唐尼尔和扎斯罗夫把初步研究报告提交给罗温及新任上司约翰·麦克诺顿时，他们强调越共认为自己是在为反抗帝国主义者、争取越南独立而战。他们并不是共产主义狂热分子，也不像墨西哥的萨帕塔主义者*那样一心渴望赢得土地。他们都是爱国主义者，而且他们的战斗会持久不变。那时罗温转向麦克诺顿大声重复鲁索的研究发现，“约翰，我认为我们下错了注——我们这一方将必败无疑。”

越共研究结论与兰德早些年的分析结果不谋而合。1962 年，一场关于反叛乱的讨论会在兰德的华盛顿办公室召开，一群在肯尼亚、马来西亚、法属越南殖民地等地方密切参与过反游击队战役的军事专家提醒人们注意，最强悍的游击队员是忠于理想的人。爱德华·兰斯代尔少校解释说受过训练的、狂热的激进分子是叛乱起义成功的核心要素。有讽刺意味的是，20 世纪 60 年代中期，他深入参与促成美国与越南达成和解的过程。他们不是流窜的土匪，也不是普通的坏人，他们只是一群有原则的人，乐于为了理想而抛头颅洒热血。除非引起他们不满的情况有所改变，否则游击战将会继续下去，直到所有越共成员牺牲殆尽或者中央政府最终灭亡。

但是约翰逊政府无视唐尼尔和扎斯罗夫的忠告。那时美国政府正在促使战争升

---

* 萨帕塔（1879—1919）是墨西哥革命的领袖，他所领导的墨西哥南方农民武装是墨西哥 1910 年革命的重要组成力量。萨帕塔以“土地和自由”为革命目标，要求实行土地改革。

级，从未重新审视过美国出兵越南的前提条件。约翰逊利用兰德试图寻找出一种可以打败越共的方式，而不是去理解越共。1964 年约翰逊以压倒性的胜利赢得了总统选举，他承诺不会把美国兵派去做越南人该做的事情。1965 年年底，约翰逊又另外派遣 50 万美国士兵去越南。1962 年麦克纳马拉巡察越南归来，对外宣称，“种种可测量的数据都……显示我们正在逐步取得这场战争的胜利。”而此时情况已经截然不同，麦克纳马拉的话显然是在欺骗民众。

事实上，那时美国已经发觉自己处于越来越难以防守的地位。截至 1965 年，越共的兵力已经超过 17 万人，北越南军队正在扩大越共作战小分队的规模，提供通信专家、军械技师以及其他专业人才。河内开通了胡志明小道，该小道曾经是一条穿越丛林、狭窄而弯曲的通道，当时作为可以运输现代化武器和供应品的交通干线。即使美国启动“滚雷行动”，对北越南的目标进行无情地狂轰滥炸，共产党敌方压根没想过坐下来进行和平谈判。对北越南而言，要么胜利要么死亡。助理国防部长保罗·瓦恩克事后沮丧地承认，“我们预期他们会像正常人一样做出正常反应的。”

尽管南越日益陷入混乱，但仍有些兰德报告预示，如果投入足够的金钱和努力，最终美国或许可以赢得战争。其中经济学部长查尔斯·沃尔夫所写的报告是最著名的，报告题目为《叛乱与反叛乱：新神话和旧现实》。他建议奖赏提供情报者和投降者，支持特赦计划，并且提议控制食物供应，这样或许可以使越南农民倒向美国这边。他的结论远没达到普遍接受的水平，不久兰德分析家分裂成支持和反对越南战争两个派别。

早期令智囊团充满生机的使命感开始减弱，因为兰德分析家开始沉思，为了寻求社会正义而屠杀生活在世界遥远角落里的贫穷农民，这是否真的符合美国的国家利益。持怀疑论的主要人物是一名德裔流亡者、政治学者康拉德·科伦，他是兰德越共研究的统筹者。关于俘虏的强烈爱国精神的研究结论，使他对美国东南亚政策的效力深感悲观。从 1965 年开始，他提倡美国单方面从越南撤军，他认为这场战争是必败无疑的，美国或许可以消灭越共，但是却永远无法驯服他们。兰德内部有越来越多的分析家与他持相同的观点，其中包括艾斯伯格。这场战争拖了一年又一年，让艾斯伯格倍感痛苦，他甚至向《纽约时报》发出了一封公开信，敦促约翰逊政府结束美国对越南战争的军事参与。几天之后，兰德内支持越南战争的派别写了一封信发表在《时代》杂志上，反驳科伦和艾斯伯格等人的观点。

另一种同样引发争议的观点来自另一位东欧流亡者利昂·顾尔勒。顾尔勒是一位苏联问题专家，他被强烈的反共思想冲昏了脑袋。1962 年他在《苏联的民防系统》一文中误导大众，声称已经探测到大量苏联民防系统，这预示着苏联政府正准备发动核偷袭。1965 年顾尔勒到越南走了一趟，带回了唐尼尔和拉斯罗夫收集的一部分资料，并自行解释得出结论，宣称南越农民责备越共给他们带来了美国轰炸以及随之而来的各种伤害。因此，顾尔勒力劝政府采取强度更大、范围更广的轰炸行动，作为挫伤敌军士气的手段。他的建议受到了空军及弗兰克·科尔博姆等兰德保守分子的热烈欢迎。他们相信根据多米诺骨牌理论，如果某个地区有一个国家走向共产主义，那么不久之后，这个国家的所有邻国都像同一排的多米诺骨牌一样落入苏联阵营。越南战争具有双重讽刺的意味，不仅如《纽约时报》莱斯利·盖尔勃所写的那样——实际上美国公众舆论才是第一张倒下的多米诺骨牌，而且美国对越南的军事干涉落败之后，越南的邻国柬埔寨、老挝和缅甸确实像多米诺骨牌一样落入了社会主义阵营。

许多兰德主要的分析家都不理会顾尔勒本身存在固有偏见的方法，他们认为他在扭曲事实以迎合自己的信仰。古斯塔夫·舒伯特取代查尔斯·希奇成为经济学部部长，他谴责顾尔勒"或许是在一周内随意挑选某几个小时或某几天，截取可以支持某一观点的采访资料，这个观点就是，轰炸和某种程度上的炮轰会导致越南民众仇恨越共而不是美国，所以轰炸越多越好"。支持派和反对派之间的憎恨愈演愈烈，甚至在兰德的管理会议上爆发了互殴事件。兰德本身真实地反映了美国在越南战争问题上分裂成支持派和反对派。

1961 年至 1967 年对越南战争的处理方式可以看做是兰德有限战争理念的另一种应用，也就是参考了美国对苏战争的构想。其中主要的煽动者之一是托马斯·谢林，他是沃尔斯泰特核分析专家团队中的一员，后来还获得了诺贝尔经济学奖，在兰德期间他写了一篇《冲突战略》，他主张战争就是谈判能力，而谈判能力则来自杀伤力。约翰逊总统和麦克纳马拉决定进一步对北越南施压，他们采纳了谢林的规则。据历史学家佛瑞德·凯普兰所言，在 1964 年 5 月 22 日，约翰逊总统从国家安全顾问麦乔治·邦迪处收到一份备忘录。邦迪写道，“国防部的约翰·麦克诺顿正在为采取统一政治军事计划作准备活动，该计划强调对越南采取不同级别的攻击和行动。”“这个计划的原则是我们的军事攻击行动要对越南造成损害，而不是毁灭越南。进攻的目的是改变北越干涉南越的决心。”

麦克诺顿是助理国防部长，他在国防部全面负责越南事务。他找到了他的朋友兼前哈佛同事谢林，询问他如何处理冲突升级的状况。麦克诺顿同时还是艾斯伯格的上司，他认为轰炸行动可以对越南造成足够大的伤害，是吸引河内注意力的最好工具。要采取哪一种轰炸方式？采取多大的轰炸强度？华盛顿政府如何确定轰炸已经引起河内的注意了呢？美国政府如何确定北越不会在轰炸结束后继续进行反抗活动呢？

谢林仔细思考了这些情况，但是一个小时过去了，他依然找不出任何答案。但是谢林提醒麦克诺顿，一旦启动轰炸行动，持续时间不应该超过三个星期。直到轰炸结束河内将不会求和，或者说轰炸行动将不会取得任何效果。1965 年 3 月 2 日，美国开始发起“滚雷行动”。这个行动对北越或越共并没有产生什么明显的效果，他们一如既往地设法推翻美国扶持的西贡政权。

美国政府言而有信，政府对外宣称，在轰炸中我们会避开主要的人口集中地（也就是河内）以及北越的堤坝，而堤坝一旦遭到破坏将会导致数百万人死亡。我们会一次推进一步，慎重地扩大战争态势，我们不会侵略北越，我们会等待敌方对我们传递的信息作出反应，等待他们请求停战，因为他们应该清楚地知道除了和平谈判别无他法。这项政策是一个精心设计的僵局——通过精心策划、逐步扩大、冷淡无情的打击来实现。换句话说，就是不断地折磨越南，直到胡志明投降，“因为对于这场战争，他要付出比美国还大的代价，所以停止战争比继续战斗更有利”。这项政策宣告失败，并且因此引发了悲剧，这成为兰德不敢承认的道德负担。

兰德确实想要通过越共研究承担起道德责任，向当局解释越南的行为，做到实事求是。国防部长麦克纳马拉对公众撒谎，事后又出来道歉。在当时，对越南的行为缺乏可信的解读是实现和平的主要障碍。

我们的政府缺乏可以咨询的专家，以弥补我们的无知……我只认识一

> 位具有该地区反叛乱经验的五角大楼官员，他就是爱德华·兰斯代尔上校，他曾经分别在菲律宾和越南担任拉蒙·麦格赛赛和吴庭艳的顾问。但是兰斯代尔相对来说资历较浅，缺乏广泛的地缘政治的专业知识……我们完全低估了胡志明运动的民族主义意义。我们首先把他定位为一个共产党员，其次才考虑到他是一位越南民族主义者……我们没能正确地分析我们政策的假设条件。我们的决策基础存在着严重的缺陷。

麦克纳马拉这篇自我开脱的道歉，几乎迟到了 20 年，但是兰德依然无法因此得以脱身。兰德提出反击力的理论结构，主张利用这种方法完全达成政治目标（没有谁曾经说过越南打算向美国本土投放原子弹），兰德与反击力政策的执行者负有同样的责任。兰德应该出面干涉，阻止对越南战争进行学术辩护。个别分析家确实这么做了，例如艾斯伯格和科伦，但是兰德这个机构本身并不愿意这么做。尽管在当时，福特基金会、哈佛大学和哥伦比亚大学等其他机构最终公开谴责了越南战争，但兰德直到最后都没吭一声。

兰德发觉自己被在资助者手里的资金所限制，不管资助者是空军还是国防部办公室。此外，站在道德的立场去看待任何特定的政策问题，这不符合兰德的核心原则。没有人期待德国人会告诉法兰肯斯坦*博士，利用死尸制造怪物是不对的。助手们在那里收集死人的脑袋，交给这个疯狂的科学家制作怪物。

如果敌方不仅说着不同的语言，并且还自有一套不同的目标和期望，那么就很难对他们有彻底的了解。正如一位观察家评论的那样，当反击力理念在冷战期间刚被提出来的时候，美国人需要坐在直升机上，带上手提式扩音器，飞越敌军的领土，在空中大喊——受够了没有？要不要投降？可悲的是，美国军队在南越正是这么做的。在遭受轰炸而无家可归的人群聚集区，美国投下了数百万本宣传小册子，劝导越共战士放弃反抗。单是在 1966 年 8 月的最后一个星期，美国就在越共控制的区域和北越地区投放了超过 4500 万份宣传单。

---

* 法兰肯斯坦是英国女作家玛丽·雪莱所著小说中的主人公，是一个生理科学家，他疯狂地制造怪物，反被怪物所害，比喻自作自受者。——编注

但是正如当时示威游行的学生们所唱的那样：

胡！胡！

胡志明，

南越民族解放战线就要胜利了！

对越共和北越而言，不存在解决方案之说，只有不惜一切代价获取胜利。美国肆意妄为的盲目之举，加上约翰逊总统想要“把浣熊皮钉在墙上”，并且他不想成为 20 世纪唯一一位打败仗的美国总统，引发了种种愚蠢的举动，例如著名的“五点钟傻瓜会”事件。“五点钟傻瓜会”是西贡的一个新闻通报会，美国军队发言人宣布敌军死伤人数，以此证明美国正在逐步取得战争的胜利。美军由此走向残忍的极端，发动了臭名昭著的“凤凰计划”，屠杀了好几万越南人。

“凤凰计划”中的主要兰德人物是罗伯特·W·科默尔，他是一名精力旺盛和思维活跃的学者。美国大使亨利·卡伯特·洛奇给科默尔起了一个外号叫“喷灯鲍勃”，他说跟科默尔交谈就像是有一个喷灯对准你的屁股。科默尔通常举止温和，戴着一副角质架眼镜，叼着一个欧石楠（一种植物，根部可做烟斗）烟斗，但是他却被称为间谍小说家约翰·勒·卡雷笔下的“学术主义者”。

在 20 世纪 60 年代中期，科默尔是一名国家安全委员会成员，参与策划推翻西非加纳的克瓦米·恩克鲁玛总统的社会主义政权的军事政变。1966 年，随着美国主导的东南亚战争日渐升级，约翰逊总统任命科默尔为特别助理，负责“指挥、协调和监督与实现越南和平相关的美国所有非军事项目”。科默尔的任务就是通过赢得越南民心的控制权，这个项目从理论上需要运用各种情报和政治宣传，结合明智地使用武力，从而达到目标。当科默尔告诉约翰逊总统说自己在这方面没什么经验时，约翰逊总统回答说，“哦，或许我们需要的正是鲜肉（新手）。”*

后来的中央情报局局长威廉·科尔比说科默尔是一名“统计学狂人和强硬的乐

* 在几年后的一次采访中，科默尔仍旧对约翰逊的用词感到惊讶。“他确实是这么说的，不是说新鲜血液而是鲜肉。”

观主义者”，为了争取战争胜利，他敦促越南专家建立一套可量化的目标和标准，而不是举行泛泛的理论讨论会。科默尔与兰德一样推崇数据理性论，他的直觉非常敏锐，深知约翰逊的需求。而当时约翰逊最需要的是有人站出来，支持他关于美国正在赢得越战胜利的言论。约翰逊的一个助手曾经说，如果有人问科默尔有多少人受到了越共宣传的影响，他会在“13个小时20分钟内”根据极其机密的电报回复道，“精确地说是2634201.11人。”

1967年科默尔到达美国驻越南大使馆，他的权力仅次于当时的埃尔斯沃思·本奇大使。几天之内，科默尔开始着手重新调整美国在控制越南平民方面的努力。科默尔被指派为威廉·C·威斯特摩兰将军在民众行动和革命发展支持方面的代表，他说服南越的阮文绍总统建立特殊项目，捕捉或杀害越共基层组织成员。这个项目取名为“凤凰”。在越南神话中有一种长生鸟，它可以自由自在地飞到任何地方，在英语中可以模糊地翻译为凤凰。

“凤凰计划”从越南情报机构处获取信息，启动中央情报局被称为省域侦察队的暗杀小组，对越南的乡村进行搜捕。经过数年战斗，越共干部也就是地区级越共领导人的身份在他们的村子里已经是广为人知了。科默尔起用科尔比担任他的得力助手，他为这个项目设置了一个指标：每个月使3000名越共干部“中立”。

严格说来，“凤凰计划”不会暗杀所捕获的人，因为从理论上来说，被捕获的战俘经过劝说会向当局招供其他游击队员。实际的情况是，先用刑后审问。腐败的西贡政府官员在一定程度上滥用了这个计划，他们借机勒索无辜平民，索要贿赂之后放过那些本该被逮捕的人。《纽约时报》通讯记者尼尔·席汉关于越南战争的报道《美丽谎言》获得了普利策奖，他在文中指出，“为了完成指标，西贡政府官员把在小规模冲突中战死的下级游击队员提升为越共部落和村庄的首领。”

数千人被杀害、严刑拷打，或者被关进南越监狱。拷问的方法包括强奸、电击、水刑、毒打、吊在天花板上——最后是死刑。1971年，“凤凰计划”的一个执行者巴顿·奥斯本在国会委员会面前证实，“我关注着一名经过我们机构鉴别的、传闻中的（越共）嫌疑人。他在海军反情报处接受审问，而我被邀请去看看情况。当我走进室内的时候，那个人被抬了出来，他已经死了。死因是一根6英寸的木钉从他的耳朵钉入脑袋中……我所知道的被当做越共嫌疑犯拘留的人，没有任何一个可以从审问中活下来。”在同一个听证会上，科尔比证实在“凤凰计划”期间，有 28527 名越南人被杀害。

尽管从道德层面上来说，“凤凰计划”是罪不可赦的，但是就科默尔等人偏爱的客观数据而言，“凤凰计划”是成功的。越共势力被驱逐出他们位于湄公河三角洲的传统庇护所，而南越势力则重获了脱离西贡政府五年以上的地区的控制权。鉴于科默尔的成就，1968 年约翰逊把他派遣到土耳其担任美国大使。尼克松总统回忆说，科默尔加入了兰德，并且在那里写了一些关于北约和需要快速在波斯湾部署兵力等问题的研究文章。后来他还被卡特总统任命为负责政策事务的国防部副部长，他几乎是最后一个在民主党政府中任职的越战斗士。

兰德在越战中的作用不仅仅停留在理论或政策水平。在 1965 年至 1966 年期间，兰德还进行了利用 F-5A 喷气机（小老虎）作为反叛乱飞机的研究。一个兰德小组制定了试验计划，用了 6 个月的时间去分析飞机的战斗效力，然后准备好空军外包给他们的最终研究报告。这项研究得出结论，认为这种简单的、轻巧的喷气式战斗机非常适合用在战争冲突中。这种战斗机被转交到南越空军手中，它们一直在执行飞行任务，直到 1975 年西贡政权灭亡。

随着 20 世纪 60 年代开始接近尾声，兰德开始试图从充满争议的越南困境中脱身。代号为卡米洛特的项目可能是其催化剂。

卡米洛特是一项受陆军委托的机密研究，研究探测拉丁美洲的激进主义革命的前景。1965 年智利当局偶然揭露这项研究，这让美国在国际上处于非常尴尬的地位，尤其是之前智利政府和美国驻智利的大使都不知道这项研究的存在。智利的学生表示抗议，圣地亚哥政府正式向华盛顿政府提出抗议。在这个丑闻事件之后，美国国务卿迪安·鲁斯克设立了特别小组，负责评价由兰德等外部机构进行涉外研究的可行性。

约翰逊总统对政府不予以协助一事感到生气，他公开宣称“根据国务卿的判断，我完全可以肯定，外国地区的研究任务一项都不能执行了，因为他认为这会对美国的外交关系产生负面影响。”他下达了一项指令，针对国防部长办公室、所有国防机构以及参谋长联席会议等机构，从国务院指派一名代表，负责审查政府所有阶层开展的行为和社会研究、意见调查和经济研究的合同。神童组再也不能拿起电话，要求从前的兰德同事帮忙调查军事研究中的这个或那个特别感兴趣的方面。所有的请求都要经过一些他们掌控不到的渠道。至1965年年底，留在政府里面的神童人物已经所剩无几了。希奇接受邀请担任加利福尼亚大学的校长，罗温已经调到预算办公室，考夫曼和谢林已经重返学术界。甚至连艾林·恩索文也在不久后辞去了政府公职。尽管在这之前，他刚委托系统分析办公室提交一份越南战争的研究报告——研究人员绝大多数是现任或前兰德职员。这项研究得出的结论认为，美国的轰炸战略无法达到预期目标，而且无法在短期内找出应对战争的军事解决方案。

早期离开兰德的神童人物投奔了联邦政府，随之而去的还有日益兴盛的系统分析。系统分析频频出现在政府用语、计划制定、规划设计和预算系统中，这给兰德带来了非常不利的影响。兰德成员感到系统分析已经走到了极致："这个概念已经失去了本来的新意，现在每个人都在作系统分析。"许多人为这些人的离开感到遗憾，兰德曾把他们称为"独行其是者"，例如赫尔曼·卡恩、爱德华·派克森和沃尔斯泰特。从根本上来说，兰德已经日渐成熟起来，逐渐失去了朝气蓬勃的热情。在20世纪50年代，兰德可谓是核战略政策的中心，朝气蓬勃的热情是它辉煌时刻的显著特征。正如后来沃尔斯泰特所说的那样，一个分析家必须离开兰德，"这样你才能够跟有权之人一起共事，去实施你所想作的决策。"有些观察家认为，这是一个可预见的时间过程，早期的兰德充满了活力和生机，因为1950年时兰德职员的平均年龄还不到30岁。如果存在机构成长惰性，那么机构的扩展必然导致需要更高资历和年龄的职员，这是一个成熟机构正常的成长过程。

让问题更加复杂的是，空军部长再次开始压制兰德的独立意向——这次压制还得到了科尔博姆的支持。尤金·M·扎科特夫被评可能是最称职亦最顽固的空军首领。早些时候，兰德为争夺非空军项目的控制权孤注一掷，扎科特夫在这场争夺中落败了。1965年，他在找到了新盟友，即手握大权的众议院军事委员会主席卡尔·文森及其门生弗吉尼亚州议员波特·哈代。在文森的授意下，哈代针对政府合同外包领域的权力滥用现象，举办了一系列附属委员会听证会，希望从政治上阻挠麦克纳马拉，从而增强军事部门的势力，当时军事部门仍旧与国防部争夺五角大楼预算的控制权。

哈代听证会揭露了许多滥用现象，空军的主要承包商宇宙航空公司情况尤甚。

该公司未来将会成为第二个兰德。例如，宇宙航空公司还给空军开账单，索要总统从纽约到加利福尼亚运输游艇的费用。空军对宇宙航空公司疏于监管，证实了空军想要控制兰德的意图，以避免继续出现任何丑闻，同时解决旧时争端。扎科特夫向兰德理事长弗兰克·斯坦顿发出通告，如果兰德不按照他的命令缩减外部项目的规模和范围，那么他将停止所有兰德计划。兰德理事会反过来充满挑衅地重申兰德想要保持自身独立的坚定决心。

兰德和空军相互争夺兰德未来发展的控制权，与此同时，兰德机构内部成员要求将业务扩展到收益日增的国内社会研究领域，这种呼声日益高涨。截至 20 世纪 60 年代中期，约翰逊总统的“伟大社会”计划开始把数百亿美元投入到美国的社会事务中。兰德的管理层想要远离难以应付的越战困境，转而选择了大量潜在的研究工作。例如，在 1965 年 5 月，教育局副局长亨利·路米斯找到兰德，想委托他们研究如何改进美国学校的教学方法。他表示教育办公室的预算是 10 亿美元，预计在 1966 年将增加到 30 亿美元，而在接下来的几年内，研究经费也将相应地增加数亿美元。

科尔博姆亲口拒绝了这个提议，因为他感觉这个项目违背了兰德机构的历史使命。尽管早些时候他自豪地坚称兰德相对于空军的独立性，但是他在内心深处仍然是一名空军，任何让兰德远离其宗旨的想法都是可憎的。正如 1962 年他在政府工作会中告诉国会附属委员会的那样，“空军……采取恰当的价值观和政策去管理像兰德这样的机构，我认为这一点非常好。如果这种关系出现变化，对于整个国家而言，那将是令人不快的事情。”

兰德的理事会却不同意这个观点，他们同样批评科尔博姆先前阻止将兰德业务扩展到非军事项目的决定。理事会还注意到了科尔博姆与麦克纳马拉及其团队之间的紧张关系。科尔博姆说，“每次我在华盛顿参加鸡尾酒宴会时，如果麦克纳马拉也在场，我就时刻留意他停留的位置，而我会一直都待在房子的另一边……我不想跟他说话，或者我也不愿意被别人看到我在跟他说话。”

出乎意料的是，扎科特夫迫于麦克纳马拉的压力辞去了公职，那时麦克纳马拉指派他自己的一个门生哈罗德·布朗担任空军首领。兰德在五角大楼的墙报上看到这个消息后，要求科尔博姆辞职。这是科尔博姆从未预料到的事情。直到生命结束，他对剥夺了他的权力的人和兰德日后的作风充满了鄙视之情。这并不意味着他陷入了财务困境。在理事会把他赶出兰德之后，他加入了一个金融机构——西南研究投资公司，担任该公司的主席。1985年，当有人问他在引退之后过得怎么样时，他以他典型的略带讽刺的口吻回答说，“我不必做我不想做的任何事情，只做我想做的任何事情。一切再好不过了。”理事会经过慎重的考虑，决定让沃尔斯泰特的亲信兼艾斯伯格的兰德好友哈里·罗温接替科尔博姆的位置。罗温以前是神童专家组成员，他将把智囊团带领到新的研究领域，让兰德获得不一样的声誉，但同时也将把兰德带向丑闻。对于越南战争，罗温和其他神童学者的态度经历了起先支持、接着质疑、最终否决的过程，但是战争本身依然在继续进行，兰德自身也需要一个先知先觉者站出来让战争刹车。

4

兰德开始启动一系列研究项目，内容涉及环境政策、通信、广播和教育等领域。最重要的是，纽约市–兰德研究院为兰德实现民间和军事项目的平衡铺平了道路。

兰德分析员丹尼尔·艾斯伯格从兰德的办公楼里偷走了五角大楼的秘密文件，这最终导致了水门事件的爆发，尼克松总统的下台和越南战争的结束。

莱特–兰德世界观再次获得胜利……在很短的一段时期内，兰德就对美国的外交政策事务产生了极大的影响，这是其它私人公共事务机构所望尘莫及的。

第 13 章　在迪建的一个夜晚

丹尼尔·艾斯伯格深信那个南越（South Vietnam）少校正准备来杀他。艾斯伯格喝过廉价的啤酒和白兰地之后，半醉半醒地躺在床上，在这个由越南共和国军队控制的村子里，他凝神倾听周围的声响。不过一会儿，他听到越南共和国的一个陆军少校正在放枪，但是艾斯伯格不敢抱着侥幸之心去冒险。他掏出手枪并想变换一下手臂的姿势，但是他的帆布床太窄了，他只好把手枪平放在胸膛前，假如那个少校成功闯过外层警卫，他便可以采取自卫行动。

当时是 1966 年圣诞节前夕，已经接近午夜时分。艾斯伯格在西贡南部湄公河三角洲的隆安省迪建村附近苦苦地煎熬着。在场的另外唯一的美国人是一位陆军上尉，他是南越军队的顾问，当时他在艾斯伯格旁边的帆布床上睡得很安稳，对危险全然不知，好像他已经回到美国，正在威奇塔（美国地名，位于堪萨斯州）或马斯科吉（美国地名，位于俄克拉荷马州）或任何他所来自的地方度假一样。

艾斯伯格平躺在床上，双手垫在脑袋下面，盯着摇曳的烛光在营房墙壁上投下的影子。他答应陆军上尉在前四个小时负责监视周围的动静，即使没有这个承诺，他也是没办法合上眼睛的。湄公河三角洲的夜里各种声音交错在一起——蟋蟀鸣叫不休，时而还有鸟儿的尖叫声，树木和稻禾像人类一样的呼吸声，夹杂着上尉的鼾声。夜里传来泥土、花朵、汗水及粪料的味道，这些都对他造成了压迫感，他衣着整齐地躺在帆布床上，时刻准备采取自卫行动。

“他喝醉了。”一个南越陆军中尉为他的上司辩解说。他说少校在艾斯伯格面前侮辱了美国人，越南共和国陆军军营指挥官和政府官员对此感到非常抱歉。“他们并不赞同他的做法，他们对他感到非常生气，但他毕竟是一位少校。”

“但他们是不是不赞同他所说的话?”艾斯伯格问。

“哦，他们可能同意他说的一些事情，但不是那么坚定。”

或许他们说得对，或许只是因为芝华士、雷米·马丁人头马、葡萄酒和越南“33”啤酒，在那个特别的宴会上，他们都喝多了。那个说法语的天主教指挥官走上舞台向美国顾问致敬。艾斯伯格还带来了水果蛋糕，这些水果蛋糕是副大使威廉·波特交给他的，让他转交给一些思念家乡的士兵们。鱼露、面条、水果蛋糕、法国白兰地，快乐的士兵们尽享食物的美味。

那个越南少校突然大声咆哮，其实没有什么特别的理由促使他这么做。艾斯伯格在餐桌旁与他一起共唱圣诞颂歌，后来微笑着并不时点着头听军官们唱悲怆的越南歌。此外，艾斯伯格出席宴会只是为了观察和解活动的进展，从而提醒洛奇大使，在这个省里驻扎了太多美军力量是否会适得其反，反倒让农民转而投靠越共军队。他依然同情越南政府，尽管他开始产生一种想法，认为越共可能是有理的一方。

回国后，出于对兰德公司的偏爱，他坚持认为美国别无选择，如果美国失败了所有东南亚国家将受制于共产主义者，这些国家的人们将要忍受最恐怖的暴政和奴役。他突然想起一年前他为麦克纳马拉撰写的一篇演讲稿——“我们出兵越南是为了信守承诺，协助保卫南越的独立性，做我们该做的事情。要过多久美国才会厌烦这项乏味的任务?直到地狱冰封。”

这都是一些华丽的词藻，麦克纳马拉从未使用这篇演讲稿。艾斯伯格回到国内，就像过去的浪漫主义者从失败的风流韵事中逃离出来。他亲眼看到了战争行为发生错位，一次又一次毫无目标地争夺领土，政府的腐败行为以及各种谋杀。有时他感觉美国像是英国兵，是外国军队里不了解事态的那部分人，他们脑袋发热且热情过度，面临着永不投降的敌手，因为对于敌军来说，除了此地他们已经无家可归，他们的家就是脚下这片土地。

“你们美国人跑来这里干什么?”喝醉了的少校提出质问。“你们自认为能在越南的土地上教越南人做什么?难道你们认为我们不够英勇，无法对抗共产主义者?”

他在饭桌上冲着其他越南官员咆哮大叫，没有人敢站出来反驳他。接着他返回临时营房取出手枪，大喊大叫说要杀了美国人。他对着艾斯伯格和美国上尉开枪。

甚至连年轻的越南陆军中尉都在为那个少校的行为道歉。“不要紧的，不要担心，”陆军中尉坚持说，“但是今晚你最好待在室内。你会安全的，指挥官已经派一些士兵负责看住他，他们不会让他靠近这个房子的。”

在远处，55 毫米口径的机枪咔哒咔哒地响个不停，宣告着越共在夜里的现身：这是我们的土地、我们的稻田、我们的家畜、我们的人民，你们永远都赢不了我们。过了一小会儿，美国军队的炮兵开始回击。然后夜晚恢复安静，蟋蟀继续哀鸣，夜风懒懒地吹拂，上尉的鼾声更加密集。艾斯伯格想起他的孩子玛丽和罗伯特，想起远方的家。他在想圣塔莫尼卡的圣诞节是不是咔嚓一声就冷起来了，想着加利福尼亚的阳光是否一如既往，照暖了他在马利布的房子附近的沙滩。尽管已经大汗淋漓，但他还是感到一股寒意穿过体内。

迫击炮弹的声音在闷热的夜空中回响。他暗想，以这样的方式度过圣诞节前夕可真是够差劲儿的。

第 14 章　成功的代价

在 1965 年的秋天，每一天当艾伯特·沃尔斯泰特离开芝加哥湖滨大道附近的公寓时，他心里充满了祷告——或者他本来就是应该祷告，因为他信仰掌控尘世俗事的神。沃尔斯泰特曾经是一名理性主义者，他更赞同启蒙观点，把造物主看成是制作手表的人，人类则是造物主手中无知的手表零件。

沃尔斯泰特知道自己是幸运的。他拥有芝加哥大学的终身教师资格，有一个美满的家庭，有一套可以观看湖景的美丽公寓，还有许多可以相互关心的朋友。名望和财富（至少，过多的财富）并不是他想要的。他把追求财富的任务留给了他的弟弟查尔斯，当时查尔斯正忙着在全国建立一个电话帝国。能够处在事物的中心让艾伯特感到满足。政策和影响力对每一个理性之人来说都是补白。这并不是指拥有权力本身，而是指接近权力。在历史上留下印迹，并且因此而让世界变得更美好，留下让社会变得更好的遗产。一个人除此之外还有什么想要的呢？

在这个过程中，肯定会遭遇一些挫折。例如 1963 年，由于伯纳德·布罗迪的挑唆，弗兰克·科尔博姆出于一时的气愤和怨恨，撤除了沃尔斯泰特在兰德的职务，这让沃尔斯泰特感到颜面尽失。想想那个春风得意的人物竟然跌落到这种地步！唔，布罗迪至少曾经得意过。科尔博姆一直都觉得他是一个平庸之才。他是一个错把信心当理智、把顽固当勇气的人。

当沃尔斯泰特走出大楼时，寒冷的空气让他感到神清气爽。他为自己早有先见之明感到庆幸，只选择在春秋季给学生上课。在其他季节，他回到洛杉矶从事咨询工作。如果另有选择，谁会愿意留在芝加哥忍受寒冷的冬天？在向门卫打招呼时，他想起一个关于自己的老笑话。在兰德，他时常给穿蓝制服的人们（指美国军方人士）作演讲，有一次在华盛顿的索尔海姆酒店，他竟然开始询问门卫执行任务的情况。他叫了一辆出租车，然后钻入车后座。

从 1951 年到 1963 年，他在兰德待了 12 年，度过了人生的中间阶段。最辉煌的年代？不，不完全是。最好的还在后面。但是……这么随便就被扫地出门了。布罗迪看到了他曾交给哈里·罗温一些文件，当然这些文件是列入机密级别的。但事实上据观察，泄密的多于守密的。他有时曾经想，如果抽得出时间的话，可以把那些文件编入他的回忆录。愤怒的狂热者驱逐喜好怀疑的现实主义者？小人在背后捅了君子一刀？

科尔博姆要求他辞职。沃尔斯泰特拒绝了这个要求，所以科尔博姆解雇了他。都是那样的，他多年的工作、他的声望及他的朋友都不是重点。这是科尔博姆对他的最终报复，因为他一直都与空军对着干，支持肯尼迪和麦克纳马拉，还胆敢将兰德乏味迟钝的工作氛围实话实说。这对沃尔斯泰特造成极大的打击，当他跟丹尼尔·艾斯伯格谈到这件事时，他几乎要热泪盈眶了。他从未预料过以他的生活方式会发生这种不测事件……不过，他说服科尔博姆给他一些时间寻找另一份工作。幸运的是，他在洛杉矶的加利福尼亚大学找到了一份教书工作，然后又在芝加哥大学获得了终身任教的职位。

出租车到校园后，沃尔斯泰特下了车，接着伸伸懒腰，开始讲授他的政治学课，课上有一群笑容满面的学生围在他身边，他就混在由厚呢短大衣、靴子和学院式毛线衫组成的学生们中。用老套的话来说，或许科尔博姆帮了他的忙，迫使他去寻找不同的人生道路。此外，真的是恶有恶报，科尔博姆自己也被宣判出局了。布罗迪也走了，来到了加利福尼亚大学洛杉矶分校，为北约对法国军队、核武器以及过分夸大的打击力量（法国的一切总是过于夸大其辞）采取的不公待遇而焦虑不已。最终布罗迪变成了高卢人的走狗。真的是恶有恶报。

当天下午在校园的接待会上，校方向新入校的研究生介绍沃尔斯泰特。那时他特别注意到其中一个面貌似曾相识的学生——苍白的肤色、黑色的头发、厚厚的嘴唇。

“你是说你叫沃尔福威茨吗？”沃尔斯泰特问。

“是的，我叫保罗·沃尔福威茨。”

“你是否跟数学家杰克·沃尔福威茨有什么亲戚关系？我曾经跟沃尔福威茨、亚伯拉罕·沃尔德一起在哥伦比亚大学读书。”

“实际上，他就是我的父亲。”

沃尔斯泰特开怀大笑说，“噢，年轻人，我相信你会喜欢芝加哥大学的。”

1965年对沃尔斯泰特来说是顺利的一年。他在芝加哥大学从事稳定的工作，他可以尽情挥洒喜欢说教的习性，在兰德的时候，正是这种特性使他变得影响力十足但又颇有争议性。作为一名政治学教授，他就像一个新加图（Cato，罗马政治家）一样倡导推动军事准备工作的进行，抨击当局冒着现存苏联威胁的风险而陷入越战的泥潭。同时他还可以继续从事咨询等有利可图的职业。除此之外，芝加哥大学还准许他招募更多助手。事实证明，最有影响力的助手或许就是年轻的数学家保罗·沃尔福威茨。后来他担任乔治·W·布什总统的助理国防部长，参与策划伊拉克战争，这是他政治生涯的顶峰。

沃尔福威茨出生在布鲁克林，在哥伦比亚大学附近的曼哈顿晨边高地长大。他的父亲在哥伦比亚大学教数学统计科目。就像他著名的父亲一样，沃尔福威茨很早就表现出对数字和理论物理的兴趣。他在康奈尔大学读数学专业，他发现自己不像其他同学那样有动力去学数学。在课余时间，当其他同学在演算一个又一个数学难题时，他却在读历史书籍。沃尔福威茨发现纯数学的本质是抽象而又脱离实际的，让他感到枯燥无味。他想如果可以利用自己的数学天赋研究出治疗癌症的方法，那么他会更有成就感。他向麻省理工学院申请攻读生物物理化学博士学位，并且成功地被录取了。不过他仍然无法确定未来的职业方向，于是暂缓博士学位一事，来到芝加哥大学攻读政治学学位。

尽管最初沃尔福威茨师从一位具有争议性的哲学家茨里昂·施特劳斯，但是在芝加哥大学从他遇见沃尔斯泰特的那一刻起，他就把沃尔斯泰特当成是自己的良师。* 沃尔福威茨和沃尔斯泰特都是世俗的犹太人，极力提倡维护以色列的利益，对中东政治有着持久不变的兴趣。

---

* 在芝加哥大学，沃尔福威茨还曾经是艾伦·布卢姆的学生。布卢姆是一位臭名昭著的哲学教师，他影响了一代新保守主义者。索尔·贝洛把沃尔福威茨与布卢姆的关系改编成他的最后一本小说《拉维尔斯坦》。

沃尔斯泰特处理事情的方法是数字至上，这与沃尔福威茨本身的兴趣不谋而合。另外他们俩持有相同的政策观点：美国与苏联和解简直是世间难容的。各种不同的思想交织在一起，贯穿了沃尔福威茨的职业生涯，其中包括立足事实去解决问题的方法；相信美国是世界的救世主；作为隐秘的犹太复国主义者，断言以色列的存在是人类生存的前提；从根本上坚信民主可以在世界各地生根发芽、长盛不衰，而这些都是沃尔斯泰特所提倡的。

在芝加哥大学，沃尔斯泰特还对另外一个很快就声名远播（而又声名狼藉的）政策专家理查德·珀尔的职业生涯产生了推动作用。对手称呼珀尔为“撒旦”，敬慕者则称他是“五角大楼的智慧中心”。自从与沃尔斯泰特的女儿琼一起上好莱坞高中直到大学以来，珀尔一直与这位战略专家保持联系。1969 年，珀尔正在普林斯顿大学读研究生，沃尔斯泰特邀请他帮忙作一些实地研究。珀尔的任务就是采访参议员亨利·杰克逊，当时杰克逊是参议院武装部队委员会的主要成员兼内部事务委员会主席。此外他还要采访其他几位具有影响力的华盛顿政治家，从而为编写参议院关于反弹道导弹防御系统的辩论报告采集素材。杰克逊是位来自华盛顿州的民主党人，因其支持防御的强硬性政见而被称为“来自波音的参议员”。杰克逊和沃尔斯泰特一样相信道德外交政策，所谓道德政策就是指反苏、反共的政策。尽管杰克逊是个原籍挪威的路德教教徒，但是他是一名坚定的以色列支持者，他促进立法从而把裁减核武器谈判与允许在苏联的犹太人自由移民联系在一起。

正如珀尔讲述的那样：

> 沃尔斯泰特说，我还邀请了另外一个人做这个事情，或许你们可以一起行动。他口中的另外一个人就是保罗·沃尔福威茨。于是我和沃尔福威茨充当志愿者，一起到华盛顿采访那些人。杰克逊就是其中一个。我有一种相见恨晚的感觉。我永远都不会忘记第一次遇见杰克逊的场景。在参议院内，我们两个研究生坐在杰克逊办公室的地板上，查看关于弹道导弹防御系统的图表和分析报告，听取他对这个项目的意见。

经过这次意义重大的采访之后，杰克逊邀请珀尔担任他的办公室助理。后来在罗纳德·里根的第一届任期期间，珀尔被指定为助理国防部长负责国际安全政策事务，这是珀尔在华盛顿机构内的首次职位升迁。

20世纪60年代中后期，美国出兵干涉越南战争照常推进，在沃尔斯泰特为他自己和他的团队忙于奔走的时候，兰德公司开始进军社会研究领域。1967年1月1日，罗温代替科尔博姆统领兰德，此后兰德不必在乎所有关于非军事项目研究的禁忌。案例建模、量化基础、分等级指挥链等兰德工具在空军和国防部中都有所运用，这些都非常契合杰克逊时期的时代思潮。另外，罗温似乎是把兰德方法论扩展到社会研究领域的最佳人选。他甚至在接任之前告诉兰德理事会，“在总统办公室，我被国内问题的研究和分析需求深深吸引住了，我对这一领域的兴趣超过了国防研究。社会领域中存在着大量具有重要意义、令人感兴趣的研究课题：教育、健康、犯罪、城市问题、贫穷问题等”。从来都没有人采用过兰德所擅长的费力、合理和数字化的案例测试方法对这些问题进行研究。罗温的计划再简单不过了：他想要把兰德发展成约翰逊政府的智囊团。

罗温在波士顿出生，是一名工业工程师。他是兰德的资深元老，1950年他加入智囊团里由查尔斯·希奇领导的经济学部门。罗温的第一项主要任务是协助沃尔斯泰特进行基地研究。罗温与沃尔斯泰特长期密切合作，1953年罗温告诉希奇说他想要攻读经济学博士。“我找到他，他说‘去牛津学。’‘我怎样才能进入牛津呢?’他说，‘我来给女王学院的院长写一封信’，这就是入学程序。”

罗温在牛津大学待了两年。返回兰德后，他协助沃尔斯泰特研究“战略空军基地的选择和运用”，这是以前基地研究的后续项目。1960年约翰·肯尼迪当选美国总统之后，罗温担任保罗·尼采的负责国际事务的副助理国防部长。罗温一直担任这个职务，直到1965年约翰逊总统下令在联邦政府内部推广使用国防部的预算方法，罗温又被任命为预算局副主管负责监管这个项目。两年之后他完成了任务，然后离开了政府到麻省理工学院任教，接着兰德向他伸出了最高职位的橄榄枝。“我接受了麻省理工学院政治学教授的职位，卖掉了在洛杉矶的房子，在波士顿区购买了另一套房子。然后兰德理事会找到了我，邀请我担任兰德的总裁。我说可以。又卖掉我们还未来得及搬进去住的波士顿新房，由于原本在洛杉矶的房子已经被卖掉了，我们又在洛杉矶重新买了一套新房。我们还要卖掉在华盛顿的房子。在大约六个月的时间里，总共买进和卖出五套房子，来来回回很折腾人。”在兰德上任三个月之后，罗温重新调整了智囊团的内部结构以让兰德可以实现多样化。罗温手中有一叠厚厚的华盛顿罗拉代克斯卡（一种通讯卡片）。加上他能够敏锐分析兰德机构和美国政府的需求，很快他就萌发了设立社会城市学院中心的想法。这个新机构将是原来兰德项目的翻版，只不过这一次研究方向是集中在社会政策研究上。这个机构可以利用智囊团的研究员，也可以招募外部专家，集中研究国内问题。其中许多问题破坏了国内社会稳定，从而正在日渐削弱美国的海外实力。

1965 年在洛杉矶沃茨犹太人区爆发了多起骚乱事件，接着在新泽西州纽瓦克发生了同样激烈的种族骚动，再接着是底特律、密歇根州，两年之后，动摇了政府对国内状况感到自满的信心。警察暴力、贫穷和种族歧视等问题破坏了美国的公正形象，而正是这种公正促使越南和其他国家民主的兴起。如果美国国民正在因缺乏工作、庇护所和正义而发起暴乱，那么美国又如何在外交事务中摆出高人一等的姿态，如何对外宣称民主制度优于共产主义制度？约翰逊政府需要寻找一些人来协助解决这些问题，而罗温对兰德的系统分析信心十足。

罗温不仅要效仿兰德早些年的精神风貌，还模仿了兰德早年的结构。1967 年 5 月，他组织了一次会议，为城市研究学院征集意见和相关支持，就像当初约翰·威廉姆斯在 1947 年召开纽约城市会议一样。出席罗温会议的人员包括沃尔斯泰特、肯尼思·阿罗、前兰德分析师兼预算局副主管查尔斯·兹威克、国防部部长麦克纳马拉的前任特别助理亚当·亚莫林斯基、政治学者和历史学家理查德·E·纽斯塔特。

与会者很快就意识到，新的兰德中心会遇到更大的困难，因为它不享有空军随意的赞助资金：“大家都一致认为，拥有一个富有而又‘愚蠢’的客户让兰德受益匪浅，这个客户没有闲情来干涉兰德的事务，或者在早些年的时候，这个客户也懒得理会是否会得到答案。城市研究小组则面临着截然不同的现状。”

与会者建议兰德至少筹集五年的运转资金以避免经济不稳定。他们还建议新的中心设立单独的理事会，把工作地点安排在兰德附近，但又独立在兰德办公地点之外。因为他们相信可以在外面招募年轻的科学家，招聘人数比兰德社会科学部能容纳的还多。据估计，拟建的机构将雇佣大约 20 位全职资深学者，年预算接近 250

万美元。

尽管这个学院可能会失去空军的赞助资金，但是它的诞生似乎非常是时候。许多以前无法获得兰德专业知识服务的政府机构热心于雇用智囊团，为国家问题探求新的解决方案。教育委员会想要兰德研究教育电视和科技在教学中的应用。卫生、教育和福利部门正在斟酌罗温关于设立国家卫生系统改进研究项目的建议；而运输部门则想让兰德研究传感器在测量交通流量和速度中的应用。另外，约翰逊总统在三月份要求国会增加社会研究项目的资金投入，建立城市科技研究办公室并拨出了2000万美元的预算资金。尽管罗温有许多美国联邦政府政治圈子内的联系人，但是他没有预料这番干劲十足的举动，会把兰德改造为政府社会政策研究的纽带，会刺激产生一个与政府关系更为密切的竞争者。

约瑟夫·卡里法诺是约翰逊总统的国内事务特别助理，负责监管新成立的住房与城市发展研究部（HUD）。34岁的卡里法诺是一名哈佛大学毕业生，最初是麦克纳马拉把他招进五角大楼工作。他是土生土长的布鲁克林人，出身于一个由意大利裔和爱尔兰裔组成的工人阶级家庭。卡里法诺为他的职业成就深感骄傲，尤其对自己在政府的政治工作引以为豪。在他进入白宫后不久，林登·贝恩斯·约翰逊对他说，“他们跟我说你非常聪明，在哈佛是班里的佼佼者。噢，我想告诉你，对我来说，你在布鲁克林街道上学到的东西比你在哈佛学到的任何东西都有用得多。”

罗温的社会城市学院议案启发了卡里法诺，政府或许可以采用这种方式获得公众认可，但是他不想把这个风头或影响力让给兰德。听闻罗温举办了会议，他意识到他必须迅速出手，否则住房与城市发展研究部可以雇佣的人才会被抢空。于是他在六月份也召开了一次会议，探讨建立城市发展学院。除了这个会议之外，卡里法诺在接下来几个月之内又陆续召开了几次会议，他决定住房与城市发展研究部的城市研究所要沿袭兰德的风格，“起用一些智者‘深刻而又广泛地思考’总体上的城市问题”。不过有一个明显的例外：尽管这个学院在表面上是一个独立的机构，但是住房与城市发展研究部会密切地指导其日常管理、筹集资金和行政职能等事务。换句话说，这个研究所附属于“伟大社会”计划。“伟大社会”是约翰逊总统提出的一个社会理念，要把美国建设成一个让所有人都能充分实现生活富足、尽情挥洒自由的国度，“终结贫穷和种族不公平待遇”——这个理念孕育了医疗保险制度、公共医疗补助制度以及 1964 年的民权法案。

1967 年 12 月，在约翰逊总统的支持下，卡里法诺宣告成立一个“秘密特许的非营利性机构”，名为城市学院。* 麦克纳马拉的国防部副部长、前兰德分析家威廉·高汉担任这个机构的首任主席。

卡里法诺利用城市学院阻止兰德接近社会政策事务。他通过施压让所有联邦机构将他们的一部分研究资金投给城市学院。他还向全国的决策者吹捧城市学院的工作，他写信给 50 个州的所有政府官员和各大城市的市长们，在信中强调约翰逊总统支持城市学院的发展，并鼓励他们与这个学院开展合作关系。

心灰意冷之下，罗温别无选择，只能引导兰德转向非政府渠道寻求更多资金，其中包括私企和大量私人基金会。由于兰德位居军工复合体的最高点，它理所当然会充分利用本身与私企领域的关系网。其中有两名理事就是标准石油公司的副总裁；1968 年，标准石油公司副总裁大卫·A·谢巴德担任该机构的理事长。保罗·尼采建议兰德研究美国外交政策与中东石油利益之间的关系。但是兰德却无法开展这项研究，因为石油公司要求把研究结果归为己有，而兰德的宪章却明文禁止进行独占性研究。于是兰德像以前一样，转向福特基金会寻求大部分社会研究资金。或许最重要的是，兰德与国家政治界的一个主要人物建立起密切而有利的关系，这个人物似乎有能力与约翰逊政府抗衡：纽约市市长约翰·V·林赛。

43 岁的林赛常常被人们称为“共和党的肯尼迪”。林赛是授勋海军上尉、耶鲁大学毕业的律师，祖上是一个古老的新英格兰家族。他曾经七次从纽约富人居住区（共和党位于公园大街和曼哈顿上东区的大本营）当选国会议员，1965 年他打出改革牌赢得了市长竞选。“他容光焕发，而其他人都已经疲惫了。”是他的口号，是从新闻记者墨里·坎普敦处抄袭过来的。新闻记者、自由主义者和少数族裔都把票投给了他，满心期待最终可以实现让人心醉神迷的美国大城市自由主义。

林赛和当时的纽约官员纳尔逊·洛克菲勒是同一路人：他们都是共和党人，都致力于促进商业发展和拥护民权，在这个过程中他们有时比民主党派还开明。林赛

* 现在的城市学院对外宣称是无党派的经济和社会政策研究机构，总部设在华盛顿，迄今为止依然紧密地沿袭着兰德的方法论：即挑选“正确的”问题，召集“恰当的”团队，实话实说，将研究发现供同事们讨论，把研究结果提交到合适的相关人手中。

在首次当选众议院议员时说，“我想要证明共和党代表着进步的改革，从而促进个体自由和保障个人安全。”

国会议员林赛言而有信，1963年他奋力阻止司法部长罗伯特·F·肯尼迪推广1918年《反叛乱法》压制海外美国人对美国政策的种种批评。数年以后，林赛在赢得市长选举之后，发誓将收服控制着纽约城的强大特权阶级联盟和官僚。因此他拒绝私下会见正在威胁要举行地铁罢工的运输工人联盟，他认为这种秘密交易是不民主的行为。该联盟不受威吓，在1966年1月1日林赛成为市长的那一天举行了罢工。这场罢工使纽约的交通陷入长达13天的瘫痪，最终迫使林赛答应了联盟的要求。就像肯尼迪总统在维也纳一样，林赛在任期伊始就给人留下了政治软弱的印象。在市长任期内，他将不得不面对由这次软弱引起的一系列政治挑战。林赛身为一个共和党人，却处在一个民主党控制下的城市和国家中，这是部分执政难题的根源。纽约评估委员会和市议会依然在坦慕尼协会的控制下，这个民主党机构从十九世纪末期以来就一直控制着纽约的政治。从国家层面上来说，约翰逊总统也不喜欢林赛，他多次设法推迟或搁置联邦住房拨款以削弱林赛的势力。此外，林赛所接手的城市普遍存在种族冲突和政治紧张现象。在1968年夏天的暴乱多发期，纽约并没有像底特律、华盛顿和费城那样燃起骚乱之火。这要归功于林赛的努力，他不带一个保镖，穿着夹克亲自访问黑人和西班牙裔聚居区，力劝居民们保持冷静。

林赛及其理想主义团队相信自己可以提高政府的效率，在纽约市推行改革，就如麦克纳马拉改造五角大楼一样，从客观的数字理性出发，以冷静、谨慎的眼光审视政府政策，把主观政见从政府政策中剔除出去。所以他们自然非常乐意与作为理性权威领导者的兰德结盟。

林赛的预算主管弗雷德里克·欧莱利·海耶斯曾经与罗温在预算局共事过，相当熟悉兰德在联邦系统内推广的项目预算和项目分析方法。海耶斯曾经要求福特基金会，批准用五年时间投入450万美元设立一个“兰德那样的机构”，从事城市问题研究工作并提出解决方案。福特基金会拒绝了这个提议，认为林赛政府试图通过这种方式，绕过经过选举产生的民主党控制的纽约评估委员会和市议会而制定政策。在被福特基金会拒绝了之后，林赛政府转向兰德。1968年1月8日，林赛和罗温宣布纽约政府与兰德签订了四个合同，聘请兰德用六个月的时间，对纽约市的消防署、警察局、公共医疗卫生服务部和住房发展部门展开研究。正如林赛所说，“我把这件事情看做是许多年来在提高纽约政府效率方面最重要的发展。”

从理论上来说，林赛政府与兰德的联盟都是各取所需。纽约就像是兰德的实验室，在这里兰德可以完善系统分析和研究方法在城市问题中的应用；而林赛政府则可以获得无党派偏向的、客观的城市问题研究报告，以及解决这些问题的对策和方案，同时相对于其蓄意阻挠者即效率低下的民主党人，林赛政府还可以因此加分不少。1969 年，在兰德和纽约市的共同支持下，一个独立的非营利性研究机构——纽约市一兰德研究院宣告成立，两者之间的合作关系由此走上正式化的道路。这次有兰德作为担保，保证尽量减少党派偏见，福特基金会签署同意书，成为这个新机构的主要赞助人。直到 1971 年，纽约市一兰德研究院的研究工作几乎占去了兰德城市研究项目的一半。

兰德与纽约市缔结联盟之后，这个军事智囊团终于能够以合法的姿态将业务扩展到社会研究领域。1968 年底，兰德获得了一些稳定的合同，其中有些来自经济机会办公室、交通部、住房和城市发展部、福特基金会以及其他基金会，总价值超过 200 万美元。从根本上来说，兰德把其主要的同行竞争者城市学院拒在纽约市的事务之外。但是这是要付出代价的。兰德发觉自己处在激烈的斗争中心，各方都在争夺纽约的未来控制权。此类斗争接近于五角大楼内官僚政客间的勾心斗角，就像大学教师在下午茶时间从烤饼之间抢蛋糕一样。警察局首先被兰德的潮流所吸引。尽管研究和改进纽约市警察局项目是规模最大的合同，研究经费接近 100 万美元，但是警察局在签署合同一年之内就终止了这个项目。依赖严重腐败和无效率现象兴旺起来的势力控制了纽约警察局；上百名政府官员牵涉在毒品诈骗事件中，警察虐待少数族裔和残暴行为成了一种风尚。* 有人不希望有任何改变，更别提改革了。警察局肆无忌惮地忽视自由主义市长的命令，这样的市长通常会被普通大众轻视。兰德在权力问题方面稍显迟钝。批评家指责兰德研究者嫌麻烦而拒绝驻扎在警察总局或分局，尽管这样的举动本来可以增强许多官员的信心。

兰德的研究几乎没有减少纽约警察局对兰德的不信任：纽约市一兰德研究院试

* 这种现象在数年后的电影中非常普遍，例如《冲突》和《法国贩毒网》。

图详细分析警察局的招募、挑选和训练等活动，整理出一个数据库信息，囊括了自20世纪50年代末期以来加入警察局的近两千名官员。信息数据包括高度机密性材料，比如犯罪记录、职业经历、教育背景、犯罪控诉和民众投诉等。这个清单上的内容一旦泄露出来让媒体知道，可能会终结这个警官的职业生涯。

这种可能性并不遥远。纽约市一兰德研究院针对警察胡作非为的现象，起草了一份表面上是保密的文献报告，其中调用了数据库中的信息，为控诉警察虐待民众提供证据。1970年11月，《纽约时报》用头版报道了这件事。报道控告警察的行事作风一贯都是那么粗鲁，并且还一直都无视社会舆论。报道还指出，在所有指控警察犯罪或虐待市民的案例中，只有5%案件的涉案警官被处以比申斥还严厉的处罚。警察局认为纽约市一兰德研究院是市长的玩物，这篇报道进一步加深了这种印象，因为他们披露这些信息，目的无非就是提倡大规模改造警察局。

纽约市一兰德研究院在住房政策方面的研究引发了同样强烈的反应，破坏了这个机构作为无党派偏见研究小组的声誉。该机构着手处理租金管理改革事宜，而随着低收入人群、白种人、年老居民和同样贫穷的少数族裔人口的日渐增长，租金俨然是当时人们高度关注的话题。林赛政府想要修改租金管理法，鼓励房主改进其房产条件，以此挽救正在衰落的市中心。但是包括许多少数族裔领导人在内的批评家认为这种举措是想要提高租金，把贫穷的租客赶出住房。尽管事实上截至1968年，由于缺乏相应的财政刺激，房主无心为维持房产，导致在纽约市大约有十万套空房被闲置，这些住房足够住下泽西市全部人口。

在一系列研究报告中，纽约市一兰德研究院建议在稍加限制的基础上让自由市场决定房租价格。

> 政府向非福利家庭发放房租证明，证明他们的支付水平与预先设定的最低房租清单之间的差距……房主可以将这些证明兑换成现金，类似于杂货店接收粮票；只要不是违章建筑，市政府就会补偿兑现证明的房主。

1969年年底，社区激进主义分子得到风声，获知了本该是机密文件的租金管理报告，尽管住房机构官员否认了这份报告的存在。1970年2月，市长办公室最终承认确实存在这样的研究报告，但是他们声称报告还未完成。不到十天之后，纽约时报在头版文章中详细描述了兰德的全套建议。包括日后纽约市市长亚伯拉罕·比姆在内的批评家再次指责纽约市—兰德研究院是市政厅的智慧宠臣，而不是一个独立的分析机构。

纽约市—兰德研究院的卫生部门展开了一些深受欢迎的研究，涉及铅中毒、性病、护理培训等领域，但是由于缺乏稳定的领导者，许多研究建议无法付诸实践。与此相反，兰德与消防署的合作却取得了绝对的成功，这种成功部分得益于消防署本身就是一个权力高度集中、等级极其森严且纪律非常严明的机构。这是其他与兰德打交道的纽约市政府部门所不能比拟的。也就是说，消防署极度接近五角大楼的工作环境，都追求效率至上，摒弃了党派政治、社会价值判断和个体道德因素等乱七八糟的问题。

兰德之所以在纽约市消防署的研究中获得成功，主要归功于相互之间的协作，更重要的是运气好。兰德积极融入纽约市消防署团队，安排研究者驻扎在消防队，研究出消防署所需要的或与消防任务有关的成果，例如减少错误火灾警报反应的总体数量，采用流水线程序响应火灾呼救。另外，消防署尤其感激兰德为他们带来“滑流水”。

纽约市—兰德研究院里负责消防研究的最高研究员是爱德华·布拉姆，他是一个化学工程师，早些年曾经担任过联合碳化物公司的顾问。他知道在水中添加联合碳化物公司生产的聚合物产品，可以显著地提高软管的水流速度。1968 年他说服消防署采用这种添加剂，效果出奇地好——聚合物产品减少了软管的摩擦力，从而使得水流量增加了 80%，而不必相应增加泵压。滑流水变成了消防队的必备用品，全国各地的其他消防机构很快就采用了这种新方法。尽管各式各样的研究项目有利于纽约的发展，但是它们不足以延长纽约市—兰德研究院的寿命，也不足以支撑林赛政府走出许多政治危机。至 1973 年，林赛转变成民主党人，在总统竞选中落败。面对大失所望的选民，他就像 1965 年时的竞争对手一样深感疲惫，于是他决定不再参与第三任期市长竞选，尽管他曾经满心欢喜地称纽约市是一座“娱乐城”。

1970 年的市政审计官亚伯拉罕·比姆就是后来的新任市长，他曾强烈攻击林赛政府将 7500 万美元投入外部咨询的行为，并拒绝支持价值 200 万美元的兰德合同项目。他取代林赛走马上任之后，就采取行动停止所有兰德研究项目，听从市议会的建议，对于任何咨询工作，都使用纽约城市大学的专家。当兰德与纽约市的最后一个合作项目终止之后，纽约市—兰德研究院就解散了，剩余的职员都转到圣塔莫尼卡总部。数年之后，从 1996 年至 2005 年，另一个纽约市—兰德附属机构开始运作，但这次仅限于比较教育研究项目。

兰德从纽约市一兰德研究院的经历中学到的主要经验之一就是避免给人留下党派偏见的印象。从 20 世纪 70 年代开始，兰德刻意培养对双方党派都保持政治中立的研究员，在研究分析中既不偏向民主党也不偏向共和党。在罗温的领导下，兰德开始启动一系列研究项目，涉及环境政策、通信、广播和教育等领域，时至今日研究依旧在继续。最重要的是，纽约市—兰德研究院为兰德实现民间和军事项目的平衡铺平了道路。兰德最耀眼的一个明星学者把兰德机构带入其史上规模最大也是最危险的论战：五角大楼文件事件。兰德之前的准备工作派上用场了。

第 15 章　偷　窃

1969 年 10 月的一个夜晚。

丹尼尔·艾斯伯格把一捆文件塞入他那破旧的公文包中，不安地走下圣塔莫尼卡兰德总部的走廊。他手中拿的文件都印有最高机密标记，这些文件可以追溯到 1945 年，有一部分是五角大楼委托的 47 卷关于越南战争的系列研究文件。当时只剩下两套完整的文件。艾斯伯格手中有一套，另外一套藏在国防部长梅尔文·莱尔德的办公室内。这些文件可以追溯美国干涉东南亚的历史，但是对于艾斯伯格来说，这些文件同样详细说明了数十年来的谋杀骗局。他决定要把整套谎话公之于众，即使被判为叛国者在监狱里度过余生，他也在所不惜。

从 1967 年开始，他就试图在政府内部阻止越南战争，他指出美国的越南政策是失败的，最多也只能导致血腥的僵局。但是没有人听从他的话，罗伯特·麦克纳马拉、约翰逊总统、亨利·基辛格甚至于他自己的兰德上司都不把他所说的当一回事。对美国领导者来说，改变意味着撤退，撤退意味着耻辱，而士可杀不可辱。尽管尼克松总统保证要停止越南战争，美国也正在与北越举行和平谈判，但是艾斯伯格看到一些机密电报，上面预示尼克松打算让战争继续，且采取秘密而隐蔽的行动扩大战争。或许甚至要向河内投下一颗原子弹。只有一种办法可以阻止这种疯狂行为，那就是把完整的历史摆在美国公众面前。艾斯伯格相信整个国家将会谴责那些战犯。

具有讽刺意味的是，艾斯伯格可以执行这次任务，只因他是这个历史项目唯一一位来自民间的管理员。在 1967 年，哈里·罗温新任兰德总裁，他建议麦克纳马拉设立一个关于越战“教训”和美国如何陷入东南亚困局的研究项目，麦克纳马拉欣然同意。罗温让他的门生艾斯伯格负责这个项目。现在艾斯伯格却要背叛自己最好的朋友，明知道这样有可能会葬送罗温的工作，特别是会毁掉他的联邦政府官职以及他接受的忠诚度审查。

那个晚上，艾斯伯格安排了要会见安东尼·鲁索。鲁索是艾斯伯格的同事，他参与了越共动机研究，这段经历使得他对东南亚实现和平的期望破灭了。鲁索的女朋友林德·西娜拥有一家广告公司，公司里有最新上市的施乐（Xerox）复印机。艾斯伯格和鲁索想要利用这台复印机把所有文件都复印几份，并且把复印件分发到国会和新闻机构。但是要把文件从兰德拿出来并非易事。

兰德的保安措施甚至比五角大楼还严密。艾斯伯格在五角大楼工作了几年，当他在国防部部长办公室、国务院和白宫之间来回往返时，他时常随身带着机密电报，保安人员甚至都不曾斜眼看他一眼。但是在兰德，所有的机密文件除了在使用的时候之外，都保存在绝对机密的保险箱里。艾斯伯格以前离开办公楼的时候从来都没有被检查过，但是他不能因此相信今晚他也不会被搜查。

艾斯伯格感到心咚咚地跳得很厉害，他打开双重安全门进入大厅。有两个保安坐在桌子旁。他们背后的墙壁上挂着二战时候的标语："你在这里所看到的，你在这里所说的，让它只在这里存在，让它留在这里。"另外一个标语是一个倒霉的嫌疑犯被警卫审问，标题是："想见新朋友，想访问有趣的地方？打开你的保险箱。"他在玻璃门前犹豫了片刻，然后鼓起所有勇气大步穿过玻璃门。其中一个保安往上看，匆匆地瞥了他一眼，然后微笑。

"晚上好，丹。"那个保安说。

艾斯伯格挥了挥空闲的手，点点头，步履悠闲地走出这座中世纪的现代主义办公楼，沿着人行道走到停车场。街对面的圣塔莫尼卡警察局上空呈现出沥青蓝色。艾斯伯格满心欢喜爬入他的阿尔法一罗密欧牌汽车，以限定的速度开向鲁索在西好莱坞的公寓。

西娜的广告公司在梅尔罗斯和新月高地拐角处一家花店的楼上，周围聚集了很多艺术家。西娜领着他们走上设有铁栏杆的外部楼梯，在走到她的办公门，插入一把钥匙关掉防盗自动报警器。门边的施乐复印机又大又快——在那个时代是速度相对较快的，但是艾斯伯格意识到，他需要工作一整夜才能拷贝完这些秘密文件。[10]

月 15 日预定举行一场全国性暂停罢工抗议越战，艾斯伯格想及时发布这些文件为罢工活动助威。艾斯伯格希望文件可以及时发表，为他、康纳德·科伦以及其他几位兰德分析家写的那封信增添分量，他们计划在接下来的几天内把这封信寄到《纽约时报》，公开要求美国当年内从越南撤军。艾斯伯格与这些偷窃回来的大捆书籍文件奋战着。他试着把书压着紧贴到玻璃上，希望一次可以复印两张，但是中间的图像变得模糊和不均匀。他分开书本把书页压到玻璃上，当底下的墨辊穿过页面时，玻璃折射出诡异的绿光。他把第一份复印件交给了鲁索和西娜整理，他自己回到复印机旁。

玻璃门响起两下急促的敲门声，这打断了他的工作。两名穿着制服的警官站在楼梯最上端。其中一个警官向艾斯伯格做手势让他开门。耶稣基督！艾斯伯格心里想，暗自惊叹自己这么快就被别人发现了。这些人真是太不可思议了。他们是怎么做到的？

艾斯伯格迅速合上复印机的盖子，遮住了正在复印的文件。他走向门口，边走边想他的孩子们怎么办，他用一片白纸盖住那堆印有最高机密标志的文件。

“警官，有什么事吗？”艾斯伯格打开门问。

“你的报警器关了。”其中一个警官说。

艾斯伯格尽量表现得镇定自若，他把头转向鲁索和西娜。

“林德，有人找你。”

一个警官走入室内。

“嗨，林德，你又这样做了？”其中一个警官说。

“噢，上帝，真的很抱歉，”她回答说，在艾斯伯格盖上那些文件的时候，她加快脚步向他们迎上去。“那该死的钥匙真是让我没有办法。”

“噢，不要紧，”那个警官说，“你要对此吸取教训才行。”

“噢，我会的，我会的！”西娜答应道。

警官们挥手告别，走出了办公室。艾斯伯格惊呆地看着鲁索和西娜，彼此沉默了一会儿，然后他们继续投入工作中。

第 16 章　万变不离其宗

五角大楼文件的泄漏让兰德深受打击。想想丹尼尔·艾斯伯格作为哈里·罗温和艾伯特·沃尔斯泰特的得意门生，却把最高机密信息泄漏给《纽约时报》，这简直让人难以置信，就像圣保罗最终决定与犹太法利赛教徒共命运，把圣彼得交给罗马人。

但是有一些兰德科学家对于艾斯伯格泄漏文件的消息并不感到吃惊。1971 年 6 月 13 日，艾伯特和罗伯塔·沃尔斯泰特正在牛津与他们的女儿以及苏联问题专家内森·莱特共进午餐时，他们听到了五角大楼文件公开发表的消息。一片沉默之后，他们面面相觑同时惊叫："丹!"，他们认为丹尼尔是唯一一个可以把机密情报详尽披露出来的兰德学者。莱特开玩笑说，"毕竟他已经年近四十了，却还没写过一本书。"莱特认为艾斯伯格应该把他所有关于越南战争的专业知识编成一篇论文，综合论述他的观点，而不是把原始材料直接交给《纽约时报》。艾斯伯格用了三年时间，秘密地拷贝卷帙浩繁的五角大楼文件，并最终出版了五角大楼文件。在这期间，越南战争的形势越来越糟糕。约翰逊总统在他总统任期的最后几个月，已经开始与北越南在巴黎开展谈判，并停止了对北越的轰炸。尽管尼克松总统继续与河内进行官方接触，开始实行"战争越南化"政策，逐渐减少美军参战人数，但仍有超过 1.5 万名美国士兵战死沙场。另外，越南冲突已经扩大化。1970 年，美国的飞机轰炸了越南的邻国柬埔寨，而柬埔寨国王诺罗敦·西哈努克被美国支持的陆军将领废黜了王位。一年后，南越军队为了追捕北越组织入侵老挝。平民伤亡人数多于以往任何时候，但战争还是没有停下来的迹象。

在美国国内，民众的反战情绪日渐高涨，对越战的观点分裂成两派。在 1968

年入主白宫的时候，尼克松曾经表示打算结束战争，此时公众对他的反感度已经直逼当年的约翰逊总统。公众对尼克松政府的信任度已经跌落到 50%，而越南战争的支持率已经下滑到 34%。全国有一半以上的公民认为这场战争“在道义上是错误的”。对越南老兵而言，他们所见所闻以及自己所制造的家毁人亡景象让他们深受折磨，此刻他们已经转变成反战抗议的主力。1971 年 4 月，20 万抗议者在华盛顿举行了盛大的集会，几乎整个城市的运转因此而停顿两天，迫使深感烦恼的尼克松出面与部分集会人员谈话。前海军军官约翰·嘉里是集会的主要发言者之一，他后来变成来自马萨诸塞州的参议员及 2004 年民主党的总统候选人。当时他声情并茂地代表越南老兵发表演讲，发誓要“采取行动彻底摧毁这场残忍的战争”。因此美国公众急欲探知艾斯伯格所披露的文件，看清政府的骗局以及政府官员如何固执己见地无视关于越战困境的警告。当哈里·罗温确切得知艾斯伯格叛变的消息之后，他为安保工作失职承担责任，从而辞去兰德总裁之职。事过 30 多年之后，艾斯伯格的直接上司经济学部部长查尔斯·沃尔夫在接受关于这个事件的采访时依然怀恨在心。首先，他语带轻蔑地断定艾斯伯格的行为很不理智，因为尼克松总统已经在努力让美国军队撤出越南。在沃尔夫看来，兰德培养了艾斯伯格，并且给了他充分发挥才智的机会，而艾斯伯格此举只会让兰德的名誉受损。罗温的继任者唐纳德·B·赖斯依旧认为艾斯伯格此举是一种犯罪行为。“从道义上来说，这绝对是犯罪。从职业责任方面来说，这也绝对是犯罪。在法律上是不是犯罪，我就不知道了，这要由律师和法院来判决。”

但是艾斯伯格并不是唯一一个计划泄露机密报告的人。至少另外还有两个从事五角大楼文件工作的研究员告诉一名前兰德学者，尽管他们不会把资料交给媒体，但是他们很高兴看到艾斯伯格这么做了。康拉德·科伦是这么看待这件事的：“这真是一种疯狂的行为，我们必须设法阻止它。”

在位于旧金山湾地区的宽敞的家中，艾斯伯格接受采访时承认，在泄露五角大楼文件之前，一边是朋友和家人的要求，另一边是自己的良心，两者在心里激烈冲突着，这让他备受折磨。早在 1969 年，一些兰德分析家一起签署了一封反对越南战争的公开信，这封公开信的发表严重损害了艾斯伯格与沃尔斯泰特之间的关系。这位兰德的幕后操纵者（沃尔斯泰特）可能也曾想过要反对越南战争，但他非常厌恶其他学者们这种独行其是的行为。

“我有两个最好的朋友，他们就是艾伯特·沃尔斯泰特和哈里·罗温。对我来说，艾伯特像父亲，哈里像哥哥。艾伯特觉得我在公开信上签名对哈里来说是一种背叛。他不知道哈里已经批准了这封公开信。”当我把这个告诉他时，他说“如果哈里让你大白天在街上裸露你的下体，你会照做吗?”我跟他说，“这件事对你来说只有这层意思，是不是，艾伯特?仅仅是裸露癖而已?”

艾斯伯格和沃尔斯泰特从此以后再也没有对彼此说过话。两年后五角大楼文件被公开发表出来，艾斯伯格与罗温的关系也因此而破裂了。

艾斯伯格决定要把机密研究文件公之于世之后，他不得不忍痛离开兰德，本来他还打算在这个智囊团度过以后的日子。“在五角大楼文件事件之前，我从来没有想过重新回到学术界。兰德是知识分子的理想之地。兰德的工作环境非常好，而且学者们不需要给学生上课。这真是一个完美无瑕的地方。”

当美国联邦调查局发现艾斯伯格已经把五角大楼文件交给民主党国会时，他的文坛生涯走到了尽头。艾斯伯格辞职离开了兰德，几乎在同一时间，尼克松命令司法部起诉他犯了泄露国家机密罪。一系列禁令要求任何报纸不得发表五角大楼文件，但却反倒促使艾斯伯格和他的同伙把文件分发到更多的新闻机构。美国最高法院最终否决了司法部的禁令，允许新闻机构发表这些文件。

尼克松为了挽回受到重创的名誉，下令建立一个叫做“水暖工”的特别秘密单位，去“封堵泄漏源”。尼克松的特别法律顾问查尔斯·寇尔森、前中央情报局特工E·霍华德·亨特以及美国联邦调查局退休特工G·戈登·林迪招募了一组特务，从事各种非法活动，比如起草一张列有主要新闻记者和演员的“敌人清单”，再比如破门进入艾斯伯格的精神病医生的办公室，寻找更多关于艾斯伯格对外交往的信息。最后他们潜入位于华盛顿特区的民主党全国委员会的总部“水门大厦”，引发了宪法危机，这就是“水门事件”。

当水门事件的检举人厄尔·希尔伯特告知法官，尼克松政府许可了非法闯入艾斯伯格的精神病医生办公室的行为时，政府最终撤销了对艾斯伯格非法复制政府资料的指控。五角大楼文件的发表也没能够如艾斯伯格所愿立即结束越南冲突，但是这些文件的发表却为最终弹劾尼克松的进程奠定了基础。尼克松的助手H·R·哈德曼写道，“如果没有越南战争，就不会有水门事件；如果没有艾斯伯格，也不会有水门事件。”水门事件之后，民主党控制的国会授权切断了可以进一步扩大越南战争的资金来源。不到两年之后，西贡落入北越手中，胡志明最终赢得了胜利。

在接下来的几十年间，艾斯伯格成为了著名的演说家、杰出的作家以及颇有知名度的知识分子。在最近的一次采访中，他吐露自己偶尔会梦到重新回到兰德工作，有时是普通的梦，有时是噩梦。但是直到今日，艾斯伯格仍旧是圣塔莫尼卡总部所不受欢迎的人。他最后一次进入兰德的办公楼和老朋友聊聊天，却被兰德管理人员要求立刻离开办公场地。

唐纳德·赖斯（Donald Rice）在他早期的三十年里看起来像是一个高尔夫球新手，在兰德担任了分析家工作之后，转到美国管理和预算办公室担任副主管。出乎他意料的是，1972 年在罗温离开之后，兰德理事会的代表邀请他担任新的兰德总裁。时至今日，赖斯依旧不太明白为什么他们会选择自己。

赖斯上任后发现他的首要责任就是“清理艾斯伯格留下的混乱场面”。“我要确保一个具有全国性重要意义的机构不会就此付之东流。绝望无处不在，许多人都在关心这个机构会变成什么样。”赖斯有时担心白宫可能会关闭兰德了事。“如果可能的话，白宫的鲍勃·哈德曼将会受到政治惩罚。管理和预算办公室主管兼未来的国务卿乔治·舒尔兹安排我们与总统进行二对一的会谈，这样一来，尼克松就可以知道哪些曾在政府里担任高官的人将要参与其中。”

五角大楼文件泄露的一个直接结果就是促使兰德加强了安保措施。有一段时间，每个人离开圣塔莫尼卡总部的时候都要经过搜身；全面禁止职员独自复印文件。兰德的学者被重新灌输一些规则，其中有一条就是“你在兰德的所见、所闻、所写永远都是属于兰德的”。

另一个结果就是兰德机构丧失了其 20 世纪 60 年代获得的种种光彩。有人猜测这个智囊团很快就会发展成或退化为另一种智囊机构——远离政策制定事务，集中为私人领域服务，换句话说就是类似于博思艾伦咨询公司这样的机构。有人批评赖斯是一个置身事外的管理者，只顾着争取拨款维持机构的运行，而不甚关注作为兰德标志性特征的基础研究的发展。

事实上，在 20 世纪七、八十年代，兰德在赖斯的领导下进入各种研究领域，这对其在 20 世纪末和 21 世纪初的发展有着至关重要的意义，兰德的研究涉及住房补助、教育改革、恐怖主义、发展中国家的家庭生活、刑事司法制度改革、毒品防范和移民问题。兰德展开政治交往，接受赞助进行前沿研究，培养大批人才，这使得兰德再次走近华盛顿的最高权力阶层，兰德机构由此进入了白银时代（Silver Age）。

赖斯深知在华盛顿广交朋友是百利而无一害的。在几年的时间里，赖斯在重建兰德名誉的过程中，有幸得到好友前兰德分析家詹姆士·施莱辛格的协助。施莱辛格在 1973 年被尼克松总统任命为国防部部长。施莱辛格是一位经济学家，他长着满头白发，衣着随意，爱抽烟斗，有七个孩子，嗓音轻柔而迷人。他在 1961 年加入兰德。尽管他加入的时间比较晚，但是他很快就变成了兰德机构反击力学说的支持者。1969 年他提出武器控制的目标之一是“把战争控制在较低的水平，轰炸对象是军事目标而不是城市地区”。截至 1969 年，他变成了兰德战略研究项目的领军人物。受到托马斯·谢林著作的启迪，他针对控制核战争写了一篇一本书那么长的论文。

正如罗温和赖斯一样，施莱辛格先在管理和预算办公室实习了一段时间，才转到其他政府职位。其中最为突出的就是，他在 1973 年曾经担任了四个月的中央情报局局长，这段经历立刻帮助他升职到五角大楼。施莱辛格在被任命为国防部部长的时候才 43 岁，他设法聘请以前的同事，让他们在政府的各个阶层任职，有一个观察家把这些人称为“兰德的校友会”。这些顾问和朋友组成的交际网让赖斯受益匪浅，在他们的协助下，兰德启动了迄今为止在国家安全领域之外最为成功的研究项目之一，这个项目名为健康保险实验，其涉及范围非常广，时间跨度也很长。

在 20 世纪 70 年代早期，尼克松总统最终完成了约翰逊提出的“伟大社会”计划的执行进程，社会上针对医疗保险的成本和效果问题展开了广泛的争论。关于成本分摊效用的最基本问题，例如健康护理的病人部分负担制和自付额，各类科学期刊和报纸都对这些问题进行讨论。美国在 1965 年建立了医疗保险制度，之后民众兴起了申请医疗保险服务的浪潮，为了应对这种情况，政府促使国会也对医疗保险相关问题进行研究。个人应该支付多少？在个人知道有一部分数额需要自付的情况下，他或她会使用多少医疗服务？医疗服务与病人部分负担之间是否存在着相对应的关系？如果这两者是相对应的，那么个人的健康与整体国民的健康之间有什么样的关系？

关于健康护理费用分摊效用的问题，尚未整理出确切的科学数据。有些评论家认为让民众医疗自理是“小事聪明大事糊涂”的措施，因为病人出于花费的考虑，除非他们得了重病而不得不就医，否则他们可能不愿意去治疗疾病。此外，很难预测公众在拥有高额健康保险的情况下，他们是否会因此更多地利用医疗服务；或者购买保险的人是否因为他们本来就比普通大众的健康水平要糟糕些才购买保险。

与此对应，尼克松政府与兰德签订合同，委托兰德进行实验，为费用分摊效用的相关问题找出最终的答案，研究新近建立起来的健康维护机构——具体地说就是研究这些机构中民众个人健康的维护以及民众使用医疗服务的费用分摊效用问题。兰德借助其健康研究部门变成了一家保险公司，涵盖国内六个不同地方的 5000 多人，这些人被分配到 13 个不同的成本分摊计划中。所有计划都针对中产阶级和富裕家庭，推出最高为 1000 美元的现款支付开销，以及针对贫穷家庭推出与收入挂钩的最高限额。其中有三项计划不含减免额，而是根据医疗服务的范围收取 25％、50％或 95％的部分保险费用。为了测试在免费的住院治疗与门诊医疗之间，民众是否会选择前者，兰德设计了一个计划，对门诊医疗服务给予 150 美元减免额，却对住院治疗提供免费服务。1982 年，这项研究的实地调查宣告完结，其研究成本相当于现在的 2.5 亿美元。这样的研究规模是前所未有的。

在这项研究的许多结论中，有些是在意料之中的，更多的结论却是与直觉相背离的。对于成年人来说，免费医疗护理只会改善视力不好或低收入高血压患者的健康状况。费用分摊确实减少了整体的医疗费用，但是它也同时减少了开支和医疗服务使用量。费用分摊减少了医疗服务的费用，并没有减少寻求低价医疗服务的病人数量。在实行费用分摊制之后，富人和穷人都相应减少使用医疗服务，穷人在一年内较少寻求护理，但是他们需要住院治疗的可能性也比较大。尽管与中产阶级和富人阶级相比，最开始穷人从这个计划中受益较大，可能是因为穷人以前都没有钱享受牙医服务，但是最终人们会对牙医服务和医疗服务作出相似的反应。研究还发现保险对心理护理有很大的影响：没有承保的人购买的心理和精神护理服务只是完全承保人的 25％。

研究中最让人惊讶的结论是，对于分配在不同计划中的人们来说，费用分摊并不会对人们不同的健康水平产生多大的影响。“常规医学检查（巴氏涂片试验、乳腺和直肠检查）在免费护理的情况下效果较好，但是牙线清洁之外的其他健康习惯（运动、饮食和抽烟）却变得更糟糕。”

兰德的这些研究信息对保险业和联邦政府没有起到什么作用，这反而给了他们理由放弃对病人实行免费医疗护理，因为病人自理医药费并没有降低公共医疗卫生服务的质量。1982年当兰德初步公开研究结果时，只有30%的医疗计划为医院服务包含减免额；到了1984年，这个比例达到了63%；截至1987年，这个比例超过了90%。今天，医疗费用减免额简直是无所不在。在几年的时间里，兰德开展了其他健康和健康护理研究，认为国民健康保险会改善生活质量，但并不是延长平均寿命的必要条件。习惯门诊医疗的人拒绝接受需要支付更高费用的医疗服务，而习惯住院治疗的人不管费用如何依然选择住院治疗。兰德健康研究部的项目最终变成了美国最大的健康政策私人研究和分析项目，同时也是世界最大的研究项目之一。

在赖斯任职期间，兰德开始寻找境外研究项目，并在荷兰大获成功。在20世纪70年代，荷兰政府与兰德签订合同，委托兰德开展一项被认为是较为简单的调查研究，找出保护东斯凯尔德河口不受季节性洪灾破坏的方法。当时兰德研究者说服荷兰政府从修建世界上最大的人造水坝入手，这项工程奇迹是为了应对400年一遇的暴风雨洪潮而设计的。在20世纪80年代早期，那项研究工作在荷兰引申出全面的水管理政策分析，处理缺水、盐度、水质和洪涝等问题。兰德的先驱性工作在荷兰可以取得成功，部分原因是由于在欧洲没有其他竞争者。

“在那里就像世界上其他任何地方一样，历史上没有出现过兰德这类的机构，”赖斯近来说道，“所以我们可以提供广泛的系统分析，荷兰政府可以运用这些分析，向民众解释为什么他们需要具有渗透性的栅栏。”兰德在荷兰的成功，使得智囊团更易于在其他欧洲国家发展更多的研究项目。目前兰德拥有众多研究项目，其中包括为英国提供各种咨询，这些咨询涉及互联网视频管理、为欧洲人口生殖协会研究人口出生率、引导欧洲委员会创办欧洲科技学院与美国加利福尼亚理工学院和麻省理工学院分庭抗礼。

如今的赖斯依旧身材修长而健康，现任阿根西斯（Agensys）主席。阿根西斯是一个以圣塔莫尼卡为基础的医疗研究机构，致力于寻找可以治愈癌症的方法。他现在还是兰德理事会成员，兼雪铁龙、安进公司和富国银行的董事会成员。在卸任兰德总裁之后，赖斯被任命为空军部长。在他的办公室墙上，挂着波斯湾战争期间投到巴格达的首枚“轻型炸弹”的拉火索。

在 1989 年之前的赖斯任期内，兰德的非军事研究项目渐增，但这并不意味着兰德终止了国家安全研究。事实上，在这段时期里，兰德不仅与空军完全实现和解，而且还跨越了传统的各军种间的竞争，设立一个名为阿罗约中心的研究机构，处理基于陆地的军事问题。最初，陆军把这个中心设在帕萨德纳的加利福尼亚理工学院，利用该学院与喷射推进实验室的附属关系展开研究。但是在 1982 年，加利福尼亚理工学院出现了让陆军感到棘手的事情，教员们不断地提出异议，他们声称除非他们有机会审查政策建议书，否则他们不愿让加利福尼亚理工学院的名字出现在政策建议书上。

“教员的要求是不现实的，所以空军陷入了两难境地，”赖斯回忆说。“我和陆军的副参谋长弗兰克·斯托曼有私人来往，然后我就劝说他们转向兰德。空军在很大程度上对此满怀希望。我们曾经为国防部部长办公室工作过。他们有充分的理由，相信我们可以对他们的问题展开研究，而不会与其他政府部门的研究工作产生冲突。”换句话说，神童们引领的麦克纳马拉变革现在已经制度化了，军队的不同部门最终学会了资源共享及和平共处。

赖斯还有另一项主要成就，即正式成立了一所全国最大的私人政策研究生院——帕地（Pardee）兰德研究生院，卡内基基金会亲切地把它与哈佛、伯克利和卡内基·梅隆大学相提并论。帕地兰德研究生院是独一无二的，学院安排学生与兰德分析家一起，针对真实的问题展开研究工作，这样学生就可以直接获得相关经验。最初该研究生院制定的基础课程大约只有四大块主要必修领域：统计学和数据分析的量化方法、微观和宏观经济学、社会科学和科学技术。在研究院成立后不久，有一项专门研究变得盛行起来——苏联研究。

以莱特和兰德的其他苏联问题专家的早期研究工作为基础，但是不包括那些分析家对苏联持有的过时的、世界将要灭亡的观点，兰德转变成世界上最主要的私人苏联研究中心之一。后来的国务卿康多莉扎·赖斯（Condoleezza Rice）或许是该研究院最杰出的研究生，她曾在圣塔莫尼卡实习了一个夏季。就像许多研究生一样，她也曾想日后在兰德谋求研究工作，但是正如一位当前的兰德成员所述，“她不是当兰德职员的料”。也就是说，她拥有明显的雄心壮志，不适合做一名默默无闻的研究员。日后的助理国防部长保罗·沃尔福威茨显然也是如出一辙，在没有工作邀请的情况下，他同样也在兰德度过了一个夏季。但是一旦赖斯升迁到制定政策的高层后，她就被邀请加入兰德理事会。从1991年到1997年，她出任兰德的理事会成员。

正如丹尼尔·艾斯伯格所料，兰德对有过兰德经历的人所产生的影响，远比兰德发表的任何一种政策文件的影响要显著得多。从20世纪70年代开始，有一批日后的外交政策领导人在圣塔莫尼卡度过了一段时间，这几乎都是研究生院的课程要求。在兰德学习和担任工作的人不胜枚举，其中包括颇具影响力的历史学家及《历史的终结和最后的人》的作者弗朗西斯·福山、著名的反恐专家兼日后的兰德副总裁布鲁斯·霍夫曼、沃尔斯泰特的门生扎勒米·哈利勒扎德（Zalmay Khalilzad）。哈利勒扎德后来被提拔为帕地兰德研究生院的主管、驻阿富汗和伊拉克大使，现任驻联合国大使。

此外还有唐纳德·拉姆斯菲尔德（Donald Rumsfeld），他在赖斯的任期内正式在兰德工作。拉姆斯菲尔德或许是最有争议性的美国国防部部长。大约是在他担任尼克松总统的经济机会办公室主管期间，他开始与兰德的分析家有往来关系。从1977年到2001年，拉姆斯菲尔德一直都是兰德理事会成员，并曾经两度担任理事会主席。他后来离开了兰德理事会，加入乔治·W·布什总统的内阁。

总之，当1989年唐纳德·赖斯离开兰德上任空军部长的时候，回首过去，他会发现兰德走过了一个成熟的政治巩固的时代。他不仅帮助兰德在艾斯伯格丑闻中幸免于难，并且还实施了许多外交政策和军事研究的理念，促成了里根时代的诞生以及苏联的解体。

第 17 章　B 组对抗

艾伯特·沃尔斯泰特不会放弃他的发言权。沃尔斯泰特站在比弗利威尔夏饭店舞厅的讲台上，他以研究图表为论据义愤填膺地公开抨击国际关系的缓和趋势。这个世界存在着各种风险，美国正处在极大的危险中，沃尔斯泰特无法接受不抗争的行为。

1974 年的夏天，在威尔夏大道的西班牙巴洛克式饭店外面，散发着清香的比弗利山又迎来了一个阳光灿烂的早晨。罗迪欧街上的商铺纷纷开门营业：豪华轿车和梅塞德斯载着明星们去多摩和斯卡兰吃早午餐；威廉·莫里斯经纪机构策划在远处的电影工作室打造年轻的好莱坞名人。新市长是首位黑人市长，他承诺洛杉矶将会变成货真价实的世界级大都市。当时的水门事件动摇了东海岸地区的政府机构，却几乎没有影响到洛杉矶的政治风貌。加利福尼亚人对震撼性的戏剧性事件早已司空见惯，他们甚少关注尼克松政府在逐渐垮台这样的事情。正是在这个近似于美国世外桃源的地方，沃尔斯泰特决定要在此表明自己的立场。那个早晨，他在报纸上看到了他的朋友保罗·尼采退出第二阶段美苏限制战略武器谈判（SALT II）的消息。水门事件败坏了整个谈判时的氛围，尼采因此受到了控告。国务卿亨利·基辛格和尼克松总统只是想与苏联达成任何一种协议，只为转移公众对日渐蔓延的水门危机的关注。尼采是一位头发灰白的外交政策老将，在那样的政治情景下，他说难以指望谈判可以增强国家安全，所以他退出了。

正如沃尔斯泰特在其他场合提出警告的时候一样，他当时正在对着一些特定的听众作演讲。这些听众都是外交政策机构的先觉者。前一天晚上，他出席了在前兰德同事詹姆士·迪格比家里举办的宴会，并在宴会上试讲了一番。宴会上供应有希腊菠菜派、水煮鲑鱼、巴斯克锅巴烧鸡、意大利菜肴，搭配有1971年份的施泰因贝格尔高级葡萄酒和1964年份的特级克洛斯·沃格干红葡萄酒。在这样的宴会上，沃尔斯泰特开始一如既往地宣扬那些早有准备的理念。参加宴会的人都感觉非常有幸能享受这些食品和沃尔斯泰特的演说。辛迪加专栏作家约瑟夫·克拉夫特也在场，此外还有《华尔街日报》的社论编辑罗伯特·L·巴特利以及《时代》杂志的高级编辑詹森·麦克曼纽斯。

这个宴会和沃尔斯泰特的演讲其实都是一种热身活动，在接下来六年的时间里，他在全国各地的公共论坛中孜孜不倦地开展漫长的游说活动。制定政策的知识分子普遍相信美国习惯性地高估了苏联的兵力，沃尔斯泰特把这种现象称为导弹差距论的后遗症，那个早晨他站在饭店舞厅的讲台上宣称这是一种荒诞的想法。沃尔斯泰特警告说，事实上美国一直都低估了苏联武器的规模、开支及其杀伤性。他引用已经公开了的数据，用曲线图和图表来论述他的观点，滔滔不绝地表述自己的理念。不管听众是使眼色、点头还是打断演讲，他都不会返回座位或放弃发言。这场演讲意在唤醒他的同事们，让他们立即行动起来，或者至少促使他们进一步反思这些问题。四十几名学者和官员聚集在这里倾听沃尔斯泰特的演讲。加利福尼亚军备控制研讨会包括多种话题，其中有“替代性疯狂方案”*、“美国在限制武器环境下的战略防御位置”、“再次讨论即使在最坏的情况下我们也不应该采取的行动：明确的毁灭性攻击。”学者们本以为沃尔斯泰特的演讲是这些话题中某一个轻松的话题。

事实上，沃尔斯泰特已经不再是兰德职员了，甚至也不是政府官员，但是他的演讲却对听众产生了广泛的影响。听众都知道他是美国最杰出的核能分析家、著名的大学教授，即便总统不会亲自回应他的请求，他那些在五角大楼任职的校友、国防部部长、国务卿以及总统的国家安全顾问都会响应他的呼声。沃尔斯泰特是一个具有影响力的人物，是国家政治活动的幕后操纵者，听众们都清楚地知道这一点。他们意识到他所说的话都具有重要性，必须关注他在演讲时说的每一句话。

在回顾1969年苏联的军力增长威胁时，沃尔斯泰特警告人们不要戴上乐观的

---

* 疯狂（MAD）是共同毁灭原则（Mutual Assured Destruction）的双关语。共同毁灭原则是美国针对核战争预设的官方目标政策。

眼镜。他在国会上再次声明了这一点，但是不管他如何悲叹，1972 年国会最终批准了《反弹道导弹条约》。当时他对此发出警告，认为美国会被苏联的承诺所欺骗，因为在第一阶段限制战略武器谈判期间，莫斯科私下部署了更多导弹、弹头和轰炸机。美国国家领导人对本国的防御漏洞熟视无睹，如果不及时修补这些防御漏洞，将有可能导致核武器大屠杀。

几个小时之后，沃尔斯泰特最终走下讲台，在如雷的掌声中坐下。并非每个人都相信他的推测，因为他是在两年前的旧数据的基础上估算出导弹能力的，忽视了当年美国还有许多弹头已经投入到使用中，许多听众却早已知悉这一点。但是重点不在这里，沃尔斯泰特组织这次活动旨在唤醒自满的人们。从表面上看，他做到了这一点。几个星期之后，他在《外交政策》上发表的一篇文章中重新提出了质疑，这篇文章引起了极大的反响，影响直逼他在 1959 年发表在《外交事务》上的文章——《恐怖的微妙平衡》。这只是长远而艰巨的游说活动的开端，他希望采用这样的方式，去改变在他看来受到了误导并且具危险性的政府政策。或许直到该届国家领导层卸任之前，沃尔斯泰特的游说活动也没有结束。

中央情报局局长威廉·科尔比是首位接受沃尔斯泰特的质疑观点的人，他把这篇沃尔斯泰特发表在《外交政策》上的文章的复印件分发给手下的职员，让他们对此发表评论。几年之后，科尔比声称自己发现沃尔斯泰特的观点“相当引人注目”，而中央情报局分析家则认为这些只是“防御废话”，这样的反应让他大失所望。1974 年 7 月 25 日，在写给芝加哥外交关系委员会的一封信中，科尔比认为沃尔斯泰特的数据过分简单化了：

> 更为广泛的背景包括武器技术的预测，也就是定性因素、发射台部署数量、反弹道导弹等防御系统以及进攻性武器。从这个广泛的背景环境出发，信息预测的数据会比沃尔斯泰特教授在文章中建议的要复杂得多。高估和低估的例子在数量上旗鼓相当。

科尔比没有意识到，沃尔斯泰特的权宜之计是声称缓和政策有着深刻的哲学差异，根据国家的趋势和特征会变成呼吁战争。沃尔斯泰特曾经在公众场合宣称，在兰德和政府内外都有一些保守声音私下抱怨了好几年，认为中央情报局和《国家情报评估》所准备的措施对苏联简直过于仁慈了。尼克松政府为了国内政治目的而去奉承苏联，忽视了这种和睦方式会对国家安全产生极大的负面影响，所以许多民众对此表示不信任。美国走上了错误的路线，在这种情况下，学者有必要摆脱兰德的常规影响途径，去改变已经被误导了的舆论。

1972 年在他的首届任期接近尾声的时候，尼克松总统开创了美苏合作的新时代。他来到莫斯科，与苏联总书记勃列日涅夫共同签署了《第一阶段限制战略武器谈判》以及《反弹道导弹条约》。尼克松的行为虽然受国内政治利益所驱动，却也部分反映了美国的现实正在发生变化。自从在越南战争中溃败之后，美国人厌烦了所有战争——不管是热战还是冷战。反战运动成为社会主流。至 1974 年，绝大多数美国人认为美国政府应该进一步裁减核武器，近一半美国人认为美国在国防上花费了太多资金。此外，绝大多数美国公民对苏联有好感，只有少数人认为依然存在核战争威胁。

美国国务卿基辛格和苏联总书记勃列日涅夫之间的会议备忘录，反映了在这两个超级大国的代表之间存在着一种和谐的、近似于兄弟情谊的关系。其中包括勃列日涅夫伸手揉乱年轻外交官的头发，并且喜欢肆无忌惮地开玩笑。这种信任和友爱之情主要反映在尼克松政府相信可以减少国防开支，而不必担忧会危及国家安全。但是有少数的执著人士直接提出抗议，其中包括前加利福尼亚州长罗纳德·里根、参议员亨利·杰克逊、国防部部长詹姆士·史勒辛格，自然还有沃尔斯泰特。正如他们所抗议的那样，对莫斯科实行缓和政策并不能结束美苏两国在发达世界边缘的竞争。在安哥拉、纳米比亚和尼加拉瓜等第三世界国家，苏联把古巴军队作为它的代理，为共产主义和具有共产主义倾向的政权提供支持。安哥拉就是一个明显的例子，5 万名古巴士兵为安哥拉人民解放运动社会主义党候选人阿戈什蒂纽·内图提供援助。阿戈什蒂纽·内图在内战中战胜了南非支持的争取安哥拉彻底独立全国联盟*的约拿·萨文比政党。

---

* 在基辛格看来，古巴的这次干涉出乎意料，破坏了美国政府与卡斯特罗领导的古巴政府之间逐渐发展的和睦关系。自从 1961 年猪湾事件失败之后，美国与古巴之间一直存在争执。

政府批评家还指出，在肯尼迪和约翰逊时期，美国在军备竞争方面占据上风，但苏联在 20 世纪 70 年代奋起直追赶超了美国军力。尼采和其他政府官员担忧尼克松为了转移国内对自己可能面临的弹劾的关注，而永久地固化美国在战略武器方面的劣势地位。世界上唯一一个竞争性的超级强国依然宣誓要毁灭美国，在这种情况下事态显得非常危险。

政府内外支持缓和政策的一方认为，虽然苏联拥有较多核武器，但是苏联核武器的杀伤力却不及美国的核武器；而反对缓和政策的另一方则认为，苏联导弹及武器的巨大数量和规模足以说明苏联的武器优势。关于多弹头分导重返大气层运载工具（MIRV）效用的党派攻击，其激烈性逐渐等同于中世纪关于针尖上有多少个天使在跳舞的古老争论。一辆多弹头分导重返大气层运载工具在其顶端可以携带好几个核弹头；每个弹头可以依次被编排去进攻各自明确的攻击目标。美国研发出多弹头分导重返大气层运载工具导弹，目的是为了冲破苏联在 20 世纪 60 年代末设置在莫斯科周围的反弹道导弹区（ABM）。美国和苏联签署了《第一阶段限制战略武器谈判》，防止此类永无止境的反弹道导弹和多弹头分导重返大气层运载工具的竞争。

缓和政策的反对者认为苏联欺骗了美国，因为苏联私下安装了自己的多弹头分导重返大气层运载工具，使得先发制人的核打击成为可能，并且其打击规模大到可以扼杀美国的二次打击能力。他们哀叹苏联导弹拥有庞大的“投掷重量”或强大的空运能力，也就是说，苏联的导弹规模和能力可以对美国的目标投下相当多的弹头。尼克松政府里的缓和政策支持者对这些警告熟视无睹，他们指出美国导弹的效率更高，外形也更轻巧，因此美国不需要具有苏联那样的导弹能力和规模，美国导弹的杀伤力甚至更为强大。

在沃尔斯泰特和尼采这样的批评家看来，毫无节制的缓和政策同样也是错误的。苏联不应该因为奴役本国公民而获得奖赏。缓和政策应该是一种等价交换，要为苏联换来更大的政治自由度。参议员杰克逊特意设法把缓和政策的商业优势与放松对犹太人的镇压联系起来，这些商业优势包括较低的关税、贸易增长、美国的最惠国待遇等。缓和政策的反对者受苏联异见分子纳坦·夏兰斯基及获得诺贝尔奖的作家亚历山大·索尔仁尼琴所鼓励，他们从原则上拒绝相信苏联的任何承诺。其中最突出的批评家就是国防部部长史勒辛格。当时最著名的引用语就是“斯宾格勒是一个乐天派”。*

尽管这样的说法有极端右翼偏激倾向，但是在签署了《第一阶段限制战略武器谈判》不久之后，苏联直逼协议规定的极限，开始扩增战略进攻核武器，这是不争的事实。史勒辛格是首批对此发出警告的人之一，他强烈要求美国在第二阶段限制战略武器谈判中走强硬路线。（最终反对批准该协议的呼声日渐高涨，参议院投票否决批准第二阶段限制战略武器谈判协议。）

1974 年 8 月尼克松辞去总统职务之后，杰拉尔德·R·福特成为美国总统。史勒辛格发现自己与这位新的国家首领意见相左，在新总统看来这位国防部部长右翼倾向过于明显。福特发现自己的民意测验支持率日益下降，他担心选民认为他能力不足，没能从中协调强硬派史勒辛格与温和派基辛格之间的分歧，于是他在 1975 年将史勒辛格解雇了，随后开始大规模整改他的外交政策官员队伍。在这个过程中，福特招募了一批人才。在接下来的 30 年间，这批人都活跃在民主党和共和党政府的高层办公室里。

福特选中政治手腕老练的唐纳德·拉姆斯菲尔德替代史勒辛格出任五角大楼的国防部长。当时拉姆斯菲尔德才 43 岁，是来自伊利诺伊州的前国会议员，福特的任命让他成为美国历史上最年轻的国防部部长。福特保留了基辛格的国务卿职位，并任命布伦特·斯考克罗夫特将军为国家安全顾问。他聘请拉姆斯菲尔德的支持者理查德·切尼担任军队参谋长。福特强迫纳尔逊·洛克菲勒副总统放弃参与 1976 年的总统改选，而选择了来自堪萨斯州的参议员罗伯特·多尔作为竞争候选人。福特认为这是他一生中最懦弱的政治行为。后来，福特召回美国派往北京的驻华特使（当时中美两国之间还没有互派大使），并且任命这位生于康涅狄格州、在耶鲁大学受过教育的前共和党国会议员兼德克萨斯州的石油大亨乔治·H·W·布什为中央情报局的新局长。正如林德·约翰逊所言，福特需要一些新鲜血液。

---

* 当然奥斯瓦尔德·斯宾格勒是一名德国作家，他那部笔调阴暗的作品《西方的没落》影响了许多保守派思想家，其中包括尼采。史勒辛格能够在政府中任职要归功于参议员杰克逊的强力支持。就像他们的朋友沃尔斯泰特一样，史勒辛格同样为苏联的军力优势感到忧心忡忡。1973 年史勒辛格在上任几个星期之后曾经说过：“苏联拥有铁拳，现在只是把铁拳包裹在天鹅绒手套之下，缓和政策就是他们的天鹅绒手套。”

加利福尼亚州州长罗纳德·里根宣布要在 1976 年与福特竞争总统候选人提名，他利用史勒辛格下台引发的争议，声称史勒辛格敢于指出美国逐渐衰弱而美国的敌人却日渐强大的事实，这就是福特解雇史勒辛格的原因。用里根的话来说，福特“害怕将美国军事地位的真相告诉民众”。

福特发现共和党内出现了政治一边倒的倾向，反对缓和政策的人占据了绝大多数。于是他准许了美国现代史上最为与众不同的政治权力运作方式：指派一组外部人员来审查机密情报，在中央情报局的官方意见之外提供另一种参考建议。这个小组名为 B 组，其历史可以追溯到退休政府官员尤金·V·罗斯托在 1975 年感恩节期间喝下的两瓶血玛丽酒（Bloody Marys，番茄汁掺加伏特加）。

罗斯托和尼采都是沃尔斯泰特的朋友。但是与沃尔斯泰特不同的是，罗斯托很喜欢担任政府职务。他曾经在约翰逊政府中担任政治事务副国务卿，他满腔热情支持越南战争。他的哥哥沃尔特·罗斯托是约翰逊总统的国家安全顾问，他们两兄弟都声称美国在道德上有义务去阻止共产主义接管南越。道德一直都是尤金·罗斯托最为关注的问题之一。罗斯托是耶鲁大学的法学院院长，他曾经写了一些文章谴责二战期间扣留日裔美国人的行为，他说这些美国人被收押入营，“而对他们的指控甚至不足以判定他们犯有偷狗罪。”

尤金·罗斯托是参议员杰克逊的仰慕者，他支持保守的民主党，1972 年他在总统竞选中落败。1974 年沃尔斯泰特在比弗利山发表了重要的演讲，在这之前几个月，罗斯托曾经写道，“我们面临着两个不稳定因素：苏联的军事武器依然以可怕的速度在不断扩增；苏联政治政策的强硬的帝国主义倾向越来越明显。”两年后罗斯托在民主多数联盟的外交政策特遣部队里任职，这个组织公开指责尼克松政府鼓吹“缓和神话”的行为。“缓和神话”这个短语从此成为保守派用来攻击对手的攻城锤。

在 1975 年的感恩节，伏特加和愤怒的情绪给了罗斯托灵感，他给尼采写了一封信，建议他们重新建立“当前威胁委员会（Committee on the Present Danger）”，提醒美国人对日渐增长的苏联威胁提高警惕。* 这个小组的首次会议在华盛顿市区大都会俱乐部的一次午餐中进行。起初，这个圈子汇集了来自民主党和共和党各阶层的缓和政策反对者。其中包括美国劳工联合会和美国产业工会联合会领袖莱恩·柯克兰、前国防部长史勒辛格、前国防部副部长兼惠普电脑公司的共同创始人大卫·帕卡德、前海军作战部长埃尔默·松华特上将、1968年民主党总统候选人的得力助手马克斯·坎佩尔曼、“快乐勇士”明尼苏达州参议员休伯特·H·汉弗莱。还有一些人没有出席会议，但是他们都支持该委员会的目标。他们是里根、前国务卿迪安·鲁斯克、后来的国务卿乔治·舒尔兹、哈佛教授和苏联问题专家理查德·派普斯、经济学家赫伯特·斯坦。他们都承诺要掀起一场运动从根本上改变美国的外交政策。

这个小组在充满紧迫感的情况下掀起了疯狂抨击缓和政策的宣传浪潮。罗斯托和尼采发表了一些文章，而沃尔斯泰特则在《外交政策》和《战略观察》上对缓和政策进行抨击。

这个委员会从华盛顿的一个新政治家派别处获得了重大支持，这个新的派别就是新保守派。新保守派最初的成员绝大部分是犹太知识分子，他们对以色列的存亡问题有着强烈的兴趣，新保守主义分子以前多数都是社会主义者和自由主义者。欧文·克里斯托尔曾经很形象地把新保守主义分子描述为“被现实伤害的人”。吉恩·柯克帕特里克、诺曼·波多雷茨、克里斯托尔等新保守主义评论家看到了缓和政策的“非道德性”，这让他们深感沮丧。他们宣称在美国的外交政策中，人权与自由贸易同等重要，尤其是面对苏联的时候。他们的目标就是破坏华盛顿政府与莫斯科政府之间的和睦关系，削弱东西方谈判协议的约束力。他们把中央情报局当做是实现目标的切入点。

在20世纪70年代，中央情报局的一系列秘密行动被披露出来，这对中央情报局造成了极大的打击。从中央情报局支持的古巴猪湾入侵事件失败后，特别是中央情报局被揭发参与运作水门事件以及被披露监视国内反越战组织之后，中央情报局

---

* 旧的“当前威胁委员会”建于1940年，目的是为了提醒美国人，在面临纳粹威胁在欧洲蔓延的情况下，美国的中立态度是非常危险的。

成了众矢之的。美国参议员弗兰克·丘奇说中央情报局是“离群的大象”。关于中央情报局的丑闻在 1975 年 2 月 28 日达到了顶点，哥伦比亚广播公司透露了一条每位情报局职员都视为“家珍”的消息：中央情报局参与策划各种暗杀外国领导人的阴谋。

随后参议员丘奇的委员会和总统任命的委员会对中央情报局的各种境内活动展开了调查，调查结果证实中央情报局确实参与了非法的以及其他违背了其本身宪章的活动。其中包括在国内监视和截取往来邮件，更不必说试图谋杀菲德尔·卡斯特罗，推翻危地马拉和伊朗政府，在智利、萨尔瓦多以及许多其他第三世界国家煽动军事政变等种种罪状了。由于当时中央情报局所做的任何事情都让人心生怀疑，所以它就变成了缓和政策反对派的首要目标。沃尔斯泰特在他的文章中都刻意避免斥责或甚至提及中央情报局，但是国家安全机构的每一个官员都知道，沃尔斯泰特的推论都是以中央情报局提供的《国家情报评估》为基础。当然沃尔斯泰特承认《国家情报评估》只是一种官方预测，它们推测世界在接下来的 12 个月里会有什么变化。另外它们“本来就具有不确定性，可以根据预测时间和敌方的实际部署之间的变化撤销原本的推测”。此外，这些错误的推测需要进行修改。

一个不引人注目的政府专家组充当了改革工具，这个专家组是建于 1956 年的总统外交政策顾问委员会。艾森豪威尔创办这个专家组的目的是监控各种情报项目。后来肯尼迪把这个专家组的名字改为总统对外情报顾问委员会（PFIAB)。尼克松委任这个专家组“对《国家情报评估》分析进行补充”。在福特的领导下，这个专家组充满了源自兰德的新保守主义倾向成员。专家组成员包括一大批著名的兰德伙伴，例如管理和预算办公室前主管及未来的国务卿舒尔兹、前兰德工程师及劳伦斯利弗莫尔国家实验室主管约翰·福斯特、兰德元老及氢弹之父爱德华·特勒。专家组的主席是乔治·W·安德森海军上将；利奥·彻恩是副主席兼右翼自由之家的主席。这些知识分子都是 B 组的发起人。

在沃尔斯泰特针对缓和政策发表第一篇批判性文章之后，总统对外情报顾问委员会主席安德森写信给福特总统，指责 1974 年的《国家情报评估》具有严重的误导性。安德森授意福斯特与委员会成员特勒及摩托罗拉总裁罗伯特·加尔文进行会谈，建立一个附属委员会负责评测《国家情报评估》。附属委员会成员包括理查德·拉特。拉特离开兰德后在劳伦斯利弗莫尔国家实验室理论部担任部长。拉特提议建立第二个中央情报局，但是特勒对此有些担忧过头了，他建议设立一个由外部专家组成的小组，对官方数据质疑。这个小组被称为B组，小组的知识分子利用所有可用的高级机密情报独立开展评估。

1975年总统对外情报顾问委员会正式提议建立B组，中央情报局局长科尔比立刻否决了这项提议。在科尔比看来，提议者以外部人员进行客观分析为掩饰来操纵政府政策，这些人一心想要以意识形态因素为基础来制定政策。

> 我们对苏联战略能力的年度评估利用了美国政府的所有已知信息以及最好的分析资料……我很难想象一个由政府及非政府分析家组成的特别“独立”小组怎么可能整理出更为透彻而全面的苏联战略能力评估报告。（划线部分为科尔比的原话）

科尔比愤然否决了建立B组的必要性，但他的反对却无济于事。一方面，当时他已经是即将离职的人。在科尔比起草回复之前的一个月，他已经在福特总统的要求下提出了辞职。既然这个妨碍创立B组的局长已经一只脚踏出政府机构，福斯特和特勒就把他的话当做耳边风，继续向中央情报局官员施压，让他们批准重新整理情报评估，尽可能精确地预测苏联的洲际弹道导弹系统、防空和针对美国潜艇的反潜艇能力。

在乔治·H·W·布什宣誓就职成为新的中央情报局局长之后，福斯特和特勒再次正式提出设立B组的请求。布什对此感到有些犹豫，他认为没有必要事后质疑本机构先前的决定，但是布什的一些下属却支持这个建议。沃尔斯泰特的告诫唤醒了科尔比，他已经下令撤消了过去10年的《国家情报评估》预测研究，从此以后支持建立B组的人数明显增多。布什最终批准设立两个团队：A组负责原本的《国家情报评估》；B组将对相同的事实进行检查，并得出自己的结论。接着总统国家安全顾问会“审核这项试验并评判其效果”。

这两个小组最初根据国防的三个分支分成三大块：导弹、轰炸机、潜艇。但是海军情报局的首领博比·茵曼上将在获知这个研究后，对此表示强烈抗议。如果分析家想要完全评估潜艇的弱点，那么海军就必须透露准确的航队数量和部署位置。核潜艇力量的操控信息几乎是华盛顿政府严防死守的秘密，因此海军拒绝与任何人分享这些信息，中央情报局也不例外。茵曼成功地阻止了潜艇方面的研究实践，第三个组别改为研究苏联战略目标。

有些专家小组在防空和导弹的精确性上存在竞争关系，尽管他们表面上和和气气的，但是最后在关于苏联军力数据的重要性上，他们无法协调彼此间的哲学差异。由于这些专家组的任务就是审查大量详细的技术资料，所以他们之间会出现分歧根本就不足为奇。第三个专家组也是最著名的战略目标专家组争议最大。因为这个专家组的工作涉及解读敌军的意图，需要考虑各种各样的主观因素，可想而知其结果肯定会发生扭曲。毕竟，春雨对一些人来说意味着花开，而对另外一些人来说则意味着闪电。

理查德·派普斯是 B 组战略目标专家组的主席，他在 20 世纪 70 年代参与创建“当前威胁委员会”。派普斯是生于波兰的苏联问题专家，他曾在哈佛大学任教；他像莱特一样相信苏联有征服世界的野心。他是理查德·佩里的门生，如此一来他也把沃尔斯泰特当做是自己的间接导师，所以沃尔斯泰特被推荐加入专家组也就不足为奇了。佩里向专家组推荐了当时的第二阶段限制战略武器谈判的特别助理保罗·沃尔福威茨。派普斯带来了尼采和一些兰德学者，其中包括已退休的空军上校托马斯·沃尔夫。专家组的成员关系和谐而又有些排外，许多成员曾经在兰德与兰德学者或沃尔斯泰特共事过。沃尔斯泰特最终没有加入这个专家组，尽管他的文章被当做研究资源，而且他在专家组内有很大的影响力，特别是他的密友兼前兰德同事安德鲁·马歇尔被专家组聘任为顾问之后，沃尔斯泰特对专家组的影响尤甚。当时马歇尔刚刚到五角大楼的净评估办公室上任。

在各竞争小组一起出席的首次会员大会上，以中级分析家为主的 A 组天真地认为，把他们召集在一起的目的是让他们相互交流关于机密情报的意见。一名 A 组参与者说“我们遇上劲敌了，尼采等人把我们当做砧上肉大肆攻击。”面对尼采的严厉抨击，A 组领导者有时只能哑口无言地坐着，他张开嘴巴却不知该如何回击。另外一个 A 组参与者借用了一种运动来比喻当时的情形：“就像是沃尔特·惠特曼高中队对抗华盛顿红皮足球队”。中央情报局专家组很快就意识到，B 组企图推翻A组分析前提的正确性，从而对情报资料提出不同的观点。一名A组成员说："如果当时我能够觉察到对手的本性，那么我就可以改用不同的回击方式。我原本以为这不会是一场零和讨论。"从此以后，两个组别之间的合作可能性几乎消失殆尽了。在会员大会三天之后，吉米·卡特以压倒性的优势战胜杰拉尔德·福特，成为第39任美国总统。

在12月底，A、B组同时把最终报告提交给总统对外情报顾问委员会和中央情报局局长布什。派普斯傲慢地说，总统对外情报顾问委员会成员对B组分析报告的精确性感到"震惊"。12月21日在中央情报局总部的主礼堂里，这两个小组再次狭路相逢，展开了一场近似于学院辩论的争论。相应的分析结果果然不出所料。A组承认苏联正在扩增核装备和增强战斗力，但是他们无法确定苏联何时能达到与美国势均力敌的水平或甚至赶超美国。B组强调苏联对权力贪得无厌，并且肯定地指出苏联导弹的精确性，但是这一点很快就被空军情报组组长推翻了。

按照环城路（Beltway，指华盛顿特区）的传统惯例，接下来还安排了午宴。布什特意与A组成员坐在同一桌，这一微小的举动让派普斯在20年后依然怨恨不已。当时坐在布什旁边的一名成员透露，当有人问布什"接下来会怎么样"时，布什的回答是"不会怎么样，我要跟自己的职员在一起"。后来布什变成又一个东海岸共和党温和主义者，不像里根那样坚信美国霸权，也不像数十年后入主白宫的小布什那样激进。

即使布什有意实施B组建议，去修改《国家情报评估》，从而反映出更为严重的苏联威胁，那也是于事无补的。因为就像前任局长科尔比一样，布什担任中央情报局局长的日子非常有限。卡特总统不愿让他留在中央情报局局长的位置上，而是让斯坦菲尔德·特纳接替了他的位置。新一届政府只采用了B组的一条政策建议：B组声称苏联的防空导弹网是坚不可摧的，卡特总统以此为借口取消了一个计划好的轰炸机项目，因为按照B组的观点，轰炸机在进攻中起不到什么作用。

虽然B组的目标落空了，但是其成员自称B组取得了部分胜利，认为他们已经设法改变了《国家情报评估》的基调，突出强调了苏联体系的邪恶本质。尽管B组报告的总体效果依然存在一些争议，但《国家情报评估》确实变得更加悲观，这一点是毫无疑义的。《纽约时报》报道说，1976年的《国家情报评估》"是十多年来最让人沮丧的评估报告……它平淡无奇地宣告苏联正在试图赶超美国军力”。最后 B 组和“当前威胁委员会”一举获胜。1980 年里根当选总统时，他的政府官员中有 51 位是“当前威胁委员会”的成员，其中包括里根总统、中央情报局局长威廉·凯西、国家安全顾问理查德·V·艾伦、驻联合国大使柯克帕特里克、海军大臣约翰·莱曼和副国防部长佩里。在短短几个星期之内，里根政府就对苏联表现出一种好战的态度，国防预算翻了几倍，就像 B 组及兰德隶属成员要求的那样。莱特—兰德世界观再次获得胜利。就像一位观察家说的那样，“在很短的一段时期内，兰德就对美国的外交政策事务产生了极大的影响，这是其他私人公共事务机构所望尘莫及的。”乔治·H·W·布什和乔治·W·布什政府又上演了同样的情形，兰德的那些人甚至都没有变换，而这种行为也带来了非常严重的后果。

5

里根的变革有两个前提：彻底的税收和政府管制改革、强烈的反共主义。后者导致了国防开支大幅增长，强硬的外交政策浮出水面。这些举措都是以兰德的分析报告及兰德开创的理性选择理论为基础。

早在1972年兰德就开创了恐怖分子研究，当时兰德创办了《国际恐怖主义年表》（也就是现在的“恐怖分子数据库”），最先系统性地汇编了所有已知的国际恐怖分子活动。

兰德的军事变革理论继续坚持主张建造更轻巧的武器，这变成了军队的黄金标准——改变了五角大楼追求更多、更大、更致命的武器的思维。

在美国入侵伊拉克之后，兰德针对伊拉克建国发表了一篇报告，警告说军事占领想要取得成功，所需要的军队比布什政府愿意或者能够提供的军队还要多。

第 18 章　见证终结

1985 年 11 月 7 日上午，艾伯特·沃尔斯泰特正在白宫等待罗纳德·里根给他颁发总统自由勋章。保罗·尼采也在同一个颁奖仪式上获得了勋章，他在沃尔斯泰特之前走到麦克风前发表讲话。

尼采赞扬总统在外交事务方面作出了明智的选择，与此同时沃尔斯泰特自信地环视周围，然后把视线转向他的妻子罗伯塔。许多年前的某一天，在哥伦比亚大学法学院里，沃尔斯泰特坐在罗伯塔旁边，他跟她说他们应该在一起，因为他们俩的姓氏首字母——他的姓 Wohlstetter（W）以及她的姓 Morgan（M）——倒过来是一样的，从那以后她一直都是他的忠诚伴侣。她一如既往地还以微笑，并且眼神比沃尔斯泰特更明亮。

终于轮到里根发表讲话了。他的用词如此悦耳，或是说如此愉悦人心。他向在座的每一个人陈述美国政府决定授予沃尔斯泰特夫妇勋章的理由，而这对一个平民来说意味着最高的荣誉。

总统抑扬顿挫地说，“罗伯塔和艾伯特·沃尔斯泰特——一份嘉奖，两枚勋章。”

罗伯塔和艾伯特参与了核能时代最为重大的事件，他们的研究影响了一大批政治家的思想和行为，为创造一个更安全的世界作出了有益的贡献。在过去的 40 年里，他们综合应用逻辑、科学和历史知识，提高了我们认识和运用民主的能力。通过他们的研究工作，我们意识到人类的安全并不是以威胁无辜为基础的，政府也没有必要大肆扩充核武器。他们的思想和理念的力量本身就是自由世界最有效的防御武器。

他把麦克风递给罗伯塔，她的回答很简短："我感到无比荣幸，非常感谢。"

接下来轮到沃尔斯泰特上前接受那枚沉甸甸的瓷漆十字勋章，他把麦克风摆得离自己更近一些，以便每个人都能听清他的讲话。他的女儿琼、理查德·佩里、保罗·沃尔福威茨、哈里·罗温等所有在事业上受到过他的支持和指导的人都在场。他在麦克风前犹豫了片刻，然后开始发言：

> 总统阁下，这份巨大的荣誉不仅仅只属于我自己，它更属于那些才华横溢、无私奉献的研究员和学者。在过去的35年里，能够跟他们共事是我莫大的荣幸。里根总统将这枚自由勋章颁发给我，这尤其让我倍感荣耀，因为这位总统一再强调我们的目标是维护自由，我们在维护自由的过程中必须阻止世界性大毁灭，避免让自由与非自由社会都毁于一旦。此时我满怀感激和深感荣幸。非常感谢你，总统阁下。

众人本来以为他还会说更多，所以感谢辞结束的时候，听众愣了片刻，随后场内响起了雷鸣般的掌声。沃尔斯泰特已经不必再多说什么。如果不是有这些研究员、学者以及他们的朋友从中协助，今天的一切就不会发生。吉米·卡特将仍然是总统，整个国家依然笼罩在希望日渐破灭的愁云惨雾中，而不是像今天这样在里根的统治下，众人在阳光灿烂的早晨里尽享温暖，美国经济持续增长，苏联帝国开始退却，这样的政府真是千金难买。

在1985年的时候，对于沃尔斯泰特及其他兰德学者来说，现在就是他们的未来。在肯尼迪、约翰逊和尼克松的总统任期里，他们改造了这个世界。在福特和卡特政府的抑制下，他们出乎意料地发现了自己的优势。在里根的领导下，他们想要削减苏联武器规模的旧梦终于成真。很久以前在沃尔斯泰特那所位于好莱坞山上的住宅里，他们就聚集在一起构想该计划。

几十年来，兰德分析家和苏联问题专家就曾预言过，苏联会因为经济衰竭和种族纠纷而走向灭亡。兰德经济部部长查尔斯·沃尔夫鼓吹通过军备竞争拖垮苏联，他断言苏联经济非常脆弱经受不起冲击。但是这需要像罗纳德·里根这样的忠实信徒来把这一切付诸实践。

这位 71 岁的前加利福尼亚州长以压倒性的胜利赢得总统选举之后，他开展了一场改变了美国社会的变革。里根的变革有两个前提：彻底的税收和政府管制改革、强烈的反共主义。后者导致了国防开支大幅增长，强硬的外交政策浮出水面。这些举措都是以兰德的分析报告及兰德开创的理性选择理论为基础。

罗纳德·里根不同于所有前任白宫总统，他相信美国有能力打败苏联，而不仅仅只是遏制苏联。在他看来，共产主义本身的内部矛盾将会导致共产主义倒台。他坚信加速苏联灭亡是他义不容辞的责任。在总统就职演讲中，里根引用了一名在一战中阵亡战士所写的一段话，“美国必须打赢这场战争。为此，我愿意去奋斗，我愿意去拯救，我愿意去牺牲，我愿意去承受，我愿意尽我所能英勇奋战，就像整场战争只能仰赖我一个人一样。”在另外一个场合中，里根对马克思关于资本主义的著名论断作出了回应，他许诺要“让马克思列宁主义成为历史的灰烬”。

里根政府在阿富汗展开了一项被称为“里根主义”的重要试验。1979 年底苏联军队入侵阿富汗。沃尔斯泰特曾经敦促卡特政府为阿富汗本土伊斯兰教游击队提供先进武器，帮助他们对抗苏联侵略。里根上任之后，沃尔斯泰特成功地说服政府继续为阿富汗提供更大的支持，他认为这样可以挫败苏联对这个地区的所有不良企图。他把阿富汗看做是莫斯科的越南，苏联在阿富汗投入了大量金钱、人力和设备，如果苏联战败了，其士气肯定一落千丈。后来苏联军队最终撤出了阿富汗，这件事保全了沃尔斯泰特及兰德作为权威战略来源的名誉。里根政府多次试图阻挠苏联对尼加拉瓜和萨尔瓦多等地区施加影响，但都没有取得相同的显著成效。兰德学者并没有密切参与这些事件，但他们在政府圈子里的声望依然不减。

许多与兰德关系密切的人在里根政府里担任重要职务，这也并没有什么不妥。沃尔斯泰特的门生理查德·佩里担任国防部副部长，负责苏联事务。沃尔斯泰特的另一个同事、兰德的鹰派成员佛瑞德·伊克尔任智囊团社会科学部部长，他协助里根过渡小组开展工作，并且升迁为国防政策副部长。保罗·沃尔福威茨被安插在国务院负责政策规划。尼采曾经有效地发起对第二阶段限制战略武器谈判和解的抗议活动，以至于促使参议院拒绝批准谈判协议。他变成了里根的军备控制谈判代表。

最重要的是，兰德结识了一位很有影响力的盟友——美国最权威的金融出版物《华尔街日报》的编辑。1972年罗伯特·L·巴特利开始掌舵这个金融新闻界的旗舰机构，几乎是在同一时期里根开始营造新的保守主义政治。在里根就职的时候，巴特利在《华尔街日报》上为沃尔斯泰特和其他知识分子开辟了社论专栏，宣传"里根变革"关于减少政府管制、增强国防能力的原则。巴特利还发表了一些主张减税以刺激经济的经济学家的文章，这些经济学家包括亚瑟·拉弗和裘德·万尼斯基，他们坚信减税可以实现预算剩余。

从一开始兰德的反击力理念就被里根政府奉为官方国防政策。1982年国防部长卡斯珀·温伯格发表了"国防指导"文件，宣布美国的官方战略是增强有二次打击能力的核武器，这样美国才能够"获得胜利并且迫使苏联在有利于美国的条件下，尽早提出停止对抗的要求"。也就是说，里根政府准备保留攻击后备力量，这样苏联就会担心美国再次进攻，然后不得不放弃战争，最后美国将会取得核战争的胜利。1961年兰德学者威廉·考夫曼曾经针对如何赢得核战争这个问题，向罗伯特·麦克纳马拉提出过相同的建议。

强调进一步增强国防能力是当时的主流思潮。在里根时代，最初的国防预算比卡特在位时的预算高出13%，大约增加了440亿美元，加大了在核武器、飞机、水上舰船、潜艇、巡航导弹方面的预算。此后国防预算连年增长。最值得一提的是，沃尔斯泰特以前就梦想建立一个反弹道导弹防御体系，里根总统重新审视了他的这个提议。持怀疑观点的公众为沃尔斯泰特的防御体系取名为战略防御构想(SDI)。这个体系设定了一个目标：美国利用自己的导弹在空中拦截并击落来自苏联的洲际弹道导弹，这就是"星球大战"计划。

美国对苏联的态度发生了改变，政府的言辞和行动充分证明了这一点。国务卿亚历山大·黑格、副总统乔治·H·W·布什以及总统里根都公开预测，美国可以在美苏两国的有限核战争中取胜。甚至里根的独白也透露出偏激的反共主义思想，因为有一次他以为麦克风已经关闭了，所以他对着麦克风开玩笑说："美国同胞们，现在我很高兴地告诉你们，我已经签署了相关法规，把苏联永远的列入非法范畴。在五分钟之内，我们将开始轰炸苏联。"

对于莫斯科来说，里根的这番话可不是闹着玩的。里根政府对核战争表现出轻慢的态度，并坚持在欧洲部署新式中程导弹，这些都挑起了苏联的危机感。根据中央情报局的解密报告，截至 1981 年底，苏联国家安全委员会深信美国计划发动先发制人的核攻击。

在接下来的一年，列奥尼德·勃列日涅夫去世了。苏联国家安全委员会主席尤里·安德罗波夫变为苏联第一总书记。他设立了一个情报警示机构，负责监视美国的备战情况。1983 年秋天，莫斯科相信美国的突袭准备工作已经进入收尾阶段。如果苏联实施了反警报措施，而且如果在不明白来龙去脉的情况下，美国情报机构探测到了这些部署，那么世界很快就会走向核战大毁灭的边缘。幸运的是，一些在苏联的特工向美国和英国报告了苏联对战争的恐惧之情。为此美国和英国都采取了一些措施，再次向莫斯科保证他们并没有策划要对苏联进行核攻击。尽管如此，国际局势依然变得很紧张，法国总统弗朗索瓦·密特朗把当时的形势比做 1962 年的古巴导弹危机。几年之后，苏联新任领导人米哈伊尔·戈尔巴乔夫认为，“20 世纪 80 年代前期的国际局势高度紧张，从而变得更难应付和更让人坐立不安，这是战后几十年里前所未有的现象。”

里根高调表示对赢得核战争志在必得，这种行为激怒了莫斯科政府。同时，里根的言论还重新掀起了美国消失已久的一幕：和平运动。里根放手扩增国防能力，政府在推崇新的核战理念，这些都让美国和欧洲的激进分子感到惊慌，他们发起大型示威抗议活动，要求政府实行核冻结政策。美国政府本来计划在欧洲部署珀欣（Pershing）导弹，但是抗议的声音迅速传播开来并且取得了显著的效果。当时兰德分析家在描述西欧的安全形势时，他们是这样写的：“没有哪个国家的公民是愿意部署导弹的。”另外，科学家们开始发表各种文章，论述任何规模的核战争都会导致一种新的无法预测的后果：核冬天。即便是局部核战争的污染和辐射，也一定会让地球变得更加寒冷，随后世界将变得一片漆黑，从而走向灭亡。沃尔斯泰特针对这些观点作出了激烈的回应，指责和平主义者尽使用一些无法被证实的数据，批评他们一味沉迷在没有科学根据的猜想中。

这次沃尔斯泰特的反击没有取得什么效果。公众舆论强烈反对新的核军备竞争，因此里根政府开始坚定地启动裁军谈判，这让有些保守主义分子觉得里根已经不再是他们的成员了。当时约翰·T·“特里”道兰是全国保守派政治行动委员会主席，他抱怨说："不是政府选择了'和平'运动，而是'和平'运动选择了政府。"

比较具有讽刺意味的是，最终让兰德战略专家的努力完美落幕并一手摧毁苏联的人竟是一位苏联领导人。1985 年苏联其他三位总理突然死亡之后，戈尔巴乔夫出任苏联共产党总书记。此时，苏联已经陷入经济停滞不前、政治四分五裂的状态，而且斯大林主义政治控制教育在苏联根深蒂固。从戈尔巴乔夫上台开始，他就试图彻底重新整顿苏联国内政治，提高行政灵活性和促进经济发展。最近的解密文件显示，在 1985 年底戈尔巴乔夫最信任的两位助手亚历山大·雅科夫列夫和爱德华·谢瓦尔德纳泽提议共产党实行民主化，允许多个候选人参加选举，或者甚至把共产党拆分成两个派别，提高政治竞争性。

迫于美国国内的政治压力，里根在戈尔巴乔夫就职当天给他发了一封信，里根在信中表示美国希望开展美苏谈判，"最终达成裁减核武器的共同目标"。戈尔巴乔夫迅速对此作出了善意的回复。双方的这次交流促成了 1985 年末在瑞士日内瓦举行的美苏会晤，1986 年的春天，另外一次美苏首脑峰会在冰岛的雷克雅未克举行，这两位领导人试图在废除所有核武器和部署战略防御计划方面达成协议，不料结果不如人愿。但是里根在这个过程中表达出了对苏联的信任感，这促成了《中程核武力条约》的签订，该条约要求双方撤除部署在欧洲的中程核导弹；还促成了《第一阶段削减战略武器条约》，该条约要求美国和苏联削减战略核武器的规模。要的是，这些行为让戈尔巴乔夫相信，在他继续推进"开放与革新"的改革时，美国不会趁机袭击苏联。戈尔巴乔夫本来想要巩固苏联的经济体系，但是他和里根都没有料到，这场"理性"的市场经济改革会导致这个体系的垮台。1989 年柏林墙倒塌；1991 年苏联国内各种控制不住的力量导致了苏联的解体。尽管里根在结束总统任期几年后，他希望苏联倒台的梦想在偶然间成真了，但是他一手策划的经济改革即刻产生了效果，不可挽回地改变了美国的经济。他声称"政府并不是解决问题的方法，政府本身才是问题所在"，他受到加尔文·柯立芝的启发，试图回归到罗斯福新政之前的经济政策。英国首相撒切尔也有类似的举动，她对英国的福利状况进行彻底的改革，这被人们称为"撒切尔主义"。她的观点与里根的言论相互呼应，她说："根本就没有什么社会，只有一个又一个男人和女人以及家庭。"

从 20 世纪 70 年代至 80 年代，兰德学者对大西洋两岸的里根式私有化运动产生了重要影响。兰德的研究报告为一整套名为“里根经济政策”的经济改革提供了智力支持，该改革的中心理念就是减少税收、解除管制和精简政府机构必然有利于国家利益。

1952 年肯尼思·阿罗在兰德出版了一本书《社会选择与个人价值》，最先播下政府权力下放理念的种子。社会责任压根就不存在，世界上只有个体选择。集体责任观念往好的方面说是黄粱美梦，往坏的方面说就是独裁者编织出来的思想牢笼，以便把他们单方面的意愿强加给他人。这意味着解决问题的办法就是削减政府作用、减少管制以及延伸到减少税收。这种政策离电影《华尔街》的著名台词“贪婪是个好东西”只有一步之遥。

其他兰德学者进一步发扬理性选择或社会选择理论，并且把自己的理论与早期理论家关于自私自利有益于解决世俗事务的观点联系起来。许多理论家都获得了诺贝尔奖，因为诺贝尔委员会认为他们的工作推动了整个社会的发展。其中包括在 1983 年获得诺贝尔经济学奖的杰勒德·德布勒，他在 20 世纪 50 年代曾经为兰德工作。他的《价值理论：经济均衡的定理分析》为亚当·史密斯的“看不见的手”价值规律理论奠定了数学基础。价值规律认为利己主义驱使人们只看重自己的目标，实际上推动了整个社会的发展。

理性选择理论很快就扩散到美国的其他生活领域。兰德经济学家加里·斯坦利·贝克把相关方法和假说应用到一些以前被认为与经济学无关的领域中，例如社会学、犯罪学、人类学和人口统计学。他的中心前提与阿罗的理论完美呼应——理性的利己主义几乎支配着人类各个方面的行为。1992 年加里·斯坦利·贝克因其杰出的贡献而被授予诺贝尔经济学奖。

兰德顾问特加林·查尔斯·库普曼斯曾经两次在智囊团工作过，第一次是在 1948 年，第二次的工作时间是从 1952 年到 1966 年。他提出了“活动分析”方法，用来分析和配置资源，以最低的成本实现特定的经济目标。2006 年诺贝尔经济学奖得主埃德蒙·S·费尔普斯在兰德公司开始他的第一份工作，他提出了自然失业率以及政府如何应对自然失业率（或者对它置之不理）的相关理论。从 1948 年到 1990 年，保罗·安东尼·塞缪尔是另外一位极具影响力的兰德顾问，他在 1947 年的《经济分析的基础》中指出，所有经济理论的要点是消费者行为的理性本质。塞缪尔是总统经济顾问委员会及美联邦储备银行的顾问，他深入研究了经济体系的动态性和稳定性、国际贸易、福利经济学和政府开支。1970 年他被授予诺贝尔经济学奖。

在众多摘取了诺贝尔桂冠的兰德学者当中，托马斯·谢林或许是名声最响的一个。谢林最初是沃尔斯泰特核武器分析团队中的成员，他与兰德之间的关系延续了近 50 年。他把关于冲突和合作的理论精炼出来，写成一本具有深远影响的书《冲突的战略》。他创造了“聚点”概念，所谓聚点就是各方共同期望的边界，在这一点上相互对立的各方可以达成妥协。2005 年他被授予诺贝尔经济学奖，因为他“通过博弈理论的分析加深了我们对冲突和合作的理解”。这些研究工作大部分是在 20 世纪 50 年代末进行的，那时他是兰德的职员。

谢林的同事弗农·L·史密斯曾在 1959 年担任过兰德顾问，他为在美国、澳大利亚和新西兰地区减少政府对能源市场的管制奠定了理论基础。2002 年他获得了诺贝尔经济学奖。此外还有威廉·维克瑞从 1967 年到 1968 年在兰德从事顾问工作，1996 年他和英国的经济学家詹姆士·A·莫里斯共同获得诺贝尔经济学奖，他提出了电力、电话和航空公司在高峰期提高收费的基本原理。他还创立了公路收费理论，就是说对使用道路的驾车人收取通行费和各种杂费，让消费者了解保养道路的真实成本，从而减少交通拥堵或为地方政府提供一个便利的收入来源。事实上，在美国生活中似乎只有一个方面没有被兰德的理性选择理论所改变，那就是运动领域。(尽管自由职业队员制的盛行的确是从理性选择理论中延伸出来的。)*

里根在 1980 年总统竞选中许诺要废除教育部门和能源部门，从那时开始，他就一直在推动美国不断地减少政府管制，实施一系列灵感来自兰德的改革政策，鼓励自由市场的发展。在 1981 年里根上台后的第一个行动就是下令取消从尼克松、福特和卡特当政时期残留下来的石油价格控制制度。接踵而至的是在金融、贸易和运输方面减少政府干涉。

---

* 当时结构改革的影响波及美国生活的各个方面，但是运动领域却纹丝不动，可能是因为政府准许运动队尤其是棒球队进行垄断性运作。

里根在 1981 年 8 月援引一条甚少用到的律法，即参与罢工的联邦政府雇员丧失任职的权利，借此开除了罢工的空中交通管制员，这是他在贯彻自由市场的过程中最为重要的创举。他有效地阻止了罢工，增强了私企老板随意雇用和解雇职员的权利。联邦储备委员会主席艾伦·格林斯潘认为这种权利“以前都没有得以充分发挥出来”。里根此举在全国上下掀起了解雇的热潮，1982 年失业率攀升到 10%。最终，里根的反工会态度看来是有助于降低他任职期间的失业率和通货膨胀*，但是美国人的工作不安感也达到了自大萧条以来未曾出现过的水平，终身雇用的观念已经过时了。

里根相信经济学家亚瑟·拉弗的有争议的曲线。拉弗曲线显示减少收入所得税反而能够提高联邦税收。[1974 年拉弗在一张鸡尾酒的餐巾纸上描绘了拉弗曲线，此后兰德理事会、国防部长唐纳德·拉姆斯菲尔德以及日后的副总统迪克·切尼(Dick Cheney) 把这个理论引入政府部门。]

里根把个人所得税税率从 70% 缩减到 28%，企业所得税税率从 40% 减到 31%，收入越高减免的税款就越多。他还放宽或撤销了对有线电视、长途电话服务、州际银行服务和海运的价格控制。银行可以进行更大规模的资产投资，反托拉斯法的执行力度骤减。出乎意料的是，许多储蓄和贷款无限扩张超过了合理的限度，政府不得不调拨 1250 亿美元，帮助银行摆脱困境。时至今日兰德的理性选择理论仍在继续传播。在里根之后的唯一一位民主党总统比尔·克林顿采纳了许多相同的理念，1994 年他声称“大政府的时代已经灭亡了”。现在我们都生活在综合了里根式信念和兰德理性的社会，这些理念从根本上改变了美国甚至整个西方世界的特征。同样，我们也生活在另外一个受兰德影响的阴影之下：苏联在阿富汗的溃败为 2001 年发生的“9·11”恐怖袭击事件指明了方向。

---

* 1980 年的通货膨胀率为 10.4%，1988 年的通货膨胀率变成 4.2%；1980 年的失业率为 7%，1988 年的失业率降低为 5.4%。

第19章　恐怖分子网络

在新世纪的第一年零九个月，
空中将飞来一位伟大的恐怖之王……
北纬四十五度的天空将燃起火光，
烈火逼近一个伟大的新城市……
在纽约市将会出现巨大坍塌，
双子大厦在混乱中分崩离析。
堡垒陷落而伟大的领导者将屈服，
大城市在燃烧而第三次世界大战将要来临。

——诺查丹玛斯（法国星相学家）

2001年9月11日的早晨，兰德的执行副总裁迈克尔·瑞奇赶往五角大楼与空军副参谋长约翰·W·汉迪将军会面。瑞奇长得又高又瘦，皮肤呈浅褐色，他喜欢在早上散步。经过长时间的远足之后，他的时间显得有些仓促。他干脆不吃早餐，急忙赶去位于五角大楼街对面的兰德华盛顿办公室报到，然后赶往宏伟的政府大楼。

瑞奇的工作地点是在圣塔莫尼卡的兰德总部，他在前一天飞到华盛顿与国防部关键人物讨论当前项目事宜。这样的访问对他来说已经不陌生了。他的父亲本·瑞奇是洛克希德飞机公司高级技术研发项目即著名的“臭鼬工厂”的工程师。这个机构在空军授意下研发出美国第一架喷气战斗机，发射了世界上最成功的侦察机U-2以及最为引人注目的F-117A隐形战斗机。尽管瑞奇是法律专业出身，但是他的工作生涯基本上都是在兰德度过的，他一开始只是一名普通的分析员，后来慢慢地奋斗到了兰德二把手的位置。

那天瑞奇计划飞去日内瓦参加国际战略研究所理事会的会议。瑞奇与兰德总裁詹姆士·汤姆森相互配合，他负责管理智囊团的国外分支机构，领导兰德把业务扩展到欧洲尤其是中东地区，这是兰德人数十年来一直都在努力的事情，在波斯湾国家卡塔尔设立新兰德基地的计划已经进入策划阶段。在赶去五角大楼的路上，瑞奇听到了一条恐怖的新闻："来自 CNN 网站的最新消息：世界贸易中心倒塌了，未经证实的消息称有一架飞机撞向世贸塔楼。目前尚未有相关的详细信息。"

瑞奇与汉迪将军的会面定在早上 9 点 45 分。另外一位兰德行政人员纳塔利·克劳福德副总裁已经预约了更早的时间段。克劳福德是一位活泼的女士，她在 1964 年加入兰德的工程学和航空学部门。那天早上她的计划是审查兰德 2002 年的年度科学研究计划。汉迪将军将先后分别接见克劳福德和瑞奇。克劳福德走进将军的办公室等候在 9 点 30 分的会面，她发现全体职员都围在电视机旁，惯常的脱口秀节目临时被关于纽约这场灾难的报道所取代。克劳福德被告知汉迪将军不在办公室里，这位空军高级官员正在别处讨论如何应对纽约事件，也就是今日所说的恐怖主义袭击。

每一个人都把目光盯在电视机上，世界贸易中心北楼蹿起的火焰开始四下蔓延，顶楼喷出熊熊烈火，释放着浓浓烟雾，有些电视台在播放遭受撞击的楼层附近的人们从东侧高处掉下来，看到这一幕时室内有些人深吸了一口气。新闻广播员正在报道世贸中心南楼权威人士宣称南楼是安全的，不必疏散工作人员，与此同时从波士顿起飞的第二架被劫持的飞机——美国联合航空公司的第 175 航班客机砰然撞入南楼。数十亿民众目击了这可怕的一幕，像玩具一样的波音 747 飞机瞬间切去了南楼的东面，就像 20 世纪 70 年代的劣质电影特效一样让人难以置信。

几分钟后汉迪将军走入办公室，他僵硬地向职员们点点头，然后把自己关在私人办公室里。此时，瑞奇正沿着 1 号走廊走近这栋形状古怪的建筑，进入 A 环形区。他依然打算如约出席定在 9 点 45 分的会谈。在这期间，新闻不断传来播报：美国联邦航空局已经关闭了纽约地区的机场，港口管理局下令关闭所有进出纽约市的桥梁和隧道。白宫官员拼命想要在华盛顿启动空中战斗机巡逻队，第一夫人劳拉·布什、切尼副总统以及其他高级政府官员已经秘密撤离白宫，转移到安全地点。美国最高指挥官正在准备应对国内外可能发生的后续攻击。

9点30分，布什总统在佛罗里达州萨拉索塔登上“空军一号”前，对记者说他确定美国遭受了“明显的恐怖主义袭击”。美国联邦航空局史无前例地停止了美国的所有空中交通，命令所有飞机立刻降落。白宫的反恐官员接到通知，雷达已经探测到又一架飞机正在飞来。

上午9点40分，第三架被恐怖分子劫持的客机撞向五角大楼，克劳福德和在汉迪将军办公室里的每一个人都被震倒在地上。克劳福德描述说这次撞击“感觉像是一个巨人把五角大楼提起来然后狠狠地摔下去”。所有人都奔向窗户，他们看到聚集在停车场里的人们指着五角大楼的另一边。一名空军官员穿过大厅，从另外一扇窗户向外看，发现楼顶喷出滚滚黑烟。

警报器突然发出巨响，自动灭火装置开始喷水，电视甚至已经在报道五角大楼被袭击了，安全专员紧张地安排每个人从大楼撤退。那时瑞奇正要走进9号走廊到达将军的办公室，于是他立刻停下来按原路跑回中央大厅，从地铁站撤出五角大楼。当他坐电梯回到地面上时，一股燃料燃烧的味道扑鼻而来，滚滚黑烟在他的头顶翻腾。克劳福德和汉迪的职员们一起匆忙跑到唐纳德·拉姆斯菲尔德办公室前的台阶上，从五角大楼的River入口撤离出去。整个撤退过程迅速而有序。撤离者走出五角大楼后，才发现波音757在撞向这栋象征着美国军事力量的标志性建筑后留下了一个冒着浓烟的大裂缝。

兰德华盛顿办公室设在由玻璃和钢筑成的五角大楼购物商场的塔楼里，就在五角大楼的对面。布鲁斯·霍夫曼惊诧地看着在纽约发生的事件。霍夫曼是纽约本地人，他身材瘦小，皮肤黝黑。发生在眼前的惨剧让这位分析家目瞪口呆。他曾经多次预言过的灾难就活生生地摆在他面前。

霍夫曼是世界上最重要的反恐专家之一，他以政治暴力研究而著名。两年之前，在自己写的《透视恐怖主义》一书中，他提到宗教狂热主义增长加上大规模杀伤性武器的扩散都预示着将会出现一个血流成河的时代。霍夫曼曾经无数次在国会的各种委员会面前表明了这种推测，警告委员会虽然恐怖主义袭击的发生率在过去几年里有所下降，但是恐怖分子的残暴性却是有增无减。他还指出了一种新的恐怖分子，他们不同于日本的赤军（Red Army）、意大利的红色旅（Red Brigades）、巴斯克埃塔（Basque ETA，西班牙的巴斯克家园与自由组织）甚至于爱尔兰的共和军。基地组织就是这类新式恐怖组织。他们的动机是宗教信仰而不是政治意识形态，他们认为自己正在与西方价值观进行殊死搏斗，他们轰炸一些具有象征性的目标以促使人们去关注他们的动机。

霍夫曼先前曾经说过他认为新的恐怖主义并不能破坏国家安全。那天发生的事件改变了他的观点。这些袭击具备奥萨马·本·拉登组织的所有特征，如果世贸中心的袭击是基地组织所为，那么他们的任务还未完成，接下来他们会袭击哪里呢？

上午 9 点 40 分，霍夫曼知晓了答案。地面在震动，响亮的轰隆声震碎了街对面的窗户，霍夫曼办公桌上的玻璃雕塑嘎嘎作响，他那加了外框的牛津毕业证书从墙上掉下来。霍夫曼冲到窗口，朝不远处巍然耸立的五角大楼建筑群望去。

五角大楼的远侧冒出大股浓烟连带着强烈火舌，救护车发出尖锐的声音，F—16 喷气机在华盛顿市区低空盘旋。霍夫曼不知道那架掉下来的美国联合航空的客机最后怎么样了。他推断恐怖分子很可能想要袭击五角大楼的 Potomac River 入口，因为国防部长拉姆斯菲尔德的办公室就是在那个位置，但是恐怖分子没能得逞。

五角大楼从来都没有被袭击过。事实上，上一次敌军渡过海洋攻入美国首都是在 1812 年。“9·11”事件不是像珍珠港那样的战术性偷袭，而是一种更高级的军事行动。在霍夫曼看来，恐怖分子明显想要彻底击倒美国，这显然是敌方在向美国宣战，直到摧毁美国和美国价值，直到像阿拉伯帝国鼎盛时期那样，全世界再次落入伊斯兰哈里发的统治，否则他们决不罢休。与以前的美苏冲突不一样，恐怖分子袭击将是真枪实弹的热战，恐怖分子带来的是流血事件，而不是间谍、导弹和威胁。没有明确的敌人或具体的根据地——如果有那也只能是整个世界——这种冲突可能会一直延续下去直到永远。

霍夫曼认为“9·11”事件是第三次世界大战的开端。

恐怖主义在全球冲突中并不是一个新概念。1975 年声名狼藉的国际恐怖分子胡狼卡洛斯在维也纳抓住了石油国家组织的石油部长来勒索赎金，他曾经对这些被抓的石油部长们说过几乎同样的话：“第三次世界大战已经开始了。”不同的是，2001 年全球恐怖主义战争观念变成了美国的国家政策，美国政府把全部精力都放在这项政策上。正如国防部副部长保罗·沃尔福威茨所说，“我们与恐怖分子之间的斗争或许比冷战还漫长；这场斗争对我们意志的考验甚至大于二战的冲突。”文明的冲突、全球反恐战争和圣战都起源于2001年的“9·11”事件。

长期以来兰德分析家一直都在警告说冲突乌云正在聚拢；但是继任政府却坚信美国可以独善其身。美国认为恐怖分子网络根本就是属于异国他乡，但1995年俄克拉荷马市中心联邦大厦的提摩西·麦克维恐怖爆炸等本土极端主义活动偶尔会打碎这种自满感。没有人认为恐怖主义威胁是有组织的或是迫在眉睫的，所以在美国很少有资金投入到恐怖主义研究中。或许恐怖主义研究需要有一位像艾伯特·沃尔斯泰特这样魅力非凡的发言人，唤醒自鸣得意的联邦政府。只有在伤亡已成定局的现在这个时刻，华盛顿政府才愿意倾听卡珊德拉（Cassandra，不为人相信的凶事预言者）关于永久战争的预言。

9月26日霍夫曼提醒众议院情报委员会成员，说他早在10年前就来找过他们，催促他们集中管理所有反恐活动，避免发生类似现在刚刚发生的惨剧。他指责情报机构在冷战的主要敌手早就解体了的情况下竟然还满脑子想着冷战。

> 情报界大约有60%的工作依然集中在已有民族国家常备军力的相关军事情报上……既然出现了可怕的、跨国的非国家敌人，并且这些敌人明显造成了致命的破坏性威胁，这样的工作投入量对比已经不适用了。

他指出尽管美国的情报预算超过300亿美元，但是最后一次正式而全面的外国恐怖主义评估是在1991年海湾战争期间开展的。他督促政府重新分配人力、预算和资源，建立一个类似于药品强制管理局的新机构来监督相关反恐工作。换句话说，他要求设立一个像国土安全部这样的机构。几个星期之后布什总统真的这样做了。

霍夫曼认为美国与基地组织之间的冲突，是数十年来恐怖活动发展的自然结果，其历史可以追溯到1972年巴勒斯坦解放组织的分支“黑色九月”小组在慕尼黑奥运会期间屠杀以色列运动员的事件。直到那时，西方社会才开始意识到，恐怖主义或许不仅仅只是偶然现象，兰德分析家担当起恐怖主义研究的先锋，在知识界创立了恐怖分子研究的学科。

霍夫曼的兰德同事布赖恩·詹金斯是首位在美国设立恐怖主义研究项目的分析家。詹金斯以前是美国特种部队（the Green Berets）队员，偶尔会在兰德充当顾问。1972年唐纳德·赖斯新任兰德总裁，当詹金斯被介绍与赖斯认识时，詹金斯就向智囊团推销反恐研究的概念。同一年晚些时候，詹金斯创办了《国际恐怖主义年表》（就是现在的恐怖分子数据库），他的这项工作最先系统性地汇编了所有已知的国际恐怖分子活动。早在美国人相信外国恐怖分子会直接影响他们的日常生活之前，詹金斯以及其他兰德分析家就发表了许多研究报告，对美国如何打击恐怖主义提出建议。

最开始的时候，兰德从内部资金中分出一些钱来支持这些研究，因为兰德无法说服任何政府机构来赞助这个恐怖主义的系统化研究项目。不过，从1968年到1974年整段时期，兰德只记录了507起国际恐怖主义活动，其中绝大多数的规模和影响都比较小。在联邦政府最终认识到恐怖主义研究的实用性之前，恐怖主义研究经历了几年的萧条时期。

恐怖主义当然并不是新现象。历史学家认为恐怖主义活动可以追溯到罗马时代，根据记载恐怖主义这个词首次出现是在1793至1794年法国大革命的恐怖统治时期。但是几个世纪之后，依然很难准确地界定恐怖主义，因为这就像界定色情文学一样取决于你的主观看法：如果是我不支持的政治暴力活动，那么它就是恐怖主义活动。正如老生常谈那样，一个人是恐怖分子的同时对另外一个人来说却是自由斗士。兰德学者康拉德·科伦说："根据现在的标准，美国早年的革命分子可以看做是恐怖分子；托马斯·杰斐逊曾说'自由之树必须时不时地从暴君的血液中获取养分'，这证明了这种对恐怖主义的看法也不是没有道理的。"

詹金斯不想花太多时间去争论恐怖主义的本质含义，最初他把恐怖主义定义为"使用犯罪暴力强迫一国政府改变其原本的做法。恐怖分子的目标是通过武力强迫一国政府退出或停止某些正在进行的事情……恐怖主义是政治犯罪。"

只有在“人间万事都是政治”的箴言的前提下，詹金斯的定义才是正确的。* 这个定义不包括20世纪千禧之年末期像日本奥姆真理教这样的组织，因为奥姆真理教想要毁灭整个日本民族甚至于整个世界，进而创造一个全新的社会。这也不包括伊斯兰教圣战分子，他们想要通过自杀性爆炸和不分青红皂白的屠杀来实现宗教变容。恐怖主义作为一种拯救之道，以前只是遥远的呼唤，例如20世纪70年代劫机者要求飞往古巴，或者美国的共生解放军（Symbionese Liberation Army）歹徒用子弹横扫郊外的加利福尼亚银行。

除了在接近19世纪时期，偶尔出现无政府工团主义分子**发起的政治暴力浪潮之外，近百年来恐怖主义甚少在西方社会出现。直到20世纪60年代末期，越南战争引起社会分派，青年革命与激进的反殖民主义革命运动联系在一起，恐怖主义才再度兴起。

在20世纪90年代之前，许多恐怖主义活动都是一些有政治设想的组织所为，所以詹金斯把恐怖主义描述为本质上的政治活动也无不可。这样一来，兰德学者就可以从压制和最终根除恐怖活动的观点出发，分析恐怖组织的机构、领导阶层及起源。随着时间的推移，兰德学者进一步完善了恐怖主义的定义，最终的结论认为恐怖主义的重点在于其活动本身的性质，而不在于其政治目标或组织身份。简单来说，恐怖主义就是“被认为会制造出恐怖或惊恐氛围的暴力或者暴力威胁”。

在最初建立恐怖分子数据库的时候，兰德分析家就在抱怨美国政府没有作好应对恐怖主义的准备。1982年詹金斯在为兰德的恐怖主义讨论会而准备的文件中指出，“对于恐怖主义斗争，我们缺乏足够的准备……我们的大使馆被毁，我们的公

---

* 这个箴言与当时的极端主义分子和恐怖分子组织所刻意宣传的观点不谋而合。巴勒斯坦人民解放阵线的创立者乔治·哈巴什说得更清楚：“在今天这个世界，没有谁是无辜的，没有谁是中立的。每个人要么是被压迫者，要么就是压迫者。对政治不感兴趣的人选择支持统治阶级建立的主流秩序，即剥削秩序。”（詹金斯，《国际恐怖主义》第16页）

** 现在有些评论家声称，圣战分子与同样具有自杀性质的无政府主义者之间有着细微的差别。威廉·麦金利总统和沙皇亚历山大二世就是命丧无政府主义者之手。他们认为伊斯兰宗教激进主义会逐渐消亡，就像黑手党等其他类似的团体一样；西方政府最好进一步把注意力放在中国这个真正的未来敌手身上。参见玛丽·伊凡丝发表在《经济学家》上的文章“关于圣战分子，解读无政府主义者”（2005年8月18日）。

民被绑架和杀害，我们的喷气式战斗机被击落。”但是当时除了以色列之外，几乎没有哪个国家准备采取严格的安全措施去应对恐怖分子。

兰德在恐怖主义研究领域作出了基础性贡献，这归功于它认识到了恐怖主义是弱者的武器这一事实。“恐怖主义好比戏院”，受益者是旁观的观众，而不是其受害人，也不是直接受到恐怖活动影响的人。弗朗茨·法农等作家曾经在 20 世纪 50 年代提倡暴力反抗现有统治阶层，矫正对被剥削者的不公待遇。他们早就意识到了这个事实。

詹姆斯指出恐怖分子的攻击模式比较有限。他们的进攻活动由六种基本战术组成：爆炸、暗杀、武装突袭、绑架、路障、人质和劫机。恐怖分子的模式模仿多于创新，他们会一直采用他们喜欢用的模式，直到政府抓住要点并改进安全措施。因此在 20 世纪 70 年代，劫持飞机和扣押人质的做法非常盛行，直到建立了人质解救组织及在各国强力执行国际反劫机条约，这种情况才有所改善。（纽约世界贸易中心在 1993 年和 2001 年两度被袭。）

到了 20 世纪 80 年代中期，兰德分析家发现了一种令人非常不安的趋势：恐怖主义变得越来越血腥了。1968 年像克罗地亚分裂主义派这样的组织会在炸弹伤害到任何人之前把它们拆除掉。1983 年真主党追随者驾驶装满炸药的卡车，闯入设在黎巴嫩的美国海军兵营，杀害了许多美国驻兵。后者让人们开始注意到一种最忧心的趋势：中东地区的极端主义者在境内外采取自杀式的袭击方式。

兰德分析家指出，自杀式袭击方式的首次记录是在 1972 年 5 月，当时支持巴勒斯坦的日本恐怖分子在以色列卢德机场向一群基督徒投掷大量手榴弹。这次袭击造成了 26 人死亡，现场的安全机构也直接反击这些恐怖分子；三名恐怖分子中有两名死于这项近似于自杀式的任务中，就像二战时期的日本神风敢死队一样。兰德分析家认为，日本恐怖分子的自我牺牲精神让巴勒斯坦人感到惭愧，于是他们也开始采取相似的行动。如果日本人都可以为了巴勒斯坦这样的外国事业而付出生命，那么巴勒斯坦人就必须证明他们时刻准备为了本国事业而牺牲自我。他们接下来必然就会颂扬战死沙场是通向天堂的血色大门。

这样的战术转变为恐怖分子带来了意想不到的效果。从贝鲁特兵营爆炸事件之后，里根政府官员认为黎巴嫩不值得美国为之付出生命，美国海军打包行李然后回国了。美国撤出黎巴嫩和苏联在阿富汗战败，加上穆斯林原教旨主义的兴起——而来自沙特阿拉伯的财政支援更是火上加油——让恐怖分子组织相信他们终于找到了改变西方政权政策的方法。既然采用常规战争无法打败西方国家和以色列，那么恐怖主义就变成了必要的策略。多年来不胜枚举的自杀性爆炸把以色列变成了一个军事戒严的国家就充分地证明了这一点。

兰德分析家在20世纪90年代曾经指出，截至当时为止，恐怖分子总共有五个不同的类别——革命分子、愤世嫉俗的个人、少数族裔、经济贫困组织和无政府主义者。他们还警告说，从此以后最大的危险将来自另外一种恐怖组织——宗教极端分子。他们的下一批目标将会是像世界银行这样的西方金融机构、美国及西方企业和其他宗教派别及其领袖，麦赫迈特·阿里·阿加意图杀害罗马教皇约翰·保罗二世就预示了这一点。最重要的是，恐怖分子看重的是袭击目标的象征意义，因为他们的目的并不是取得军事胜利，而是为了通过制造恐惧从心理上打败对手。兰德警告说，在将来的某个时候，恐怖分子可能会采用大规模杀伤性武器，例如核武器、生物武器或化学武器，背后有国家资助的恐怖组织情况尤甚，比如伊朗支持的真主教、叙利亚资助的哈马斯组织。

为了应对这些变化，兰德在20世纪90年代发明了一种研究恐怖分子活动的新方法。约翰·阿奎拉（John Arquilla）和大卫·朗斐德创造了“网络战”这个概念，他们把它定义为“一些小组织没有明确的指挥中心，而是通过联网的方式沟通、协调和管理他们的活动”。这种新的进攻协调方式使得国际反恐战争难上加难，因为这些组织没有传统的权力结构，它们会像许多电脑病毒一样在计算机网络中不断繁衍。阿奎拉和朗斐德假定恐怖分子网络战将在国际互联网上打响，精通科技知识的恐怖组织将破坏西方国家的电子控制中心——银行、电力供应公司、国防机构等并使之瘫痪。霍夫曼指出，基地组织及其众多分支将使用这种方法，在全球范围内发展更多基地组织分支，与此同时依然继续沿用传统的恐怖主义方式——爆炸、绑架和暗杀。

兰德分析家相信，恐怖主义问题的最终解决方法是改变会滋生恐怖主义的环境；特别是让中东人明白，要达成他们的目标，其实有比谋杀和制造慌乱更为有益、效果更显著的方式。

截至 2006 年，在美国主导入侵阿富汗和伊拉克并粉碎了基地组织和推翻了亲恐怖主义的政权之后，詹金斯增加了一条警告：美国对恐怖主义采取军事行动最终可能会适得其反。如果美国打算清除所有恐怖组织，进攻所有收留恐怖分子的国家，那么这种冲突反而会在全球传播恐怖主义的种子，就像在阿富汗事件过后，圣战者改变其原来的形式而分散于各处。将战术和武器结合起来才能打败恐怖主义，但是最重要的是从思想上战胜它。单靠军队力量是不可能成功的；信念和思想才是获胜之道。詹金斯还认为清除恐怖主义的过程不会改变美国价值观。如果美国继续保持自由传统，抛弃严刑拷打、党派偏见和不必要的恐吓，那么反恐斗争就会取得胜利。如果美国的民主和宪法变成了恐怖主义的牺牲品，那么美国最强大的武器——自由传统——将从此消失殆尽，这将是美国惨胜恐怖主义的代价。詹金斯总结说，“不管我们做什么，都要遵守我们的基本价值观。这不仅仅是道德问题，更是一种战略考虑，在这一点上，我们时常考虑欠周。”

第 20 章　尤达和绝地武士的反击

美国在 2003 年 4 月主导进攻巴格达的形象已经无法抹去了。导弹从几百公里外的舰船上发射出去，在夜空中飞行，极其精确地击中了预定目标，整个过程简直是不费吹灰之力。不同于 1991 年的沙漠风暴行动，当时巴格达市内落下了数千吨的炸药，而“伊拉克自由行动”就像是一部科幻电影——军事冲突就像是外科手术。

如果入侵伊拉克是《星球大战》（美国电影），美国军队是绝地武士，那么这次作战计划的尤达（训练绝地武士的大师）就是前兰德分析家安德鲁·马歇尔。当时马歇尔已经是年逾八十的消瘦老人，由于他说话的声音很温和，并且总会给出一些神秘的建议，所以有人给他起了一个绰号叫“小圣人”。尽管马歇尔的著作比较少，但是他的影响非常巨大。他在著作中提出了一些指导方针，也就是所谓的军事变革（RMA），为“伊拉克自由行动”和先前的“沙漠风暴行动”提供指导。事实上，有人认为在萨达姆·侯赛因（Saddam Hussein）在巴格达听到可怕的美国导弹呼啸声之前二十年，美国就已经在酝酿伊拉克战争了，而战争策划人就是兰德的学者。计划范围极其广泛：提倡美国军队实现现代化，使得军队可以推动一系列政治改革，重新改写世界版图，确保美国再也不会遇到一个全副武装的敌手。这个扭曲的梦想导致了惨痛的后果，现在整个世界都活在其阴影下。

在以美国为首的军队入侵伊拉克几个月后——在伊拉克的暴动者和圣战分子掀起自杀式袭击的狂潮之前，在联合军队入侵者陷入重蹈覆辙的困境之前，例如美国在越南、苏联在阿富汗或者法国在阿尔及利亚（随你选择）——在这一切之前，马歇尔的现代战争理论都是正确的。21 世纪的武装冲突将会像乔治·卢卡斯的电影一样，在战争中美国几乎没有人员伤亡。即使是利用无人驾驶飞机向顽固的敌人发射致命性导弹，操控人员也可以在 5000 英里之外的内华达州空军基地里坐在舒适的椅子上操纵飞机。不可否认的是，马歇尔提倡的军事变革确实是成功的。后来的入侵行为以及不当的反暴动计划导致流血事件，这些都是别人的责任。（事实上，兰德曾经发表过许多研究论文，警告美国当局不要过分自信，并且预言军队兵力不足将导致入侵行动以失败告终，这一点刘易斯·保罗·布雷默大使是承认了的。）

从 1973 年以来，马歇尔一直担任国防部净评估办公室主任。净评估办公室是他的前兰德同事、国防部长詹姆士·史勒辛格在五角大楼里秘密建立的一个部门。1950 年马歇尔加入兰德经济学部门，他与艾伯特和罗伯塔·沃尔斯泰特有密切往来。正是马歇尔鼓励罗伯塔对珍珠港偷袭进行开创性研究的。马歇尔在 20 世纪 50 年代末期还为盖瑟委员会提供咨询，曾与赫尔曼·卡恩合作研究民防系统，与托马斯·谢林在研究博弈论方面也有合作。20 世纪 60 年代，许多兰德学者都跳槽到五角大楼，但是马歇尔依然留在了兰德，直到五角大楼文件泄露丑闻之后他才离开这个智囊团。七届相继上任的总统都支持马歇尔的五角大楼净评估办公室，几乎没有对其职权范围或职员情况作出任何变更。马歇尔没有退休的打算，他是兰德黄金时代的主要核战略专家，也是那个时代的专家当中唯一一个依然从事政府工作的人。2003 年，他的追随者前海军部长詹姆士·霍纳（James Horner）曾在一个庆典上以幽默的方式介绍他：

> 在海军上将法拉格特在职的时候，安迪是净评估办公室主任。乔治·华盛顿将军在放弃担任大陆军团的指挥官之前，指名让安迪担任该办公室的头领。昨晚他已经庆祝了 50 年结婚纪念日。女士们，先生们，今天是他 82 岁诞辰。他现在依然是我们五角大楼的全职员工。约翰·詹姆普（John Jumper）和我时常依靠他的一句名言帮助大家渡过难关。他曾经跟我说，“任何人难免都有愚蠢的时候。”詹姆普将军和我常常会想起这句话。

马歇尔在净评估办公室工作的前几年，完成了一系列关于比较美苏两国军队能力的研究著作。截至 20 世纪 80 年代早期，在沃尔斯泰特的影响下，他开始重新审视美国军队的基本思维方式，即认为只要在核武器方面占据上风，美国就可以笑傲战场。具有讽刺意味的是，他的研究灵感来自尼可拉・V・欧加科夫陆军元帅（Nikolai V. Ogarkov），而欧加科夫则来自美国意识形态的对手之一——苏联。

在 20 世纪 70 年代末期，欧加科夫得出一个惊人的结论：核武器已经过时了。在一本名为《时刻准备保卫祖国》的小册子里，他提出由于各方都不愿在战争中使用核武器，科技发展带来巨大的变化将会让一个国家深知如何利用这些科技创新，并且把它们转化成战场上让敌人望尘莫及的优势。

马歇尔认为这是一个新起点。正如他所说，“有些时候，为军事变革奠定知识基础的是苏联的军事理论家而不是我们的军事理论家，他们已经在考虑科技发展以及美国军队的其他变化在长期会带来什么结果。”

在整体长期战略委员会的报告中，马歇尔首次正式向五角大楼提出军事变革指导方案的建议。20 世纪 80 年代早期，马歇尔和沃尔斯泰特在前兰德同事佛瑞德・艾寇的协助下，组建了整体长期战略委员会这个专家组。艾寇当时在里根政府的国防部从事政策相关工作。正如其创立人所定义的那样，研究组的主要职责是预测未来二十年的战争形势，提出最有利于国家利益的政策建议。（其中有一项预言：至 2000 年，世界上将有 40 个国家有能力制造核武器，其中包括沙特阿拉伯、伊拉克和阿根廷。）

安德鲁・克雷皮内维奇（Andrew Krepinevich）曾经是马歇尔的学生。以他为代表的一些理论家认为军事变革是“不连续的战斗方法”或者说是军事变革会随着时间的推移而不断发生变化。在他们看来，这种不连续性通常是由科技变化引起的，因为科技的改变会给先前军事力量处于第二位的国家带来不可预测的优势。从公元前 18 世纪人们在战场上广泛使用战车开始，到古希腊时代希腊人利用重武装步兵方阵打败他们的传统敌手波斯人，从而征服了半个世界，再到社会、政治的发展改变了战术和后勤的拿破仑时代，历史学家们至少列举了 12 个军事变革的例子。当然，其中有六个例子是发生在最近两百年内的，而只有三个例子是发生在 1939 年之后。

2003 年美国进军巴格达的方式与二战时期德国入侵比利时和法国的形式异常

相似，这并不足为奇；在军事变革的领域里，纳粹的闪电战术是近代最重要的战争革命之一。战场上的士兵数量已经不再是测量军事力量的唯一方法；相反，别出心裁地利用新科技，例如坦克、坦克无线电通信结合组织化的操作观念和战术的发展，这才是在战争中取胜的关键。* 二战期间，海军领域也发生了类似的军事变革。由于大型航空母舰可以充当军队基地，美国抛弃了陈旧的海战观念。在以前的海战中，大型战舰需要在双方相对靠近的距离内才可以进行攻击。

最后轮到所有军事变革中最极端的一项——核武器的发展。广岛和长崎的原子弹爆炸事件直接改变了战争的整体性质，特别是后来还研发出了氢弹和中子弹，且成功地部署了洲际弹道导弹，至此整个人类文明同归于尽的假设不再是天方夜谭。克雷皮内维奇曾经说过，“在许多战略专家看来，新武器的根本用途从作战变成了遏制。”这个观点与伯纳德·布罗迪的看法相互呼应。

在五角大楼的众多知识分子当中，马歇尔和沃尔斯泰特是最先把这种新式军事思维正式确定下来的学者。兰德知识分子通过反击力和失效安全理论，改变了整个民族对战略分析的看法；同理，马歇尔、沃尔斯泰特以及他们的助手强调运用“星球大战”计划中的科学技术，其中包括里根政府所支持的反弹道导弹系统，从而改变了战争理论。在接下来几年中，军事变革理论继续坚持主张建造更轻巧的武器，这变成了军队的黄金标准——改变了五角大楼追求更多、更大、更致命的武器的思维。

最重要的创新就是广泛应用芯片。芯片就像之前的坦克、航空母舰和核弹一样极大地改变了现代战争。美国不再那么强调迅速老化的核战略能力，而是发展了机动性极高的精简的军队战斗能力，最终推翻了萨达姆·侯赛因政权，在这个过程中数字通信功不可没，这一点早已不是什么秘密。理查德·佩里曾经说，2003 年的入侵伊拉克行动的“作战方式首次证实了艾伯特·沃尔斯泰特关于未来战争的理论。美国军队迅速而干脆地赢得了战争胜利，战争的人员伤亡和物质损失都极其微小，这体现了他的战略和理论在实际中的应用。”

---

* 例如在 1940 年，法国坦克在科技上远比德国坦克先进，但是德国应用了一种与众不同的作战观念，在空中力量的支持下，德军深入突破法军狭窄的前线，战胜了起先占有科技优势的法国军队。

在战场上应用精确制导武器甚至比核武器更有效——前国防部副部长保罗·沃尔福威茨赞扬沃尔斯泰特是第一位洞察到这一点的人。在冗长的第二阶段限制战略武器谈判期间，苏联要求美国禁用所有射程大于600公里的巡航导弹，例如战斧式巡航导弹，否则苏联不愿达成任何协议。这些非核导弹通常安装在攻击型潜艇上，它们是在亨利·基辛格的要求下建立起来的，以此作为限制战略武器谈判的交易筹码。海军对此不甚热心，因为它们占用了本来可以发射核武器的鱼雷发射口。

根据沃尔福威茨所言：

> 艾伯特和他的研究小组说等一下，如果你们能拥有一套常规的发射系统用来发射巡航导弹，那么用鱼雷发射口来发射核武器就是行得通的……当时的国防部长是以各种手段坐上这个位置的拉姆斯菲尔德，他总结说即使海军高级官员想要放弃巡航导弹，他也不愿意就此放弃……在1991年海湾战争期间，这些导弹对着目标准确发射，证明这些武器真的可以把艾伯特·沃尔斯泰特十五年前的构想变成现实，所以这一切不过是个人的满意度罢了。

军事变革理论最终在五角大楼获得成功，其中有一个非常重要的影响因素，即越南战争对美国政策的影响。沃尔斯泰特曾经写过，“越南战争带来了各种灾难，其中最糟糕的可能就是我们从中吸取的‘教训’。”沃尔斯泰特这句话的意思是指，美国各种力量联合在一起，使得整个国家对所有境外干涉行动都持谨慎的态度。左翼组织强烈反对任何军事冲突，右翼孤立主义者则推崇“美国碉堡*（Fortress America）”论。（沃尔斯泰特称它为SAC-SDS阵式，即战略空军司令部的强硬派与学生争取民主社会革命组织之间的思想联盟。）他警告说，公众的态度可能会是这样的：只有当美国大陆面临直接的袭击威胁时，投票人才会从自鸣得意中醒过来投票同意出兵。

更糟糕的是，沃尔斯泰特担忧美国不会改变共同毁灭的核政策，“这种核政策

* 一款棋盘游戏，背景是美国本土遭到世界几大主要力量的联合攻击。——编注

倾向于把所有对抗都归类为要么发动核战争、要么什么都不做的单项选择……其实情况没有那么糟……（因为我们通常都是什么都不做，而不是综合满怀希望的左派和右派的观点，去采取一些行动……因为我们的敌人通常也是什么也不做，从而避免我们的大规模报复，否则他们将会被我们的报复所湮灭）。”沃尔斯泰特一直都提倡美国有权干涉任何地方，以维护美国自身利益，所以这两种趋势让他倍感震惊。作为一个与生俱来的实用主义者，他在发展非核武器中找到了摆脱越战综合征的办法。

尽管沃尔斯泰特和马歇尔并没有对此进行详细的说明，军事变革理论的潜在原则就是假定美国参与事件调停是出于好意，这就为美国对外国进行干涉提供了正当理由。这个观点明示了他们的各种决策，更不必说其他兰德同事开展的众多研究了。在兰德学者约翰·阿奎拉和美国驻联合国大使兼前伊拉克特使扎勒米·哈利勒扎德的研究中，透露出他们对这方面特别感兴趣。在哈利勒扎德的研究中这种倾向尤其明显，因为他在芝加哥大学就读时沃尔斯泰特就是他的老师。就像柏拉图分析苏格拉底一样，哈利勒扎德想要把这位老师的讲课内容整理成一个体系，为这个复杂多变而又充满冲突的世界提供应对方法。

哈利勒扎德生于阿富汗，在贝鲁特的美利坚大学（American University）接受教育，他在芝加哥大学是沃尔斯泰特的得意门生之一。尽管贝鲁特的同学认为他是一名激进的阿富汗人，因为他参加了支持巴勒斯坦的集会，还在寝室墙壁上贴上了埃及总统纳赛尔（Nasser）的海报，但是在 20 世纪 70 年代中期，从他到达芝加哥攻读政治学博士之后，他的思想很快就发生了转变。

“我遇到了一些朋友，”他在巴格达的大使官邸接受电话采访时说，“他们邀请我参加沃尔斯泰特教授的课，课程的名字是核战与传统战争。他们跟我说，他是一位博学多才的教授，他把各种轶事和现实生活中的例子与理论结合起来，给学生讲解在真实的世界中，或者在肯尼迪的政府中，事情是如何运作的。我回答说好。于是我加入了，坐在教室后面。艾伯特走进教室，开始讲战争的可能性，他讲到在某些人看来潜在的区域核战争如何不可避免地导致永久性的核战争。我举手问他，那怎么才能实现永久的和平呢？他问了我的名字，并且让我在下课后留在教室里。他邀请我参加他的学术讨论会，但是我告诉他我没有选他的课，只是来旁听而已。但是他坚持让我加入，所以我变成了他的学生，到期末的时候，我成了为他工作的顾问。”

沃尔斯泰特那种交际广泛的生活方式给这位年轻的博士生留下了深刻的印象。有一个哈利勒扎德的同事回忆说，有一次沃尔斯泰特举办了一场虚幻般华丽的晚宴，这深深地迷住了哈利勒扎德。当他坐车赶到这位教授那所豪华的湖边公寓时，他睁大了双眼，对周围的奢华景象感到非常惊奇，目瞪口呆地看着沃尔斯泰特这些显赫的财富。哈利勒扎德曾向同事借了一本法国马克思主义哲学家亚历山大·科耶夫（Alexandre Kojève）写的《黑格尔导读》，当他把这本书还给同事的时候，书中有一个句子底下划了一条线：“中产阶级知识分子既不战斗也不工作。”来年的夏天，在沃尔斯泰特教授的极力斡旋下，哈利勒扎德在兰德找到了一份工作。

在哈利勒扎德看来，苏联在阿富汗战败，有一部分原因是由于沃尔斯泰特设计的作战方案。“在和艾伯特讨论时，我们时常谈到如何挑战卡特政府认为阿富汗会被苏联吞并的假说。他不同意卡特政府的观点，并且不断地施压，让人们相信只要有足够的援助，阿富汗是可以打赢苏联的。”

哈利勒扎德加入了沃尔斯泰特的行列，一同游说美国向阿富汗反抗者提供援助。当时哈利勒扎德已经是哥伦比亚大学的教授，他写了一篇论文，内容与沃尔斯泰特的理论相互呼应，认为美国可以在阿富汗从军事上打败苏联。这两位学者在卡特政府内推销他们的观点，卡特政府最终被他们的攻势软化了，决定向阿富汗反抗者提供肩扛式‘针刺’防空导弹。苏联使用武装直升机攻击阿富汗反抗者所在的位置，而美国这项重大的决定为圣战分子提供了新武器，削弱了苏联的这项主要优势。

“这就意味着我们还可以做更多。不仅仅只是提供‘针刺’防空导弹，而是提供全套援助，包括各种物品、智力支持和大量装备，”哈利勒扎德说，“一旦美国提供了美国的各种专业技术，苏联要么升级战争要么放弃战争。最后的结果是，苏联军队撤退了。”

随着罗纳德·里根总统的上台，马歇尔和沃尔斯泰特发现最佳时机来临了，可以把他们的未来战争理论付诸实践。早在 20 世纪 70 年代后期，他们想要改造美国世界观的愿望就已经初见端倪了。那时他们反对限制战略武器谈判和反弹道导弹条约，他们支持“当前威胁委员会”和 B 组计划。下一步必然就是军事变革理论了。在他们设想的新的世界秩序中，美国是主导者，美国的原则是指导方针，如果有必要，美国可以单方面采取先发制人的行动，以维护美国的利益，并在海外推广美国价值观。他们提出“通过武力获取和平”的建议，这与恺撒·奥古斯塔斯（Caesar Augustus）所谓的“罗马帝国统治下的和平（Pax Romana）”如出一辙，恺撒正是以此作为扩张罗马权力的借口。沃尔福威茨似乎认可了这个方案，因为他提倡“美国统治下的和平（Pax Americana）”。

在 20 世纪 80 年代早期，一些已达到智力成熟期的新保守主义者几乎把这个学说当成是一个神圣的原则，他们相信在这个原则的指导下美国可以掌控世界的命运。[到了 2001 年，像麦克斯·布特（Max Boot）这样具有影响力的新保守主义分子公开鼓动美国宣布建立帝国，并且开始像帝国那样四处扩张。] 在 20 世纪 80 年代，许多军工复合体的中上层领导者都变成了沃尔斯泰特和马歇尔的追随者。正如理查德·佩里所说，甚至连拉姆斯菲尔德也自称是沃尔斯泰特的信徒。马歇尔的追随者的数量猛增，他们自称是“圣安德鲁斯预备课”学员。

自从马歇尔在净评估办公室找到合适的职位之后，他就一直强烈要求发展新的武器系统，而沃尔斯泰特则游说立法者，让他们批准马歇尔的提议。他们提倡在空中发射精确制导的反装甲“子母炸弹”以阻止前来进攻的敌军装甲师继续前进，而美国军队根本不用出动机械化部队。他们推崇网络空间技术，利用这种技术使敌方的计算机网络陷入瘫痪，从而有效地使敌方在战斗中失去方向；他们还研究在战场上使用对精神起特殊作用的物质去迷惑敌军战士的可能性；他们甚至还预测将来会有一种躯体装甲，战士穿上它就像是套上了外骨骼一样，装甲中还安装有最新的通信设备；他们计划从 100 英里之外的潜艇上发射小型导弹，通过对伊拉克军队的坦克发动机的声音进追踪，从而可以实施攻击并迫使伊拉克军队停止前进。

马歇尔时常构想新的高科技方法，维护美国在全球的利益，除了这样的日常琐事之外，他还举办了一系列研讨会，集中讨论面对不曾预料到的敌人，该采取什么样的响应方案。这些行为很符合他的风格，因为据说他每天晚上睡觉的时候都在为下一场战争担心。在 20 世纪 80 年代早期，马歇尔把矛头指向中国，他预料中国将是美国在地球上的下一个敌手。他以哈利勒扎德编辑的兰德研究报告为依据，因为这些报告认为中国的崛起是21世纪最大的安全隐患。

现在，哈利勒扎德认为那种担忧其实是杞人忧天："冷战结束后，许多人都认为中国将会是最紧迫的问题。自从"9·11"事件之后，恐怖主义变成了我们当前的首要事务。随着时间的推移，中国会变得越来越重要。我喜欢跟别人开玩笑说，中国很有可能间接地参与了"9·11"事件，这样他们就可以把我们对他们的注意力转移到其他问题上了。"

苏联解体之后，只剩下美国这个耀眼的单极势力在世界中鹤立鸡群。在乔治·H·W·布什政府执政期间，马歇尔和沃尔斯泰特第一次感到不知所措。说来也奇怪，没有任何人曾经预料到，戈尔巴乔夫的改革会导致苏联解体，从此五角大楼就失去了明确的敌手。但是，新保守主义者认为这是天赐良机，正好去实现他们的美国霸权的信条。美国要确保再也不会出现一个可以取代苏联位置的政权，而且作为一个强大的帝国，美国还要确保维持本身所需要的能源来源。中东拥有巨大的石油储存量，所以中东就变成了在扩张美国权力中同等重要的争夺焦点，美国计划通过政治和武力手段，改造中东地区压迫性的、反犹太人的反动国家。这个政策与沃尔斯泰特支持以色列的观点不谋而合。长期以来，沃尔斯泰特一直都是一名人道主义者。曾经有人问他是不是犹太人，他诙谐地回答说："天啊，我当然不是犹太人！但是我的父母是犹太人。"沃尔斯泰特强烈拥护以色列，认为以色列是中东地区唯一现有的民主政权。苏联解体后，伊拉克和伊朗之间的战争从未休停过。沃尔斯泰特和马歇尔意识到，美国很快就需要向中东派遣军队。1991年伊拉克入侵科威特事件成了导火索，美国所有不同的新保守主义派系，例如帝国主义派、犹太复国主义派、军国主义派和盲目理想派，他们都达成了同一个政策：萨达姆·侯赛因必须下台。这也是对所有关于新式武器和军事概念的军事变革理论的真实考验。

"把萨达姆赶出伊拉克和科威特的必要性，说明了一个自始至终都很明显的问题：即使共产主义帝国破灭了，并且共产主义帝国的许多分支都转向了民主和自由市场，世界依然会继续涌现出军事威胁，危及美国及其盟友的重要利益。我们需要根据这些真实的威胁制定出适宜的战略和军力部署。"沃尔斯泰特写道。

沙漠风暴行动证实了军事变革理论，但是在政治方面却做得不够。在把伊拉克军队赶出科威特之后，乔治·H·W·布什总统拒绝推翻萨达姆。巴格达和华盛顿的政权更换，变成了马歇尔、沃尔斯泰特以及他们在五角大楼和兰德的同仁们的圣杯。他们最有力的武器是一个身材肥胖、举止有涵养、极其聪明的伊拉克流犯艾哈迈德·沙拉比（Ahmed Chalabi），当时约旦正以银行诈骗的罪名通缉他。

第 21 章　回到伊拉克

艾哈迈德·沙拉比一跃成为华盛顿圈子里的热门人物，这主要是沃尔斯泰特从中煽动的结果。沃尔斯泰特在保罗·沃尔福威茨的办公室里会见了沙拉比。中东学者伯纳德·刘易斯（Bernard Lewis）是沃尔福威茨和沃尔斯泰特的朋友，他早就向他们大力赞扬这个流犯，认为他们肯定会看到认识沙拉比的价值所在。沃尔福威茨、沃尔斯泰特和刘易斯有着相似的价值观和出身背景，他们都是世俗的犹太人，始终维护以色列，致力于解说和推广美国价值观。此外，沃尔斯泰特和刘易斯都对同一个问题有着浓厚的兴趣：凯末尔·阿塔土尔克（Kemal Atatürk）如何建立起一个现代的、世俗的土耳其国家。他们把现代土耳其当做一个典范，按照这个范例构建沙拉比领导的新伊拉克。*

沃尔斯泰特和刘易斯希望在推翻了萨达姆·侯赛因政权之后，沙拉比及其流亡组织伊拉克国民大会（INC）可以把这个文明的发源地拉回正轨，建立一个世俗的政府，与以色列和平相处，为阿拉伯“街道”树立起好榜样，并且永远不会对美国发动战争。正如刘易斯所写：

> 这个政府的核心已经成形了，艾哈迈德·沙拉比领导的伊拉克国民大会就是它的中心。在 90 年代，他们曾经在北部的自由区起过建设性作用，如果当时我们抓住关键时机，为他们提供援助，那么他们就有可能已经实

---

* 刘易斯是一个亲土耳其分子，他拒绝承认阿塔土尔克试图歼灭亚美尼亚人的行为。1993 年，法国法院判定刘易斯有罪，因为他否认 1919 年曾经发生过亚美尼亚种族屠杀，也就是说，他到处宣扬土耳其政府的官方路线，因此该法院判他有罪，罚款一法郎。

现解放伊拉克的目标了。尽管他们一直都缺乏进行活动的相关援助，但是他们依然继续在伊拉克坚守自己的职责，并且在众多可能的伊拉克候选人当中，不管是从经验、可靠性还是友好方面来说，他们毫无疑问是最合适的。

沙拉比是一个可爱的人，没有人会否认这一点。他身穿昂贵的西装，他的口音充满异国风味，他为人彬彬有礼，简直是活生生的年轻东方王子形象。很少有人预料到他想入非非的追求能成为现实，他以及来自兰德的支持他的人成功地说服了美国政府重新回到伊拉克的问题上来，并最终推翻侯赛因政权。他们使用和滥用权力、影响力和含沙射影的方法，达成他们的目标，这简直就是一个引人入胜的故事。

沙拉比是一个古老的伊拉克家族的后裔，他是一个智力早熟的孩子，在巴格达中心的耶稣会学校上学时他就经常跳级。1958年费瑟王二世被暗杀，其政府被罢黜之后，沙拉比的家庭逃离了伊拉克，失去了大部分财产。那时沙拉比年满十二岁，在英国上寄宿学校。后来他在美国接受教育，在麻省理工学院取得了数学本科学位和硕士学位，然后再到芝加哥大学攻读数学博士，那个时候沃尔斯泰特也在芝加哥大学任教，但是沙拉比说那时他们彼此并不认识。

1977年在约旦皇储哈桑（Hassan）的邀请下，沙拉比迁移到安曼（Amman，约旦首都），在这里他建立了派特拉银行（Petra Bank），该银行很快就变成了约旦第二大金融机构。沙拉比和这个哈桑王族小国的王室家庭的关系十分亲近。他住在一个豪华的别墅里，房子里满是现代艺术装潢，他的孩子与王室家庭一起骑马玩耍。随着财富的增加，他的流亡之苦有所减轻。但是在1989年，沙拉比因使他自己的银行破产而被控告有罪，于是他携妻带子逃离约旦前往伦敦。1992年约旦法庭宣判他有罪，罪名有30多条，包括贪污、伪造和偷窃罪。他被判处二十一年强迫劳改，并勒令归还7000万美元。

沙拉比在逃跑后还有更重要的事情要做。在1992年5月，他与别人在维也纳合创了伊拉克国民大会。这个组织里的伊拉克人有着不同的政治观点和宗教信仰，他们发誓要在伊拉克建立一个代议制政府。沙拉比在伊拉克北部的库尔德地区设立了大会总部。海湾战争停火后，美国和英国的飞机在伊拉克的北部建立了禁飞区，这片广袤的山陵地区几乎是处于自治的状态。

1992年7月，沙拉比发起首次推翻侯赛因政权的阴谋活动：大约3000名士兵和许多装甲车辆组成的机械化部队出发前往巴格达推翻那个暴君。忠于侯赛因的共和卫队士兵对他们进行了伏击，这次未遂的政变以失败告终。80多名军官被捕，然后被侯赛因的军队严刑拷打折磨至死。三年之后，沙拉比再次预谋造反，但是侯赛因识破了伊拉克国民大会的阴谋，在造反方案启动之前逮捕了100多名官兵。接着伊拉克军队贿赂库尔德领导人，两方一起合作袭击和摧毁了库尔德地区的伊拉克国民大会总部。

从这次事件和其他预谋行动中，沙拉比意识到通过武装力量无法打败侯赛因，于是他转向美国，请求美国帮助他推翻侯赛因政权，这正合沃尔斯泰特、沃尔福威茨、刘易斯以及其他兰德同仁的心意。扎勒米·哈利勒扎德把沙拉比称为“对抗萨达姆·侯赛因的关键人物之一，他在欧洲、美国和伊拉克奔走争取得到支持”。

在沃尔斯泰特和理查德·佩里的斡旋下，沙拉比很快就引起了共和党参议院领袖特伦特·洛特（Trent Lott）和众议院发言人纽特·金里奇（Newt Gingrich）的注意；此外，两位具有极大影响力的前国防部长——哈里伯顿（Halliburton）公司的总裁迪克·切尼和兰德的理事会主席唐纳德·拉姆斯菲尔德——也注意到了他。他还与前中央情报局局长詹姆斯·D·伍尔西（James D. Woolsey）及韦恩·唐宁将军（Wayne Downing，在乔治·H·W·布什当政期间，他是国家安全委员会委员）一起策划了以武力推翻侯赛因政权的计划。1997年他们建立了一个类似于里根时代的“当前威胁委员会”的机构：美国新世纪计划（PNAC）。这个机构同样从兰德那里找来了几位学识渊博的学者作为创始人。他们利用这个机构作为宣传工具，试图说服美国民众，宣称伊拉克的政权变更符合美国的最大利益。

从一开始，美国新世纪计划就明确地把伊拉克定义为在中东建立新政治的据点。1998年该组织向克林顿总统写了一封公开信，力劝他“制定新战略，保全美国及全世界盟友的利益。新战略的首要目标应该是推翻萨达姆·侯赛因政权……这需要投入足够的外交、政治和军事努力”。沃尔福威茨、佩里、丹·奎尔（Dan Quayle）、切尼、前兰德总裁哈里·罗温、拉姆斯菲尔德以及兰德帕地政策学院的主管哈利勒扎德都在公开信上签了名。几个月之后，这些在公开信上签名的人进一步采取行动，要求政府把沙拉比的伊拉克国民大会当做伊拉克人民的唯一代表进行直接接触。在那一年，克林顿总统签署了伊拉克解放法案，法案宣布“为推翻侯赛因政权提供支持是美国的一项政策”。这个承诺根本不具有什么效力，因为这个法案并没有指明如何开展解放伊拉克的活动——至少没有公开表明过。海湾战争之后，布什总统批准中央情报局拨出一亿美元战争基金，支持侯赛因的政敌，伊拉克国民大会在该援助下偷偷摸摸地发展起来。在伊拉克解放法案之后，国务院另外向伊拉克国民大会提供了 3300 万美元。2000 年来自国务院的资金被取消了，五角大楼的国防情报局为了提高资金的使用效率，每月拨付 33.5 万美元用来资助伊拉克国民大会。

沙拉比不仅承认新保守主义分子提倡伊拉克政权更换这种做法是合法的，而且还向他们提供关于传言中的伊拉克大规模杀伤性武器的情报，以此作为对美国提供支持的回报。在阵式浩大的告密者队伍中，有许多人是伊拉克境内外的伊拉克国民大会合作者通过广泛的网络征募而来的。他们提交了一些预兆更为不祥的报告，其中绝大多数被证实是错误的。比如萨达姆建立了可以制造生物化学武器的实验室；萨达姆与本·拉登相互合作；萨达姆正在购买制造核弹所需的原材料。华盛顿的伊拉克国民大会、新保守主义智囊团以及辩护组织一致不断地声称世界末日在逼近。

在 2000 年的总统大选中，乔治·W·布什（George W. Bush）险胜戈尔（Al Gore）。美国新世纪计划在新的布什政府内安插了大量该计划的成员，就像“当前威胁委员会”当年在里根政府内安插自己的人手一样。拉姆斯菲尔德成为了国防部长；沃尔福威茨被任命为国防部副部长；佩里是国防策划委员会主席；理查德·李·阿米蒂奇（Richard L. Armitage）成为副国务卿；哈利勒扎德被任命为驻伊拉克流亡政府的美国大使，接着担任驻阿富汗美国大使以及驻伊拉克共和国美国大使，最后是联合国大使；当然还有切尼，他变成了美国历史上最有影响力的副总统。

2001 年发生“9·11”灾难事件之后的几个星期，新保守主义游说者抓住时机，重提沙拉比之事。沃尔福威茨花了好几天的时间，向布什总统分析伊拉克参与“9·11”袭击事件的可能性大概有 10％－50％。布什总统很快就让他的情报人员找出侯赛因参与“9·11”事件的证据。国防部长拉姆斯菲尔德和副总统切尼效仿20世纪70年代B组的做法，建立了一个特别计划办公室，凌驾于中央情报局之上开展情报分析工作，该办公室利用沙拉比的伊拉克国民大会提供的情报，为即将来临的伊拉克战争正名。新保守主义者频繁出现在媒体上，不断地鼓吹伊拉克战争，甚至断定废黜侯赛因将易如反掌。

布什总统在2003年的《国情咨文》中恐吓侯赛因，几乎是在承诺在几个星期之后会发兵入侵伊拉克，当时沙拉比就坐在第一夫人劳拉·布什附近，想象着掌控伊拉克政府的景象。最后，国务卿科林·鲍威尔（Colin Powell）在联合国发表演讲，说明美国入侵伊拉克是正义之举，他的论据来自一名由沙拉比领导的伊拉克国民大会党推荐的失业工程师。该人声称侯赛因将可移动的生化武器实验室藏匿在拖车上。

2003年3月20日，以美国为首的联合军队对伊拉克发起进攻，此时沙拉比的政治影响力达到巅峰。如果他指望美国在打败侯赛因之后，就会提拔他为新一届伊拉克政府的首脑，那么他的希望已经落空了。因为布什政府获得了联合国的授权，美国可以作为占领国入住伊拉克。这就意味着，美国将首先要设立一个过渡政府，接下来才会把伊拉克交回到伊拉克人手中。前兰德学者在中东的美利坚帝国梦，并不包括在美国军队完全控制这片土地之前交出权力。

美国任命刘易斯·保罗·布雷默三世（L. Paul Bremer III）为总督，这位总督只是让沙拉比在政府里担任单纯的咨询工作，以此作为对他的精神安慰奖。尽管如此，沙拉比已经爬升到接近政治权力顶峰的位置，出任伊拉克石油部部长。他还设法在政府的重要职位上安插许多亲戚，尤其是他的侄子塞伦·沙拉比（Salem Chalabi）。塞伦·沙拉比是伊拉克临时政府特别法庭的庭长，负责起诉惹人厌烦的侯赛因。

艾哈迈德·沙拉比与美国的合作关系很快就恶化了，因为谣言开始流传说他伪造货币，说他从伊拉克石油部偷窃了数百万资金，并受伊拉克邻国伊朗强大的什叶派政权的控制。沙拉比曾经公开颂赞美国是伊拉克的希望，但是现在他开始大声批评美国处置伊拉克事件的方法不对。他的言论和兰德学者的观点差不多，而兰德正小心翼翼地让自己远离正在恶化的伊拉克困境。兰德法律专家组被派遣去伊拉克，负责改写伊拉克宪章。在布雷默领导的复杂而神秘的政治舞台上，他们无法取得实际性的进展。兰德的安全专家同样也对打败反美叛乱分子感到悲观，因为伊拉克叛乱的宗教色彩越来越浓重。

在美国入侵伊拉克之后，兰德针对伊拉克建国发表了一篇报告，警告说军事占领想要取得成功，所需要的军队比布什政府愿意或者能够提供的军队还要多。《美国在伊拉克建国中的角色：从德国到伊拉克》预见性的指出历史事实预示了联合军队将会遇到各种困难，比如伊拉克起义。该报告还警告说，“建国没有捷径，想要促使伊拉克从持久的过渡时期转变到民主政府，五年的时间似乎已经是最低限了。”不久之后，该报告的主要作者，前美国驻阿富汗大使，美国派往科索沃、波斯尼亚、海地和索马里的特使詹姆士・多宾斯（James Dobbins）宣称伊拉克战争得不偿失，建议布什政府采取措施训练伊拉克人自己管理国防事务，美国军队从这麻烦的国家全部撤回来。

沙拉比批评美国入侵伊拉克的行为，一度为他在新伊拉克政治领域中加分不少。沙拉比在政治上明显转向伊斯兰教，并且他还受到占领军队的迫害，于是他的立场开始越来越偏向伊拉克，不再只是与美国人站在一起支持美国的中东帝国梦。沙拉比一直都很精明，他领导伊拉克国民大会与伊拉克团结联盟联合起来。伊拉克团结联盟是由穆克塔达・萨德尔牧师（Moqtada al－Sadr）领导的激进什叶派穆斯林组织。穆克塔达・萨德尔是一位极具争议的民粹主义领导者，曾经一度被占领军政府控告犯有谋杀罪。他的马赫迪军甚至与占领军队交火，争夺几个伊拉克城市的控制权。他与沙拉比截然相反：他是一名守旧而又狂热的反美大教主，最重要的是他拥有独立于美国军队的政治权力基地，不计其数的武装追随者时刻准备着为他而死。2005 年 1 月伊拉克举行大选，沙拉比与萨德尔的伊拉克团结联盟联合在国会赢得了多数席位，沙拉比稳坐副总理之席。

2005 年底，由于缺乏充足的证据，法院撤销了对沙拉比伪造货币的指控，于是所有恼人的指控也都顺便被遗忘了。他再次成为布什政府在伊拉克的代言人，被吹捧为未来的伊拉克总理。沙拉比访问华盛顿的时候，他在雾谷（Foggy Bottom，美国国务院等政府机构所在地）受到了国务卿康多莉扎・赖斯的热烈欢迎，并且还私下与切尼副总统进行会面。沙拉比在美国企业研究所的沃尔斯泰特研讨中心召开了一个只有落脚之地的记者招待会，他驳回了外界对他误导美国政府入侵伊拉克的指责，声称这些指责都是“都市神话故事”，这引来了笑声和掌声。沃尔斯泰特是另外一个操纵事实与谎言的大师，他赞赏沙拉比的出色表演，但是这可能太晚了。几个月之后，也就是在 2006 年 1 月，沙拉比与伊拉克团结联盟断绝关系，自己组建了一个政党参加另外一次全国大选。在 1200 万的选票当中，他领导的世俗的国民大会党只赢得了 0.25％的选票，不足以在新的伊拉克国会占据一席之地。他从这次失败中吸取了教训，开始与萨德尔的伊拉克团结联盟达成和解。2007 年他在萨德尔支持的什叶派伊拉克政府里任职：“民众动员委员会会长”，应对美国军队涌入巴格达的形势。

伊拉克日渐变得支离破碎，而错误的宗教和种族路线更是雪上加霜，例如萨德尔宣称自己的军队有 60％的人已经渗透到各种政府项目和职位中，沙拉比、沃尔斯泰特以及其他新保守主义分子想要把伊拉克建设成世俗的、美国可靠的盟友，他们这个伟大的梦想已经是遥不可及了。沙拉比悲伤地承认了这个失败，他承认自己的主要错误是没有意料到伊拉克会被不理性、宗教以及盲目民族主义的力量所控制。他在接受阿拉伯卫视网络采访时说，“甚至连伊拉克共产党都把口号改了：以前是‘全世界的无产者，联合起来’；现在是‘全世界的无产者，赞颂穆罕默德’。”

帝国梦彻底破灭了。

6

在沃尔斯泰特看来，他的研究工作推翻了俄罗斯帝国，维护了美国的安全，促进了全世界的繁荣，为此他在临死时肯定是心满意足的。

历史告诉我们有些难题是一下子解不开的，只能通过时间的推移并且在有好运气的情况下来逐渐解开这个结。

如果我们照照镜子，我们就会发现我们每个人身上都有兰德的影子。问题是，我们应该怎样做呢？

第22章　战略家之死

人们做了恶事，死后免不了遭人唾骂；

可是他们所做的善事，往往随着他们的尸骨一起入土。

——《朱利斯·恺撒》，第二场，第三幕

冬季的某一天，我坐在纽约曼哈顿一个明亮的客厅里采访琼·沃尔斯泰特。我突然想到大约在21世纪之初，兰德的兴盛时代将要走到末端了。到那个时候，除了永恒的安德鲁·马歇尔之外，许多兰德忠实的拥护者将不再参与兰德的工作，退休的退休，或者像艾伯特·沃尔斯泰特这样已经死去。

琼是这位非凡分析家唯一的血脉，长年以来沃尔斯泰特对兰德产生了不可磨灭的影响。现在琼的脸上偶尔会闪过悲伤的神情。她指着玻璃桌上的磁带录音机，让我关上它。几个小时的采访已经接近尾声，我们开始谈论她父亲最后的时光。尽管她父亲去世已经过了七年，但谈起父亲的死时，她眼中依然翻滚着泪花。

“那真是一个噩梦，”她轻柔地说，“不应该是那样的，但却那样发生了。”

纽约的空中轮廓线在她身后的落地窗外闪闪发光。一名现在在兰德工作的前沃尔斯泰特的咨询公司的职员帮我联系到了琼。她同意和我见面，约好在上东区一个朋友的公寓里接受我的采访。

我只在照片上看到过她，照片是朱利叶斯·舒尔曼在她家为她照的。那个时候她是父母的掌上明珠，穿着漂亮的蓬松裙，梳着20世纪50年代青少年流行的马尾辫。一个白发浓密的中年妇女向门这边走来，隐约中给我一些不太爱修边幅的印象，她的容貌已经不太像当年那个年轻的女孩子了。只是她的眼中依然闪烁着智慧的光芒，或许是这从她父亲那里遗传下来的，她略带顽皮的快乐的神情仿佛能看清世上所有愚笨的事物。

她是有备而来的，带来了一些塞满了图的文件夹，这些图都是她父亲在20世纪50年代参观西方政治中心时给她寄回来的。她还给我看了许多照片，比如她父母在墨西哥金字塔度蜜月、她父亲开车带着勒·柯布西耶游览纽约、两岁大的琼和她父亲穿着游泳衣站在炎热的屋顶上。所有的照片都那么生动逼真，但又都在历史中逐渐褪色了。

朋友曾告诉我，就像20世纪50年代典型的年轻人一样，琼对她父母的名望和权力有着抵触情绪，所以她选择了一条与父母截然不同的道路。那时她是一个嬉皮士女孩，主修中文研究，以跳肚皮舞为工作。当我问她这个问题时，她既不承认也不否认，只是说“这个故事并不是在说我”。我忍不住想，尽管她年轻的时候曾经反叛过，但是她现在已经变成了一个孝顺的女儿，依然保持着心中的热情。她一直专心照顾生病的妈妈直到2006年妈妈去世。采访之前，琼已经知道我有古巴血统，所以她要我给她一张瓦拉德罗（Varadero）大沙滩的照片。其实是罗伯塔听说我会来采访琼，所以向琼提出想要这样一张照片。

琼回忆起1996年12月16日她的父亲在过生日的时候心脏病发作的情形。当时她在纽约，她父母早些年把约瑟夫·凡德卡设计的宽广住宅卖掉了，在好莱坞山上购买了另外一套面积比较小的住房，此后他们就住在这套房子里。罗伯塔给琼打电话，说她非常担心，因为艾伯特自从过了生日之后就病了。他们猜想他可能是得了哮喘，所以向一名过敏科医生咨询了相关问题。

“我妈妈说：‘我本来想等艾伯特感觉好一点儿后再给你打电话的，但是他的情况很糟糕，他得了骨科病，他不能移动手臂，感到很痛苦。’”她妈妈还补充说她没有叫救护车，因为她不想让艾伯特感到不安。

当时琼刚参加了红十字会的CPR（心脏复苏术）课程，妈妈的描述让她感到担忧，因为她的父亲几年前曾经作过心脏搭桥手术。琼查看后发现父亲完全符合心脏病发作的症状。“于是我告诉她，‘我觉得你应该打911，但是不要告诉他。’于是，我就听到她在说，‘琼说我应该打911’。”

琼和自己的丈夫坚持一定要叫救护车，他们就这样争持了二十分钟。最终消防队医务人员到达她家的时候，艾伯特愤怒地对女儿说，“这太荒谬了，星期六晚上被送去急诊室是最恐怖的事情！”

医院里的医生一开始认为艾伯特没有心脏病，后来又判定他有心脏病。在重症监护室的时候，他在决定要拍血管造影片之前给兰德的顶尖医学研究者艾尔·威廉姆斯（Al Williams）打了电话。

“我跟他说，‘爸爸，当你在重症监护室的时候，你应该听从医生的决定。’”琼说。

艾伯特从医院回来之后，需要进行全日护理。他把自己的床移到宽阔的客厅，滑动玻璃门正对着水池，门外还有一丛几年前他亲手种植的珍稀的紫竹。他的左半身没法活动了，但是他天生喜欢进行一些改造去适应环境，所以他改造了一个椅子，把它放在床上，这样他就可以半躺半坐，还可以做一些事情。琼说他看起来像是正在恢复的样子，但是没有人知道他的半个心脏已经停止工作了。艾伯特·沃尔斯泰特过完生日 30 天后就去世了，享年 86 岁。他的周围堆满了书、艺术品，文件柜里放满了机密研究文件。兰德养育了他，也放逐了他；在他去世的时候，兰德在约翰·威廉姆斯设计的内院里为他举办了追悼会。战后兰德创立时期的许多要人们的灵魂肯定也赶来了——弗兰克·科尔博姆、赫尔曼·卡恩、J·罗伯特·奥本海默，这样的地方正适合放下以前沃尔斯泰特和他们之间的争执。音乐家用 G 大调演奏巴赫的《勃兰登堡第三协奏曲》以及莫扎特的《费加罗的婚礼》，这些音乐勾起了哈里·罗温、佛瑞德·霍夫曼、艾林·恩索文、兰德总裁詹姆士·汤姆森以及沃尔斯泰特已经倒闭了的公司的职员潘·惠尔利斯提克（Pan Heuristics）对他的回忆。爵士表演者开始演奏轻快的“搭乘 A 号列车”旋律，这个曲子是沃尔斯泰特的朋友比利·斯特雷霍恩（Billy Strayhorn）所创作的名曲。一曲终了，小查尔斯·沃尔夫宣读结束词，他说再见的声音在曲折的大厅以及静谧的园子里回响。而这里正是军工复合体理论的宫殿。

一个人重要的一生就这样结束了，一项催人奋进的事业也结束了。所谓催人奋进，是对于那些认为和平意味着时刻为战争准备的人来说的，他们认为国家安全是亘古不灭的目标，所以需要不断改进科学技术，而美国文化在任何时候都是所有文化的通用模板。有些历史学家认为，在沃尔斯泰特的新保守主义观点的指导下，亨利·杰克逊和罗纳德·里根推动了一系列相关活动，帮助世界最终摆脱现代历史上最血腥的苏联帝国。另外一些历史学家则认为，苏联最终肯定会走向毁灭，在现实世界中，沃尔斯泰特和他的兰德同事虚构了不必要的冷战，反而阻止了苏联的衰落，让这个垂死的帝国多活了30年。不管怎么说有一点是毋庸置疑的，沃尔斯泰特是技术官僚的最高典范。技术官僚往往以专家自居，他们提出一些表面上看似客观公正的措施，实际上却单方面的决定处理世界事务的方式。

在沃尔斯泰特看来，他的研究工作推翻了俄罗斯帝国，维护了美国的安全，促进了全世界的繁荣，为此他在临死时肯定是心满意足的。当然世界上仍还有很多事情需要去做——必须阻止巴尔干半岛初见端倪的种族屠杀；必须处理中东地区的核扩散和穆斯林蒙昧主义。但是总而言之，为了把美国建设成一个更安全、更富有的社会，他作出了不懈努力。不知他是否曾经在幻想的时刻，目光敏锐地感知到与他搏斗已久的苏联怪物其实是个空壳，是一个由口号和美国贸易协定撑起来的咯吱作响的僵尸？或许他曾经这样预料过，否则他不会那么兴致勃勃地开展他的最后一项活动，去阻止执行缓和政策。因为这个空心的怪物依旧有核牙齿，而且沃尔斯泰特以前曾经是托洛茨基的追随者，他从来都不会对冷酷无情的克里姆林宫领导者可能发动的任何暴行掉以轻心。既然斯大林忍心看着他的2000万公民在战争中死去，那么新的马克思主义沙皇通过屠杀一亿外国人来赢取世界也不是没有可能的。不管怎么说，这是一件符合理性的事情。

几年后，沃尔斯泰特的新保守主义追随者扭曲了他的分析和自信透露出来的信息，未能把外交政策与现实主义结合起来，所以他们的理论都倾向于过分理想化，这些肯定就不是沃尔斯泰特的责任了。奥古斯塔斯·理查德·诺顿（Augustus Richard Norton）以前是沃尔斯泰特的学生，现在是波士顿大学的中东学者。在他看来，“布什政府的绝大多数官员在知识领域都是艾伯特的孩子，但是我不确定这位父亲是否会赞同这些孩子们的冒险之举。这很值得人们去深思。”

第 23 章　兰德何去何从

回到随心所欲的 20 世纪 60 年代，兰德研究员经常沉溺于冗长而痛苦的自我分析。在备忘录、短评和论文中，兰德研究员们试图创造一个新世界，他们为选择什么样的方向而苦恼，特别是神童专家组进入肯尼迪政府之后，兰德与空军的关系更加紧张。兰德变得太软弱、太圆滑，兰德的研究工作也变得乏善可陈，太多的竞争者抢走了兰德的风头。兰德如何才能在一个对手如林的领域中脱颖而出？今天的兰德再一次面临这个问题，因为有许多其他智囊团如雨后春笋般成长起来了。兰德为了在竞争激烈的市场中展示出与众不同的特色，于是开始拓展海外事业，尤其是中东地区业务。

2003 年，兰德在沙特阿拉伯附近的一个石油资源丰富的国家卡塔尔成立了办事处。在卡塔尔的最高权威谢赫哈马德·本·哈利法·阿勒萨尼埃米尔（Shaikh Hamad bin Khalifa Al- Thani）的邀请下，兰德开始重新编写卡塔尔国家教育系统的教科书，力求建立起温和的斯兰教育品牌。从 2003 年到 2005 年期间，兰德顾问帮助伊拉克临时联合政府进行国家立法机构的改革，结果好坏参半。自从兰德探索战争统一论以来，很少从兰德的研究工作中看到和平的意向，但是在 2005 年兰德却为了实现中东和平而努力。有人慷慨捐出 200 万美元支持伊拉克项目，兰德分析家以这一项资金为基础，如人所愿地设计出了解决巴勒斯坦和以色列冲突的计划——Arc 计划。

兰德在 Arc 计划中提议在约旦河西岸和加沙地带之间建立起连接纽带，广泛建设铁路、高速公路和基础设施，为该地区的巴勒斯坦人民提供工作、水、食物、教育、住房和各种公众事业。然而，宗教和本土主义的非理性力量开始破坏 Arc 计划的实施，以色列和巴勒斯坦的极端主义者也强烈反对这一提议。兰德也开始重拾它在20世纪60年代进行过的反叛乱研究，希望借鉴阿尔及利亚反叛乱战争中带来的教训，并在当前的伊拉克叛乱中加以利用。

现在兰德似乎已经没有怀疑论者了，也不再有自我分析和自我反思的文化了。批评者都是在组织之外的，比如理查德·佩里，他说兰德“只是另一个追逐合同的机构”，还有中东专家拉里·戴蒙德（Larry Diamond），他则怀疑兰德分析家极大地影响了伊拉克的内部事务。兰德机构内还有一种共同的情绪，即不愿意接受异议；和其他成功的机构一样，兰德迫于压力不得不实行集体思维模式。在一个崇拜理性和独立思考的组织里，这种特性是自相矛盾甚至是相互冲突的。在与兰德打交道的时候，和与联邦政府的某些分支机构打交道一样，你会感觉到每个人都是在宣传兰德的观点。兰德的职员不会公开地批评这个机构——再也没有像艾伯特·沃尔斯泰特或者赫尔曼·卡恩这样的人了，他们像是“智慧的牡蛎”肚子里的刺激物，运气好的话这只牡蛎可以生产出大颗的珍珠。

兰德现任总裁詹姆斯·汤姆森似乎对没有他们并不懊悔。像一个经验丰富的棒球队领队一样，他关注的是击触地球、一垒打和平直球，而不是明星直接将球击出外场挡墙的本垒打。“战略家沃尔斯泰特、卡恩、布罗迪等人吸引了每个人的注意，但是真正使美国空军进步与改善的努力与他们没有多少关系。”

汤姆森以前是一个物理学者，在没有内部提携关系的情况下，他偶然进入了军事工业领域。他被聘为五角大楼系统分析办公室欧洲部研究员，这个办公室是由罗伯特·麦克纳马拉手下的兰德学者艾林·恩索文建立的。在离开为制定政策提供建议的领域之前，汤姆森被提升为卡特政府国家安全顾问兹比格涅夫·布热津斯基（Zbigniew Brzezinski）的助理。汤姆森从1989年开始任兰德总裁和首席执行官，大致地延续了兰德前总裁唐纳德·赖斯的作风，注意保持军事和民间合同的均衡。

2005年末，汤姆森对美国公民自由联盟科罗拉多州分会发表演讲，强烈批评他看见的当前国内的蒙昧主义倾向。

我们往往根据自己的个人观点和偏见，对别人的观点发表自己的观点，然后就不知所以地进入了战争，其实在这之前，我们首先要弄清楚我们关于一个特定政策提议的有效性能够做些什么。人们往往基于个人观点而不是基于事实来处理战争：我担心美国正在走向这样的道路。

从兰德新办公大楼的总裁办公室内，可以看到太平洋和好莱坞山，这个瘦高的科学家就在这里接受采访，他阐述了他对美国文化中这种不理性趋势的担忧。“逐渐壮大的党派偏见在一定范围内削弱了专业水平的影响力，因为各方都持有坚定而又各不相同的观点，每一方都互不相让。我认为在第二次世界大战以后，也许是因为二战的缘故，人们意识到了科学和分析对赢得战争的重要性，在很长一段时期里，我们的政府比较侧重于科学思考和分析。在我的职业生涯中，这种现象开始慢慢减少。华盛顿国内机构的分析办公室几乎消失了。”

汤姆森还说，现在兰德的分析报告尽量避免充满感情的描述，使用平实的语言，减少分析研究的感情色彩。“形容词。我常常不用形容词。人们会说，‘结果是6，很大的一个数字’。我说，‘为什么不只说是 6。我的意思是，6 就是 6。为什么我们得说这是一个大的数字？’”

当问到人们对兰德式分析工作的评价降低，是否与麦克纳马拉时期糟糕的政策有关时——而这个“最杰出与最聪明”的人给美国带来了越南战争——汤姆森回答道，“我认为真正的降低是从里根开始的，你想想，那时候只有共和党人才能在政府工作。”他认为控制白宫或国会的政党更替不会对科学分析造成太大的影响。

“这是时代思潮的一部分，与政党没有什么特别的联系。政府内是一个不同的世界。你把你的呼吁告诉公众，并试着让公众理解你的信息。你只是为了生活而拼命工作。如果你放弃，你就是在投降。我们应该坚决反对非理性的行为。”

作为最后的万能药，理性是兰德的信条，也是创造了战后美国和西方世界的科学家和工程师们的信条。在兰德研究员和顾问获得的 27 个诺贝尔奖中，只有一个奖不是物理、经济或化学方面的，这并不是什么稀有的事。这个例外就是前国务卿亨利·基辛格（Henry Kissinger），他在 1973 年获得了诺贝尔和平奖（基辛格在 1961 年到 1969 年间是兰德的咨询顾问）。

我们国家的开国者则属于另一类型。作为 18 世纪启蒙时代的人，他们提倡一切事情都要节制，甚至在追求理性方面也在节制。许多宪法的签字者都直接见证了

"大觉醒"和18世纪中期美国宗教复兴的极度狂热，他们大都有些怀疑无孔不入的理性演说。他们认识到黑暗势力经常会控制人们的精神：因此教会要和国家事务分开；政府机构彼此之间要相互制衡；也因此乔治·华盛顿（George Washington）在他最后的演说中警告要避免外国纠纷。

历史告诉我们有些难题是一下子解不开的，只能通过时间的推移并且在有好运气的情况下来逐渐解开这个结。然而，美国这个共和帝国庸俗的实业家们会认为这是非常可憎的想法，他们相信能想象的问题是能解决的问题。可以还击巴比特的是：越南或伊拉克或圣战者组织。作为伊拉克激进的穆斯林派的代言人，教士穆克塔达·萨德尔说，"美国人应该把伊拉克人当做伊拉克人来看，而不是当做接受训练的美国人。"

兰德的理性选择是一个论点，它否定合作、自我牺牲和自我克制是存在的。其他——例如人们彼此关爱，并且不总是先想到自己；选举是公平地获胜，并取得所有竞争者的赞同；选举出的官员在按照公众利益行事；婚姻和慈善机构——也不能持久。理性选择创造了一个在黑暗中作出选择的世界，选择不必进行公共讨论，因为公共讨论是由虚假的客观性（如果你不喜欢结果就改变参数）和贬低了"集体责任"的有偏见的科学基础来证明其合理性。（"集体责任"很像公司的战斗口号——"一切都为了股东"，丢弃了以前公司对职工、政府和社会的责任感。）*

我们应该承认兰德人——肯尼斯·阿罗、托马斯·谢林、艾伯特·沃尔斯泰特、赫尔曼·卡恩——的行动是真诚的，他们只是想让理性在危险的非理性世界里更清楚地显现。他们选择的工具揭示了世界变化的规律，但是改变世界的驱动力——宗教、民族主义、爱国主义却是他们所无法掌控的。此外，不知道是有意还是碰巧，理性选择理论成为了一些群体经常使用的口头武器，这些群体的政治或经济目的是重建美国社会制度——使国家重新回到新政前的状态，在这个过程中他们赚得数十亿美元的暴利。这些改变造就了这样一个社会——举几个例子来说，占总人口数5%的人控制了60%的财富，公司管理人员的薪水比一般工人的薪水高400倍。

---

* 这就是为什么我们拥有志愿军的一个原因——这是自由主义经济学家米尔顿·弗里德曼（Milton Friedman）所支持的观点，他深信理性选择理论所带来的权衡与抉择。

理性选择理论最终的讽刺意味就在于这个理论本身是不理性的。它并没有包括整个世界（用学术语来说就是它是标准化理论而不是经验化理论），它只是假定了一种虚拟的结构从而让一种特定的理性可以存在。如果我们的愿望可以驾驭这个世界，那么这种理性是可行的。但现实却是相反的，这个世界会咬住那些没有看见它露出的尖牙的人。

除了理性选择带来经济上的不公正之外，兰德还必须努力设法解决自己所处的两难困境：道德在美国政府政策的推动过程中处于附属地位。这是所有兰德主要参与者需要承受的重担。有一次，我对一个在兰德内任高职的朋友说了下面这些话：假设 X 国找到兰德，并说它想要雇兰德作为国家安全特定项目的顾问。研究目的是测定一个人在不泄露秘密信息的情况下能够承受多少酷刑——也就是说，测定一个人的忍耐限度。兰德会接受这样的一个项目吗？我的朋友听到这种想法也面有难色，他说了很多，意思也是兰德可能不会从外国政府接受这样的项目。他说他们可以试着转换焦点，（另一种知道提出正确问题的兰德式方法）可以试着把这个项目转换成问酷刑在获得有用的和能证实的信息时是否有效。后来我又想到：如果这个项目是美国政府的，兰德会不会接受？从哪里获得测定忍耐度功效的信息？

兰德面临着一个浮士德*的困境：知识并不能拯救你的灵魂——或者即使得到了政府的批准，知识也不能宽恕你共谋的谋杀罪、伤害罪和施用酷刑罪。当然其他任何政策咨询机构也可能面临这些罪责。作出决定的上级，以及推波助澜的下级都责无旁贷，必须以他们制定的同样的标准去衡量他们自己。

也许期望兰德或者其他任何的政策顾问意识到这么高的道德纯洁标准是幼稚的。正如以色列总理戈尔迪·梅厄（Golda Meir）在发布打击巴勒斯坦的恐怖分子的命令时所说："在某些时候所有国家必须作出与他们的基本价值观相悖的痛苦选择。"这样的选择并没有危及到他们的安全，但是威胁到了他们的精神本质。也许以后，根据兰德的方式，我们应该问正确的问题：我们美国人期待我们的政府和它的顾问做些什么？另外，他们做到什么样的程度才能让我们更加安全、富裕、幸

---

* 浮士德，欧洲中世纪传说中的人物，为获得知识和权力向魔鬼出卖自己的灵魂。——编注

福？如果存在酷刑，我们应该允许多少？为了保持美国的繁荣，我们愿意接受牺牲几百万、几万、几千或是几百人的无辜生命呢？为了保证美国的安全又要牺牲多少呢？在我们要求改变之前，我们能接受多少屠杀和不公呢？

批评家们指责赫尔曼·卡恩冷酷无情，他们对卡恩的核战争及生存的大木偶剧场（巴黎以前一个专演恐怖戏的剧场）感到恐惧，于是卡恩就拿上述问题来还击他们。他们不知道该如何回答，因为我们都一样：让别人上台演恐怖剧，从而保持自己的生活方式。我认为卡恩的问题没有答案。我认为任何批判兰德的人，其实也是在批判他自己。

我们美国人——选举人和纳税人——创建并允许一些机构继续存在，这些机构策划、阐述和提倡一些存在道德问题的政策，仅因为他们认为这符合美国的最大利益。因此兰德的罪不仅是兰德的命运，也是美国本身的命运。因为是美国人创造了理性选择的神话，是美国公众想要在没有牺牲和参与的情况下享受政治、文化、科技，是美国选举人闭上了他们的眼睛，允许道德与政府政策分离。只要我们能得到我们想要的，一切都好，不管他是阿拉伯石油、我们产品的海外市场还是从中国进口的廉价 T 恤，毕竟美国只为了自己的利益，或者说我们听到的是这样的。

如果照照镜子，我们就会发现我们每个人身上都有兰德的影子。问题是，我们应该怎样做呢？